FANATICISM RACISM, AND RAGE ONLINE

CORRUPTING THE DIGITAL SPHERE

온라인 세계의 극단주의

광신, 인종차별, 분노

애덤 클라인 지음 | 한정라 옮김

한울
아카데미

이 책을 앨리슨, 비비언, 시드니에게 바칩니다

차 례

온라인 세계의 극단주의: 광신, 인종차별, 분노

옮긴이의 글

    오늘날 한국에서도 편협과 혐오발언은 아주 노골적인 반감부터 정보나 정치적 논평으로 재포장된 형태까지, 인터넷상은 물론 정치와 문화, 개인들의 일상 모임에서도 쏟아지고 있다(편협은 보통 '불관용'이라 번역되는 intolerance이다. 이를 이 책에서 '편협'으로 옮긴 이유는 인종차별과 혐오를 노골적으로 선전하는 오늘날 불관용은 더 이상 다름을 인정하지 않는 태도의 문제가 아니며, 그 원천이 편협임을 강조하고 싶어서였다). 극심한 혐오발언들조차도 인터넷 안팎에서 말하고 듣는 일이 빈번해지면서, 평범한 사람들도 점점 편협과 혐오에 무디어져 간다. 미국의 경우는 이에 더해 치명적인 혐오범죄가 반복된다. 1990년대 중반에 KKK와 네오나치, 스킨헤드 같은 혐오집단들이 예복을 입고 거리 행진을 하거나 TV 토크쇼의 손님으로 등장하면 청중들은 그들의 편협과 혐오발언을 두려워하기보다 웃으며 조롱했다. 그러나 오늘날 치명적 테러 행위자들이 자주 방문한 곳은 혐오 인터넷 도메인이고, 2016년 미국 대통령 선거 기간에 혐오 사이트의 주장들은 주류 정치인들의 입을 통해 반복되었다.

    인터넷 정보화 시대에서는 모든 것이 변했다. 경계 없는 글로벌 네트워크의 미디어 공간은 주변화된 커뮤니티들에게만 이상적인 대항문화 환경을 제공한 게 아니라 혐오단체들도 그 문화의 동등한 회원으로 자신들을 재소개할 수 있게 했다. 이제 웹은 주변적이었던 혐오집단에게 이상적인 회합 장소가 되었다. 오늘날 미국 혐오단체들의 엄청난 급증은 문화적 편협에서 노골적인 인종차별에 이르는 온라인 혐오 커뮤니티의 동시 확장으로 이해해야 할 것이다.

이 책은 미국에서 활동하는 모든 종류의 혐오운동, 즉 백인민족주의, 반反이민, 반유대주의, 반기독교, 반이슬람교, 반LGBT, 흑인분리주의, 반정부 민병대 등등이 자신들의 진짜 본성을 은폐하면서 자기 명분에 대한 정당성과 대중의 지지를 구축하기 위해, 블로그, 소셜 네트워크, 검색엔진들을 통해 어떻게 주류 디지털 문화에 성공적으로 침투했는지를 탐구한다. 혐오 사이트들은 그 외양과 프로필을 변형하고 은폐하면서 주류 문화에 매끄럽게 병합되었고, 혐오발언은 온라인 커뮤니티의 소셜 네트워킹, 정치 블로깅, 정보 제공의 맥락에서 각색되어 주류 문화로 전송되고 있다. 저자는 25개 주요 혐오 웹사이트를 검토하는데, 가장 노골적인 백인우월주의 사이트에서부터 신원이 덜 분명한 가짜 소셜 네트워크와 커뮤니티 포럼, 가짜 정보와 연구 웹사이트, 그리고 인종차별적인 콘텐츠를 발행하고 게재하는데도 "주류" 정치 단체의 것으로 여겨지는 도메인에 이른다. 이 맥락에서 저자는 혐오발언의 개념을 디지털 혐오 커뮤니티들의 기술적 술책으로 확장하고, 온라인 혐오발언을 단어, 이미지, 암호, 상징은 물론 링크, 다운로드, 뉴스 스레드, 밈, 음모 이론, 정치 블로그, 나아가 팝 문화의 전략적 이용으로 규정한다.

디지털 문화에서 혐오발언은 어떻게 확인 가능한가? 거의 무한한 공공 광장인 인터넷에서는 정치적 올바름이나 발언 규제의 한계선이 없기 때문에 논쟁과 혐오발언 사이에 경계가 불분명하다는 주장도 있다. 그러나 저자는 그 경계는 분명히 확인 가능하며 혐오발언을 구별하기 위한 지침이 필요하다고 주장한다. 예를 들어, 소수자 우대정책에 관한 토론에서 "소수자 우대정책은 불공정하다"와 "흑인들은 지원금을 바란다"를 비교해 보자. 논쟁의 참여자들은 보통 정치, 사회, 경제적 쟁점으로 동기부여되어 일자리, 평등 또는 공평의 문제에 중점을 둔다. 그러나 논쟁을 통해 혐오발언을 하는 자들은 거의 정체성 쟁점으로 동기부여 되며 우월과 열등의 담론으로 빠진다. 인종, 성별, 민족, 국적, 성적 지향 등에 대한 편협은 늘 "정체성"을 붙들고 늘어진다.

"정체성"을 실어 나르기 쉬운 주제들이 있다. 대중문화와 정치의 언어로 빈번히 언급되는 인종 프로파일링 문제, 이민과 미국 시민권 문제, 대통령의 국적, 동성결혼, 테러 공격, 시리아 난민 위기, 이스라엘-팔레스타인 분쟁이 특히 그런 주제들이며, 심지어 종교적 휴일, 음악, 스포츠 같은 이야깃거리들도 포함된다. 혐오 사이트들은 외양을 일상 정치 블로그나 소셜 네트워크처럼 보이게 만들고 그들의 논증을 본뜨는데, 여기서 혐오발언은 세탁되어 정보 형태로 변형된다. 즉, 혐오 웹사이트들은 자신의 사이트를 교육, 정치, 과학, 심지어 영적인 사이트로 보이도록 디자인하고, 온라인 정보 탐색자들은 검색엔진, 정치 블로그, 소셜 네트워크를 통해 자신도 모르게 그 사이트로 들어가 정보의 형태로 위장된 혐오를 접한다.

검토하는 25개 주요 혐오 웹사이트들은 홈페이지와 콘텐츠 제공물을 기만적으로 디자인하고 솔깃한 정당성 분위기를 만들며 편협의 메시지를 성공적으로 프레임한 사이트들이다. 그런데 이들은 넷 세대의 청소년을 모집하기 위해 음악, 게임, 의류, 데이팅 등 온라인 청소년 문화를 다양한 방식으로 끌어들인다. 차별주의적이며 급진적인 발언이 트위터, 레딧, 유튜브, 페이스북 같은 주류 웹사이트에서 거침없이 행해지면 조회수가 늘고 모방이 부추겨진다. 젊은 총기난사범들이 치명적 행동을 하기 전에 페이스북에 인종차별주의적 선언문을 게시하거나, 유튜브에 올린 ISIS의 홍보 동영상이 수십만 건의 조회 수를 기록했던 것은 넷 세대 젊은 이들 사이에서 고조된 편협의 분위기가 있어 가능했을 것이다.

그러면 인터넷 공공 영역의 부패를 어떻게 막을 것인가? 혐오에 대항했던 책임의 발자취들에서 적어도 두 가지를 말할 수 있다. 하나는 인터

온라인 세계의 극단주의: 광신, 인종차별, 분노

넷 사용자들이 미디어 해독력을 갖추고 인터넷의 구조에 대해서도 비판적으로 생각하는 것이다. 미디어 해독력은 인터넷에 떠도는 정보를 그냥 받아들이지 않고 비판적으로 해석하고 평가해서 이용하는 능력이다. 혐오 웹사이트들에게 유리한 인터넷의 구조적 특징인 웹의 익명성, 탈중앙화된 구조, 인터넷 서비스 제공자 시스템, 글로벌 콘텐츠 표준들도 알아야 한다. 나아가 "혐오발언의 가장 좋은 해결책은 더 많은 발언"이라는 점을 명심하며 인터넷 사용자들이 혐오발언의 문지기가 되고 공공 광장의 돌보미가 되는 것이다.

　마지막으로 저자가 제안하는 미래의 연구는 시사하는 것이 크다. 저자는 2016년 미국 대통령 선거 주기에 데이비드 듀크 전 KKK 대표가 각종 뉴스에서 공화당 후보 도널드 트럼프가 옹호하는 반이민 정책을 지지하고 흑인 지역에서의 폭력을 우려하는 언사를 쏟아내며 정치적 논쟁에 뛰어들었다는 점에 주목한다. 그리고 2016년 미국 대통령 선거 주기에 초점을 맞추어, 25개 혐오 웹사이트 중 어느 하나에서 처음 등장하고 그다음에 주류 정치인과 전문가들의 입에서 나온 우세한 주장들을 식별한 다음, 그들이 웹사이트들의 주장을 되풀이하는지의 여부를 판별해 보자고 한다. 한국의 경우에도 이와 비슷한 연구가 가능할 것이다.

　홀로코스트와 같은 역사 속 악행이 그것을 행한 광신자뿐이 아니라 그들을 묵인하는 자신의 행동을 보통이라고 여기게 된 평범한 사람들이 있어 가능했듯이, 오늘날 치명적인 혐오범죄나 급진적인 운동도 편협과 혐오에 무디어진 일상인들 속에서 가능할 것이다. 혐오를 조장하는 소셜 미디어와 인터넷을 통해 백인 우익 극단주의가 미국의 주류 정치에 진입한 2016년의 모습도 단지 미국의 모습만도 아니다. 오늘날 그럴듯하게 들리는 국내 정치적 발언이 어떻게 차별적인 혐오발언에 닿아 있는지를 보기 위해서도 이 책을 권한다.

감사의 글 ─────────────

초기 구상 때부터 마지막 페이지의 글을 마무리하기까지 이 책이 나올
수 있도록 도움을 준 분들이 있다. 그 누구보다 먼저 나의 진짜 "편집장"
인 내 아버지께 감사하고 싶다. 아버지는 30년 동안 내 글을 읽고 개선해
주셨다. 가족의 지지와 시간, 협조가 없었다면 책들을 쓰지 못했을 것이
다. 내 아내 앨리슨Allison은 페이지를 읽고 또 읽었으며, 내가 거실에 앉아
여러 혐오 웹사이트를 더 깊이 파고들 때마다 유머 감각을 계속 발휘해
주었다. 어머니는 올바른 단어를 찾는 데 언제나 분명한 도움을 주곤 하
셨다. 또한 에프렘Ephrem, 질리언Jillian, 리엄Liam, 마빈Marvin, 셰리Sherry에게
서도 귀중한 조언을 받았다. 페이스대학교Pace University의 커뮤니케이션
학부 동료인 에밀리 자슬로Emilie Zaslow, 배리 모리스Barry Morris, 사티시 콜
루리Satish Kolluri, 메리 앤 머피Mary Ann Murphy, 마르셀라 스자블위츠Marcella
Szablewicz, 성재 민Seong Jae Min, 아디티 폴Aditi Paul에게서 받은 학문적 지원
과 고무적인 연구 환경에 대해서도 감사한다. 이 책의 진행과 출판에 관
하여, 팔그레이브 맥밀란Palgrave Macmillan의 편집자인 숀 비질Shaun Vigil과
부편집자인 글렌 라미레스Glenn Ramirez 그리고 여러 제안으로 이 책을 발
전시키는 데 도움을 준 논평가 두 분에게 진심으로 감사드린다. 이 책의
초기 발단은 일부 하워드대학교Howard University의 매스 커뮤니케이션 및
미디어학 박사 과정 때 쓴 몇몇 논문과 수강 과목들에까지 거슬러 올라갈
수 있다. 그런 의미에서 스승이신 캐럴린 바이얼리Carolyn Byerly, 안주 초드
리Anju Chaudhary, 바버라 하인스Barbara Hines에게 감사하고 싶다. 마지막으

온라인 세계의 극단주의: 광신, 인종차별, 분노

로 아우슈비츠와 다하우 강제수용소의 생존자인 내 조부모 세실리Cecilie Klein와 조지프 클라인Joseph Klein에게 감사드리고 싶다. 할머니는 홀로코스트 경험을 자신의 회고록인 『선고받고 살아남은 자들Sentenced to Live』에 기록하셨다. 거기서 새뮤얼 피사르Samuel Pisar는 다음과 같은 말로 서문을 시작한다. "이제 역사는 연구자, 학자, 지식인들의 비인격적인 냉담한 목소리로 말할 것이다. 최악의 경우에는 선동가, 수정주의자, 위조자들의 악의적 목소리로 말할 것이다." 내 할머니의 이야기를 경청하듯이 이 말은 항상 내 마음에 꽂혀 있었다. 나는 지금 그 "연구자들의 목소리"를 대표하지만 어조에 감정이 없거나 그 주제가 두 세대나 지난 연구가 아니라, 편협의 현대적 모습을 다른 사람들에게 알려주고자 하는 일에 열려 있고 참여하는 연구를 만들어내려고 노력했다.

1장

서론

2015년 5월 21일: 딜런 루프Dylann Roof는 페이스북 페이지에서 저장 버튼을 누르고 새로운 프로필 사진이 업로드될 때까지 느긋하게 기다렸다. 그의 프로필 사진은 사우스캐롤라이나의 어떤 늪지 앞에서 셀카로 찍은 것으로, 디지털 세계에서는 가장 최근에 올린 사진이었다. 이것은 그의 소셜 네트워크 세상이 이제 알게 될 이미지였다. 이전에는 온라인에서 조용한 관광객이었던 그는 단시일에 정규 콘텐츠 제작자가 되었다. 루프는 페이스북을 통해 '보수시민위원회Council of Conservative Citizens'라는 정치 블로그에 빈번히 들르는 방문자가 되었는데, 이 사이트에서 미국의 인종 문제에 '뭔가 매우 잘못된 것이 있다'라는 생각을 처음 하게 되었다. 루프의 디지털 발자국은 웹상 여러 곳에서 더욱 깊었다.

3개월 전에 루프는 웹사이트 라스트로디지안닷컴LastRhodesian.com을 개

A. Klein, *Fanaticism, Racism, and Rage Online*,
DOI 10.1007/978-3-319-51424-6_1

설했다. 그 사이트는 짧은 기간 존재한 아프리카의 식민 정권을 언급한 것으로, 백인민족주의자들이 일으킨 유혈 인종 전쟁에 대한 사이트였다 (옮긴이: '로디지아'는 아프리카 짐바브웨의 일부 지역에서 소수 백인들이 일방적으로 독립을 선언할 때 사용한 국가명으로, 당시 이들은 백인우월주의자들을 용병으로 고용했다). 그 사이트에서 루프는 딱 붙은 바가지 머리에, 검정 재킷을 입고 미국 남북전쟁 당시 남부연합의 상징들을 두르고 황량한 습지에 서 있는 자기 사진들을 공유했다. 그러나 그가 이 페이지에서 공유한 것은 사진이라기보다 자기 마음이다. "나는 도시의 외곽에 대한 모든 생각을 맹렬히 혐오한다. 그것은 단지 겁먹은 백인들의 도피로만 보일 뿐이다. 그들은 싸우기에 너무 약하고, 두려워하며, 세뇌되어 있기 때문에 도망간다. 왜 우리가 외곽의 안전을 찾아 우리가 만든 도시에서 떠나야 하는가?"[1] 이 사람이, 세계가 곧 만나게 될 딜런 루프였다.

오후 11시 17분, 업로드가 완료되었다. 그는 새 프로필을 훑어보았다. 사진 속 21세 청년은 눈에 확 띄는 로디지아 깃발을 재킷에 꽂은 채 못마땅한 얼굴로 노려보고 있었다―"인종 전쟁". 3주 후 루프는 45구경 권총을 배낭 속에 지니고서 찰스턴에 있는 이매뉴얼아프리카감리교회Emanuel African Methodist Episcopal(AME) Church에 들어갈 것이다. 그는 목사에게 환영받을 것이며 따스하게 맞이하는 여러 신도들은 수요일 밤 성경 공부를 함께 하자고 손짓할 것이다. 그는 거기 앉아 이 모임의 기도와 정감 어린 농담과 결속에 귀를 기울였다. "모두들 참 친절했다"라고, 그는 나중에 회상할 것이다.[2]

그러나 당시 그의 머릿속에는 곧 다른 말들이 떠올랐다. 최근 몇 달 동안 온라인에서는 많은 말들이 뿜어져 나왔다. 데일리스토머Daily Stormer의 대화방들을 비롯한 논평 포럼에서, "백인에 대한 흑인 범죄black on white crime" 기사를 계속 수집한 보수시민위원회 웹사이트의 뉴스 피드에서 그리고

온라인 세계의 극단주의: 광신, 인종차별, 분노

"우리에게는 스킨헤드도, 진짜 KKK도 없다. 인터넷에서 말만 하지 뭔가 행하는 사람은 없다. 자, 누군가는 용기 있게 이를 현실화해야 하고, 그게 나여야 할 것이다"와 같이 루프 자신의 디지털 선언문에서3[옮긴이: 과격한 백인우월주의 젊은이들이 스킨헤드 스타일을 많이 해서 스킨헤드라는 말은 이제 과격한 인종차별주의자를 의미한다. KKK는 Ku Klux Klan(큐클럭스클랜)의 약자]. 루프는 배낭에서 총을 꺼내 들었다. 순식간에 그를 환영하던 회중들을 향해 총을 쏘기 시작했고, 아프리카계 미국인 아홉 명을 사살했다.

2015년, 200년 전통의 이매뉴얼아프리카감리교회에서 일어난 비극적 총격은 백인파워 광신주의가 추종자 한 사람의 손에서 한바탕의 치명적 총격으로 분출된 첫 번째 사건이 아니다. 지난 10년 동안, 증오에 찬 자신들의 말을 치명적 테러 행위로 바꾼, 평정을 잃은 인종차별주의자와 백인 파워 이념 옹호자들의 격렬한 압력이 있었다. 2014년 미 법무부 통계국은 미국 전역에서 매년 약 29만 건의 혐오범죄가 발생한다고 보고했는데, 이 범죄들은 인종, 종교, 성적 지향, 민족성, 성별, 성 정체성이 동기가 된 잔인한 폭력 유형을 분명히 보여주었다.4 캘리포니아에서 유대교 회당 세 곳에 불을 지르고 한 동성애 커플을 살해한 혐의로 기소된 벤저민 윌리엄스Benjamin Williams를 비롯해, 벤저민 스미스Benjamin Smith는 중서부에서 총기난사로 소수자 여덟 명에게 부상을 입히고 한국인 박사 과정 학생과 아프리카계 미국인 농구 코치의 목숨을 앗아갔으며, 딜런 루프는 찰스턴 교회에서 대량의 총기난사로 목사이자 인권운동가인 클레멘타 핑크니 Clementa Pinckney를 포함한 흑인 커뮤니티 아홉 명의 목숨을 앗아갔다.

그런데 나이, 배경, 동기는 달라도 루프, 윌리엄스, 스미스는 제각기 오늘날 혐오운동들이 지닌 동일한 기본 청사진을 활용했다. 그것은 장황한 비난으로 치닫는 문화적 편협, 행동으로 발전하는 혐오발언이다. 그러나 여기 인종적 광신자 세 명은 세계적인 움직임에 따라 자신들의 행로를 기록하고 통합했던 또 다른 공동 끈에 묶여 있었다. 바로 '인터넷'이다.

루프가 백인민족주의 홈페이지를 개설하기에 앞서 인종에 집착하는 보수시민위원회 웹사이트를 방문했듯이, 스미스와 윌리엄스도 창조주세계교회World Church of the Creator와 스톰프런트Stormfront 같은, 백인파워와 백인우월주의를 내세우는 도메인을 자주 방문했다.[5] 이곳들은 KKK의 새로운 회의실로서, 최근의 뉘른베르크 집회Nuremberg rally가 열리는 마을 광장이다. 단지 그 장소가 미국 하위문화의 변방이나 지하실이 아니며, 제3제국 나치의 스와스티카(卐)와 방패로 광고되지 않을 뿐이다. 그곳은 누구든지 월드와이드웹World Wide Web: www을 통해 전 세계에서 접근할 수 있는 웹사이트다. 지난 15년 동안 강경파 스킨헤드 패거리에서부터 네오나치당의 열혈 지지자에 이르기까지, 인종차별주의적이고 과격한 운동들은 자신들의 중심 기지를 사이버 공간의 탈중앙화된 네트워크 안으로 꾸준히 재배치했다. 이 새로운 가상현실에서 KKK의 두건은 익명이라는 훨씬 두꺼운 천으로 대체되었으며, 과거에 서적을 불사르던 집회는 오늘날 백인파워 음악 다운로드, 광신적 포럼, 인종차별주의적인 동영상 블로그가 되었다. 그런데 어떻게 여기까지 이렇게 빨리 오게 되었는가? 미국에서 인종차별주의의 가장 취약 지점이던 디지털 문화가 언제 그렇게 능숙해지고 전문적이 되었으며 심지어 인기를 끌게 되었는가?

사실 매스미디어를 이용한 혐오발언 개념은 최근 현상이 아니다. 조직화된 편협, 혐오, 심지어 종족 학살로 이어지는 경로는 사회의 선도적 도구인 미디어가 사람들을 왕창 모은 사회에서 적의를 품은 몇몇 목소리들로 항상 추적된다. 역사는 이것을 소름 끼치게 능숙한 방식들로 드러냈다. 히틀러의 1930년대 나치 대소동에서는 모든 유대인을 사회에서 추방하라는 요구가 독일 전역의 신문과 서가를 꽉 채웠으며, 1990년대 르완다의 후투족Hutu 민병대의 라디오 방송은 장병들에게 투치족Tutsi 동포와

온라인 세계의 극단주의: 광신, 인종차별, 분노

여성을 대량 학살하도록 부추겼다. 혐오발언과 매스 커뮤니케이션의 관계는 매번 새로운 세대와 손잡고 꾸준히 진화해 왔으며, 디지털 시대도 예외가 아니다.

첫 번째 혐오 웹사이트가 개설된 1995년부터 현재까지, 3만 개 이상의 웹사이트와 온라인 포럼, 소셜 네트워크가 웹을 통해 운영되고 있으며,[6] 편협의 메시지와 그것을 퍼뜨리는 주된 방식이 모두 웹에 집중되어 있다. 인터넷은 혐오 문화를 대중에게 전달하는 다른 커뮤니케이션 형태와 달리 그것만의 독특한 속성을 제공했는데, 곧 혐오발언을 인기 있는 온라인 문화의 주류에 전송할 뿐만 아니라 변형하고, 은폐하며, 매끄럽게 병합했다. 인터넷이 혐오스러운 생각과 목표를 퍼뜨리는 매개체로서 "회원 모집에 특히 적합해 보이는 이상적인 전자 회합 장소"[7]가 되었다는 것에 대부분의 감시단체가 전적으로 동의한다. 이 책은 인터넷과 그 구조와 속성, 무엇보다 인터넷의 디지털 문화가 어떻게 혐오집단들이 그들의 모든 운동을 30억 사용자가 공유하는 컴퓨터 화면 크기의 공간에 각색하여 재기할 수 있게 했는지 검토할 것이다.[8]

부패하는 디지털 영역

최근 많은 연구가 공적 광장을 민주화한 인터넷의 주목할 만한 방법들을 다루었다.[9] 인터넷은 시민들이 비록 디지털 방식이지만 참여 민주주의에 직접 관여하여 변화를 가져오는, 위르겐 하버마스Jürgen Habermas의 "공공 영역public sphere"[10]의 현대적 구현으로 종종 생각되었다. 여기서는 새로운 지식이 위키wiki나 소셜 네트워크를 통해 공동으로 창조되고 공유됨으로써 사회의 지배 구조가 정치 블로그 영역과 같은 경비 없는 무대를 통해 도전받고 있다. 형식적으로 본다면 이런 분야와 집단들을 번성시키는 끝없고 무제한적인 디지털 지형 때문에 웹은 주변화된 공동체는 물론, 정보와 관심의 대안 형태들이 번창하는 이상적인 대항문화 환경을 보여준다.

그러나 그와 동시에 동일한 민주적 영역에서 출현했던 더 어두운 요소를 언급한 연구는 거의 없었다. 그것은 바로 웹 전체에서 일어나고 있는 혐오집단들의 거대한 재기와 성공적인 탈바꿈이다. "부패하는 디지털 영역"은 디지털 세계에서의 혐오라는 새로운 미디어 주제를 다루는데, 보다 구체적으로는 혐오집단의 작성자와 참여자들이 그들의 운동을 오늘날 온라인 커뮤니티의 소셜 네트워킹, 정치 블로깅, 정보 제공 맥락 안으로 어떻게 각색할 수 있었는지를 설명한다.

오늘날 인종차별적이며 급진적인 운동들이 다시 부상하고 있는데, 새로운 사회 및 정치적 쟁점으로 촉발되지만 그 주제들은 익숙하다. 그중에는 주로 미국의 히스패닉계 이민자와 유럽의 이슬람교도 난민을 향한 이민 논쟁, 최근 사회적 평등을 향해 역사적 진전을 보인 LGBT 인권 투쟁[옮긴이: LGBT는 성소수자 중 레즈비언(Lesbian), 게이(Gay), 양성애자(Bisexual), 성전환자(Transgender)를 합쳐서 부르는 말이다], 경찰의 잔혹행위 사례에 대해 아프리카계 미국인 공동체와 법 집행기관 사이의 커져가는 충돌이 있다. 이것들은 오늘날의 혐오집단들이 비난, 분노, 공포, 저항, 반란, 행동이라는 익숙한 메시지를 프레임해 온 이야기와 쟁점들의 일부에 불과하다.

그 결과, 혐오집단의 활동은 지난 수십 년의 세월에 비해 사회에 훨씬 널리 퍼져 있다. 2016년 미국의 주도적 극단주의 감시단체인 남부빈곤법률센터Southern Poverty Law Center는 미국 전체에서 998개의 엄청나게 많은 혐오단체들이 적극적으로 활동하고 있다고 보고했다.[11] 그러나 혐오집단의 활동이 이렇게 급증하는 이유에 대한 근본적인 질문은, 적어도 부분

온라인 세계의 극단주의: 광신, 인종차별, 분노

적으로는, 문화적으로 편협한 웹사이트부터 노골적인 인종차별주의 웹사이트에 이르는 그들 온라인 커뮤니티의 동시적 확장으로 다룰 수 있어 보이며, 그 상관관계는 수많은 혐오단체들 자체로 뒷받침된다.[12] 백인우월주의적인 전국백인지위향상협회National Association for the Advancement of White People: NAAWP의 설립자인 리노 울프Reno Wolf는, "우리는 인터넷에서 많은 회원을 얻는다. …… 사실상 우리는 지난 몇 달 동안 우리 웹사이트 방문자의 약 12%가 실제로 끝까지 따르다 조직에 가입한다는 것을 알아냈다"라고 공표했다.[13] 물론 코넌트Conant가 관찰했듯이, "자신들의 힘과 중요성을 과장하는 경향이 있는 인종차별주의자들에 대해 정확한 설문조사를 하기가 어렵다".[14] 그와 동시에 간과할 수 없는 현실은 이런 온라인 커뮤니티로 가는 트래픽 흐름에 따라 지난 5년 동안에만 순전히 불어난 혐오 웹사이트가 수만 개이며,[15] 이에 따라 활성화된 매우 격렬한 혐오운동이 디지털 세계에서 급증하고 있다는 사실이다.

인터넷은 성장하는 커뮤니티 외에도 정치 블로그와 소셜 네트워크 같은, 그것만의 독특한 의사소통 플랫폼들을 정보화 시대로 가져왔다. 이러한 공공 플랫폼이 전통 미디어 콘텐츠인 저널리즘의 흐름뿐만 아니라 형태에도 영향을 주었듯이, 사이버 공간 속 혐오발언의 겉모습과 프로필도 재형성하기 시작했다. 이 책은 모든 종류의 혐오운동, 즉 백인민족주의, 반反이민, 반유대주의, 반기독교, 반이슬람교, 반LGBT, 흑인분리주의, 반정부 민병대 등등이 자기들의 진짜 본성을 은폐하면서 자신의 명분에 대한 정당성과 관습적 지지라는 더 큰 환상을 구축하기 위해, 블로그, 소셜 네트워크, 심지어 검색엔진들을 통해 어떻게 주류 디지털 문화에 성공적으로 침투했는지를 한층 더 탐구할 것이다.

이어지는 장들에서는 혐오를 온라인에서 번성할 수 있게 한 새로운 미디어 역학들을 살펴보기 위해, 가장 인기 있는 웹 공간 일부는 물론 사이버 공간의 변두리까지 나아가 본다. 그 역학들은, 극단주의자들을 서로 유착시키고 또한 주류 문화와 결합할 수 있도록 기본 틀을 제공하는 디지털 기반시설digital infrastructure과, 이러한 운동들이 활용할 수 있는 쟁점, 뉴스, 정치, 연구의 맥락을 제공하는 정보 환경information environment 그리고 그 안에서 젊은 사용자들이 끊임없이 의사소통하고 공유하고 학습하며 발전할 뿐만 아니라 그것을 통해 회원 모집도 이루어질 수 있는 온라인 문화online culture다.

온라인 혐오에 다가감

혐오발언hate speech이란 무엇인가? 맥매스터스McMasters가 정의한 바와 같이, 그것은 "인종, 피부색, 종교, 출신 국가, 성별, 성적 취향, 장애 또는 그 밖의 여러 특성에 근거한 집단들을 불쾌하게 하거나 위협하거나 모욕하는"16 발언이다. 그러나 혐오발언이 디지털 세계 혐오 커뮤니티들의 전략적 표현으로 여겨질 경우, 이는 몇몇 광신자의 폭언이나 고함 이상의 것으로 이해해야 한다. 사실상 혐오발언은 그들 업계의 기술적 술책technical craft이다. 총괄적으로 온라인 혐오발언은 단어, 이미지, 상징은 물론 링크, 다운로드, 뉴스 스레드news threads, 밈memes, 음모 이론, 정치 블로그, 심지어 팝 문화의 전략적 이용으로 규정될 수 있는데, 이 모든 것은 효과적인 선동적 수사법rhetoric의 복잡한 기구로서 추종자 모집이 가능한 종류의 것들이다. 자체의 복잡한 커뮤니케이션 기구를 갖춘 인터넷은 인종차별주의적이며 급진적인 운동들에 새로운 가능성을 지닌 무기고武器庫를 제공했는데, 미디어의 다른 모든 남용과 마찬가지로 반드시 조사하고 제대로 이해해야 한다.

온라인 세계의 극단주의: 광신, 인종차별, 분노

그러나 독자들은 인터넷상의 혐오발언을 계속 분석하다가 순식간에 예상하지 못한 용어, 정치, 문화적 논쟁의 미로 속에 빠질 수 있다. 도처에 피하지 않으면 고꾸라질 새로운 함정문trapdoor이 있어 보인다. 예를 들어 소수자 우대정책이나 이민 논쟁은 용인되는 토론에서 언제 문화전쟁으로 넘어가는가? 만약 내가 어떤 쟁점에서 극우나 극좌에 있다면, 그 사실이 나를 "급진적"인 사람으로 만드는가? 얼마나 멀리 가야 극으로 간 것인가? 이런 언어적 질문들은 미국처럼 다문화 사회에서는 삶의 일부다. 이는 특히 인종, 종교 또는 성적 지향 쟁점들이 뉴스 미디어의 퍼블릭 도메인public domain으로 들어갈 때 참일 수 있는데, 보통 여기에서 정치적 올바름political correctness의 자격이 검증되고 수정되며 도전받는다.

하지만 인터넷은 훨씬 덜 여과된 아웃렛이다. 웹 토론이 이루어지는 무한한 공적 광장은 정치적 올바름과 발언 규제의 한계선을 걷어냈는데, 어떤 면에서는 좋을 수도 있다. 웹은 인종과 인종차별주의에 대해 우리가 보통 다른 통신에서 받아오던 것보다 더 솔직한 견해를 제공할 수 있다. 따라서 온라인 혐오의 존재가 디지털 문화의 가장 나쁜 요소 중 일부를 보여주긴 하지만, 이제 우리는 그것을 접함으로써 21세기 편협의 실상을 배울 수 있으며 또한 온라인이나 실제 세계에서 그것에 직면할 때 훨씬 더 많은 것을 알아차릴 수 있게 된다.

웹 기반 논쟁과 디지털 혐오의 분리

이 책에서, 사회와 디지털 문화에서 확인 가능한 담화로서의 혐오발언에 접근하려면 지침을 갖는 것이 중요하다. 정치적으로 열띤 논쟁에서 인종차별주의적인 감정으로 넘어가는 경계선은 모호할 수 있지만, 없는

게 아니다. 혐오발언과 인종 논쟁 사이에는 선명한 경계가 있다고 이 책의 저자로서 주장한다. 반면에 어떤 사람들은 스펙트럼의 한쪽 끝에 인종차별주의가, 다른 쪽에는 건강한 논쟁이 있으며, 이 두 형태의 의사소통은 그 동기와 강조점으로 전적으로 구분된다고 주장할 것이다. 예를 들어, 소수자 우대정책 논쟁에 참여하는 사람들은 보통 정치적·사회적·경제적 쟁점들로 동기부여되며, 따라서 그들의 맥락은 일자리, 평등 또는 공평의 문제에 중점을 둔다. 그러나 소수자 우대정책 논쟁을 *통해* 혐오발언을 하는 사람들은 실제로 오직 정체성 쟁점으로만 동기부여되는데, 이는 당면 문제보다 사람에 중점을 두는 그들의 말에서 확인된다. 이것의 가장 일반적인 본보기는 이런 가짜 정치적 맥락 대부분에 존재하는 우월성/열등성 담론이다.

우리가 논쟁과 혐오발언을 그들 각자의 동기, 공공 이익, 인종적 정체성에 따라 분리할 때, 모든 정체성 문제에는 의사소통의 연속 스펙트럼이 있다기보다 오히려 한쪽은 논쟁이고 다른 쪽은 혐오로 갈리는 두 개의 분리된 선이 있다는 것이 명백해진다. 하지만 미국에서는 양쪽의 표현 형태 모두 헌법이라는 동일한 법적 우산으로 보호된다. 이후 장에서 검토하겠지만, 수정헌법 제1조the First Amendment는 인터넷에서 논쟁의 스펙트럼과 혐오의 스펙트럼을 구별하지 않는다. 그러나 이 책에서는 인종적 의사소통의 두 형태 간의 구별과, 더 중요하게는 혐오 웹사이트가 논쟁 면에서 그들과 가장 가까운 사람들의 주장과 외양을 본떠 쓰는 방식을 파악하는 게 중요하다(〈그림 1.1〉 참조). 사실상 이것은 그들의 꼼꼼한 전략이다.

이렇게 우리는 마치 일상 정치 블로그나 소셜 네트워크처럼 보이고 그렇게 행동하는 온라인 혐오를 정의하는 일에서 복잡한 딜레마를 본다. 미국의 이민 쟁점을 예로 들어보자. 이 논쟁의 핵심은 실제로 시민권, 경제, 국가 안보에 관한 것으로, 몇 가지 관점과 함께 주장이 양쪽으로 갈린

온라인 세계의 극단주의: 광신, 인종차별, 분노

그림 1.1　인종 관련 논쟁 대 혐오발언

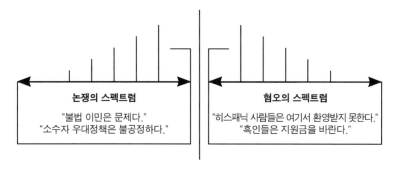

다. 이따금 일부 정치적 우파들은 그들의 이민 반대 사례에 민족주의라는 주제를 추가로 삽입했는데, 이는 혐오발언의 형태는 아니지만, 히스패닉 문화가 백인 미국 사회를 위협한다고 주장하는 웹사이트를 운영하는 반히스패닉 단체와 같은 무리를 북돋우는 데 사용될 수 있다. 민족주의nationalism와 문화전쟁culture war 개념이 디지털 논쟁과 디지털 혐오에 대한 우리의 잠정적 정의의 맞은편에 존재한다는 사실은 그것들이 단지 매우 가는 선으로 분리되어 있다는 현실만큼 중요하지 않다. 동일한 가는 경계선은 백인을 깡그리 일반화하는 흑인분리주의 웹사이트나, 블로그에서 유대-기독교 미국의 모든 것을 비난하는 경향이 있는 반종교 운동 같은 극좌 운동에도 존재한다. 이러한 각각의 사회·정치적 표명들은 그들의 의도와 상관없이 미국 사회에서 문화적 편협의 더 큰 불길을 쉽게 부채질할 수 있다.

　이 책에서, 혐오 웹사이트들이 정치와 급진주의 사이의 저 회색 영역을 교묘히 이용하는 것을 보게 될 현재의 상황에는 미국에서의 인종 프로파일링racial profiling 문제, 이민과 미국 시민권 문제, 대통령의 국적, 동성결혼, 테러 공격, 시리아 난민 위기, 이스라엘-팔레스타인 분쟁, 심지어는 종교적 휴일, 음악 문화, 스포츠 같은 "식탁 이야깃거리"까지 포함된다. 이 주제들 각각은 문화적 정체성이라는 요소를 다른 주제들보다 조금 더 실어 나를 수 있는데, 인종차별주의적이며 급진적인 운동들은 이것을 철저하게 배워서 그들 사이트의 서브텍스트로 활용했다. 혐오발언의 새로운 목소리는 이제 아래 깔린 실제의 인종차별적 신념 체계의 언어가 아니라, 우리 대중문화와 정치의 언어로 말해지고 있음이 명백해진다.

2장에서는 미디어, 정보, 혐오발언 간 관계의 기원들을 탐구하며 시작한다. 그 관계는 문화전쟁, 선전, 미디어 기술의 혁신을 통해 지속적으로 발전해 온 예상 밖의 결합이다. 그리고 혐오발언이 서적에서 전자 미디어의 정보 형태로, 나아가 컴퓨터 시대의 정보 형태로 바뀌는 고의적인 변형을 추적할 것이다. 역사적 기원에 대한 탐구를 넘어 메시지의 본질도 다루기 시작하면서 앨프리드 리Alfred C. Lee와 엘리자베스 리Elizabeth B. Lee가 "선전 예술fine art of propaganda"[17]이라 부른 개념과 전략 중 몇 가지도 고찰할 것이다.

3장에서는 인터넷의 독특한 속성들이 어떻게 체제전복적 사회운동들이 여러 협회의 네트워크를 빌려 자신들의 명분을 조용히 정당화할 수 있게 하는지를 밝히는 이론적 기반을 제시할 것이다. 나의 정보세탁information laundering 이론은 사이버 공간의 구성물인 검색엔진, 정치 블로그, 소셜 네트워크가 어떻게 부지불식간에 혐오발언과 같은 불법 화폐를 느슨한 웹 기반 지식의 형태로 변형시킬 수 있는지를 보여줄 것이다. 나아가, 온라인 정보 탐색자들이 어떻게 자신도 모르게 혐오 웹사이트로 들어가는 길을 찾을 수 있는지를 더 자세히 탐구할 것인데, 이후 장에서 보겠지만 혐오 웹사이트들은 교육적·정치적·과학적, 심지어 더할 나위 없이 영적인 사이트로 보이도록 디자인되어 있다.

4장에서는 온라인 혐오발언 쟁점의 핵심인 몇몇 구조적·법적·사회적 관심사를 살펴볼 것이다. 그중 인터넷의 절대적인 언론 자유 환경의 도전

온라인 세계의 극단주의: 광신, 인종차별, 분노

들에 초점을 맞춘다. 이 장에서는 웹상에서 악성 담론을 번성하게 하는 요소들을 밝혀내기 위해, 우리가 다른 형태의 미디어 해독력media literacy에서도 그러하듯이, 독자들을 인터넷의 구조에 대해 비판적으로 생각하도록 고취하려고 한다. 우리는 혐오발언뿐만 아니라 웹의 익명성 요소, 웹의 탈중앙화된 구조, 인터넷 서비스 제공자ISP 시스템, 글로벌 콘텐츠 표준의 모순과 같이 혐오 웹사이트에 유리한 구조적 특징들을 탐구한다.

5장에서는 독자들을 오늘날 온라인으로 운영되는 25개 주요 혐오 웹사이트의 세계로 안내한다. 온라인 극단주의의 네트워크는 인터넷 그 자체와 마찬가지로 광대하다. 다양한 혐오 URL과 그것들이 제시하는 이데올로기에 대한 통찰이 이처럼 성장하는 문화를 밝히는 데 도움을 줄 것이다. 그 웹사이트들은 범주적 스펙트럼에 따라 제시되는데, 가장 노골적으로 자기 신원을 밝히는 백인우월주의 사이트로 시작하여, 신원이 덜 분명한 가짜 소셜 네트워크와 커뮤니티 포럼, 가짜 정보와 연구 웹사이트, 끝으로 보통 인종차별주의적 콘텐츠를 공개하거나 게재하는데도 일부 사람들이 "주류" 정치 단체의 것으로 여기는 몇몇 도메인에 이른다. 또한 이런 웹사이트들의 주요 기능인 넷 세대Net Generation 모집에 대해서도 자세히 살핀다. 백인우월주의적인 창의력동맹Creativity Alliance 웹사이트의 창립자인 매슈 헤일Matthew Hale은 "우리는 인재를 원한다. 우리는 젊은 세대 중 가장 우수하고 가장 똑똑한 인물을 얻는 데 초점을 두고, 이를 위해 노력하고 있다"[18]라고 말한다. 우리는 이런 혐오 커뮤니티들이 이제는 소셜 네트워크, 음악, 게임, 데이트, 그 밖의 자기표현 형태들을 제공하는 그들 소유의 사이트에서 온라인 청소년 문화를 모방하기 시작했던 몇 가지 방법을 폭로함으로써 넷 세대의 "가장 우수하고 똑똑한" 인재를 끌어당기는 이 과정을 조사할 것이다.

6장에서는 변두리에서 출발하여 점차 주류 인터넷인 트위터Twitter, 레딧Reddit, 유튜브YouTube 같은 웹사이트에서 부상하고 있는 인종차별주의적이며 급진적인 담론에 초점을 맞춘다. 이런 웹사이트에서 기고자들은 현실 세계에서는 결코 하지 않을 방식으로 자신을 표현하는 데 망설임이 적다. 그것이 군중심리를 띠는 정치 블로그이건 인종차별주의적 폭언을 환대하는 게임 커뮤니티이건 이런 종류의 문화적 편협은 특히 걱정스러운데, 왜냐하면 그것은 전통적인 콘텐츠와 혼합되어 있으며 유튜브와 같은 웹사이트에서는 입소문이 나서 모방을 부추길 잠재적 가능성이 있기 때문이다. 우리는 이 현상에서 생기는 가장 충격적인 두 경향을 검토할 것이다. 첫째는 유튜브와 페이스북이 고독한 광신자들의 정견 발표장으로 사용되는 일이 증가하는 것으로서, 그들은 치명적인 행동을 하기 전에 자신들의 인종차별주의적 선언과 최종 열변을 거기에 게시한다. 둘째로는 ISIS(이라크와 시리아의 이슬람국가) 같은 테러 조직들이 행하는 소셜 미디어 아웃렛들의 신입 모집 기능을 살펴볼 것이다. ISIS가 유튜브를 통해 발표한 홍보 동영상 "전쟁의 화염Flames of War"은 수십만 건의 조회 수를 기록했다.

7장에서는 초점을 안으로 향해, 오늘날 혐오 웹사이트들에서 발견되는 전략적 디자인과 일반적 담론들을 검토한다. 콘텐츠와 프레임 분석을 통한 연구 조사는 근본적인 두 질문을 다루면서 디지털 혐오 문화의 새로운 미디어 프레젠테이션과 암호화 언어를 들추어낼 것이다. 첫째, 혐오 웹사이트들은 어떻게 자신들의 주제를 인터넷의 정보/소셜 네트워킹 문화로 각색했는가? 이 설명은 이런 웹사이트 뒤에 있는 작성자와 단체들이 어떻게 자신들의 홈페이지와 콘텐츠 제공물을 기만적으로 디자인하여 솔깃한 정당성 분위기를 만들어냈는지를 살펴보면서 시작한다. 그다음, 두 번째 근본적인 질문을 검토한다. 조사 중인 혐오 웹사이트들은 어떻게 현대의 편협 메시지를 프레임했는가? 우리는 이들 사이트의 뉴스 기사와 포럼의 표면에 올라온 두드러진 주장과 암호화된 언어를 파헤친 다음, 공통된 여섯 개의 혐오 서사들을 폭로할 것이다.

8장에서는 몇몇 단체들이 온라인 혐오를 감시하고 관용의 커뮤니케이션을 촉진하기 위해 자신들의 웹 커뮤니티를 만들었던 민주적 영역의 다른 편으로 복귀하면서 원점으로 돌아올 것이다. 이 장에서는 교육자, 법집행기관, 비영리 감시단체들이 인터넷상 인종차별주의적이며 급진적인 운동의 확산을 막기 위해 일하는 방법을 조명한다. 그들의 주도적인 계획은 같은 디지털 공간을 사용하는 시민 집단의 힘에 호소하여, 반혐오 캠페인과 새로운 디지털 해독력의 고취 방안을 인종차별주의에 대항하는 무기로 활용하는 것이다. 우리는 또한 넷 세대가 이런 디지털 환경을 탐색하거나 장차 온라인 혐오에 대처하는 법을 익히면서 반드시 해야 할 중요한 역할을 강조할 것이다. 스틸Steele이 주장했듯이, "혐오발언의 가장 좋은 해결책은 더 많이 발언하는 것이다. 그리고 월드와이드웹은 무한히 확장될 수 있기에 반대되는 관점을 설정하고자 하는 누구에게나 그렇게 할 기회를 제공한다".19

결론

역사를 통틀어, 많은 미디어 학자들이 보통 매스 커뮤니케이션의 "피하주사hypodermic needle"로 여겼던, 가장 효과적인 혐오선전은 사회에서 가장 신뢰받는 미디어 및 정보 부문을 통해 배포되었으며, 주류 청중에게 다가가고자 하는 문화 담론으로 만들어졌다. 윌록Whillock은 어떻게 "혐오발언이 우수한 추론을 통해 지지를 얻으려 하기보다 폭력에 대한 상징적 암호를 만들어서 청중을 움직이려 하는지"20를 관찰했다. 그녀는 이러한 수사적 암호를 "혐오에의 호소hate appeals"라고 불렀는데, 여기서 기존의 문화 및 역사적인 고정관념들은 정보와 정치 같은 주류 매체나 심지어 유머를 통해서도 활용된다. 이 수사적 전략은 다수의 "내부 집단" 심리에21 호소함으로써 동시에 두 번째 목표인 문화적 분열을 창출하는 방식으로, 올포트Allport가 사회의 지정된 "외부 집단"이라 지칭한 자들을 폄하하는 결과를 낳는다.

1930년대 나치 독일의 대중 신문들은 정직하고 자랑스러운 금발과 푸른 눈의 독일인들로 이루어진 위대한 아리아인 유산에 대해 지속적으로 글을 쓰는 한편, 동시에 사업과 학술 분야에서의 유대인 사기와 속임수도 계속 보고하면서 이러한 접근법에 직접 호소했다. 풀어보자면, 이러한 정서는 두 개의 독일이 있으며 유대인은 미래의 위대한 아리안 조국의 일부가 아니라 이를 통제하려는 음모를 감추고 있는 사람들이라는 생각을 전달하려고 애쓰는 사회와 완벽하게 맞아떨어졌다. 1930년대 후반 즈음 대부분의 독일 시민은 유대인 이웃이 그들 집에서 납치되어 미심쩍지만 알지 못하는 행선지로 향하는 낡은 객차에 던져졌을 때 아무것도 하지 않았다.

아우슈비츠와 다하우 강제수용소의 홀로코스트 생존자 두 분의 손자로서 나의 온라인 혐오발언에 대한 연구는 인종차별주의적 감정의 열풍이 마치 1930년대 독일과 다른 유럽에서 그랬듯이 어떻게 문명사회를 그렇게 철저하게 휩쓸 수 있는지를 계속 묻고자 하는 열망에서 나왔다.22 홀로코스트에 대한 무슨 연구이건, 사회에서 유대인을 체계적으로 제거하는 일은 뉘른베르크나 크리스탈나흐트Kristallnacht(수정의 밤) 폭동을 통한 반유대 집회의 전국적 행진으로 시작되지 않았음을 보여줄 것이다. 그것은 ≪데어 슈튀르머Der Stürmer≫와 같은 독일 신문들의 인기 사설과 유대인에 대한 주류의 비방을 그린 정치 풍자만화에서 시작되었다. 그것

온라인 세계의 극단주의: 광신, 인종차별, 분노

은 변방 매체에서 시작되었다. 이것들은 독일 사회 전체를 수세기 동안 그들의 국경 안에서 평화롭게 살았던 모든 사람과 등지게 하려는 나치의 가장 큰 동맹들이었다.

오늘날 혐오발언을 구성하는 것이 무엇인지를 이해하려면 나치의 공식에서 근본이었던 동일한 요소들을 인식해야만 한다. 그것들은 배달원, 메시지, 미디어다. 곧 알게 되겠지만, 현대의 혐오 배달원들은 고도로 조직화된 커뮤니티와 미디어에 정통한 다세대적multigenerational 개인들이다. 어떤 이들은 자신을 "우월주의자"로, 다른 이들은 "민족주의자"로 밝히겠지만, 그들의 메시지는 다름 아닌 한 가지, 편협이다. 온라인에서 수많은 편견의 언어들은 상호이익적인 관계들로 수렴되기 시작했으며, 이에 따라 한때 정치적 극단주의에서 인종차별주의를, 또는 사회적 논평에서 혐오발언을 가려냈던 구분선들이 점점 더 구별하기 어려워지고 있다.

인터넷 이전 시기에 변두리 집단들은 자신들의 이데올로기를 전파하기 위해 팸플릿, 자체 출판, 지방 라디오 같은 대부분 비효율적인 대중매체에 의존하면서 미국 사회에서는 거의 보잘것없게 되었다. 그러나 월드와이드웹의 틈새 기반 커뮤니티들은 미디어에 정통한 인종차별주의적 하위문화들에게 사회의 주목에서 벗어나 익명이며 경비 없는 인터넷 매체 안에 그들의 운동을 재배치할 수 있는 독특한 기회를 제공했다. 새로운 미디어 공간의 글로벌 네트워크에서 수많은 사회운동이 번성했고, 이 공간은 혐오단체들에게 자신을 상호 연결된 디지털 문화의 동등한 거주 회원으로 재소개하고 재정의할 수 있는 동일한 능력을 제공했다.

주

1   "Here's What Appears to be Dylann Roof's Racist Manifesto," *Mother Jones*, last modified June 20, 2015, https://www.motherjones.com/politics/2015/06/a lleged-charleston-shooter-dylann-roof-manifesto-racist/.

2   Daniel Arkin and Erik Ortiz, "Dylann Roof Almost Didn't Go Through With Charleston Shooting," *NBC News*, last modified June 19, 2015, https://www.n bcnews.com/storyline/charleston-church-shooting/dylann-roof-almost-didnt-g o-through-charleston-church-shooting-n378341.

3   "Here's What Appears."

4   Meagan Wilson, *Hate Crime Victimization* (Washington, DC: Bureau of Justice Statistics, 2014), accessed July 20, 2015, http://www.bjs.gov/index.cfm?ty=pb detail&iid=4905.

5   Anti-Defamation League, *Poisoning the Web: Hatred Online* (New York: ADL Publication, 2001).

6   "District Attorney Vance and Rabbi Abraham Cooper Announce the Simon Wiesenthal Center's Report on Digital Terrorism and Hate," last modified May 1, 2014, http://www.wiesenthal.com/site/apps/nlnet/content.aspx?c=1sKWLb PJLnF&b=8776547&ct=13928897.

7   Brentin Mock, "Neo-Nazi Groups Share Hate via YouTube," *Southern Poverty Law Center*, last modified April 20, 2007, https://www.splcenter.org/fighting-h ate/intelligence-report/2007/neo-nazi-groups-share-hate-youtube.

8   "Internet Used by 3.2 Billion People in 2015," *BBC News*, last modified May 26, 2015, http://www.bbc.com/news/technology-32884867.

9   다음 참조. Guy T. Hoskins, "Meet the Habermasses: Charting the Emergence of a Social Media-Enabled Public Sphere in New Democracies," *International Journal of Technology, Knowledge & Society*, 9, No.4(2013), pp.25~39; José van Dijck, "Facebook as a Tool for Producing Sociality and Connectivity," *Television & New Media*, 13, No.2(2012), pp.160~176; Jürgen Gerhards and

Mike S. Schäfer, "Is the Internet a Better Public Sphere? Comparing Old and New Media in the USA and Germany," *New Media & Society*, 12, No.1(2010), pp.143~160; Lincoln Dahlberg, "The Internet and Democratic Discourse: Exploring the Prospects of Online Deliberative Forums Extending the Public Sphere," *Information, Communication & Society*, 4, No.4(2001), pp.615~633.

10 Jürgen Habermas, *The Structural Transformation of the Public Sphere: An Inquiry into a Category of Bourgeois Society*, translated by Thomas Burger and Frederick Lawrence (Cambridge, MA: MIT Press, 1989).

11 Niraj Chokshi, "The Year of 'Enormous Rage': Number of Hate Groups Rose by 14 Percent in 2015," *Washington Post*, last modified February 17, 2016, https://www.washingtonpost.com/news/acts-of-faith/wp/2016/02/17/hate-groups-rose-14-percent-last-year-the-first-increase-since-2010/?tid=sm_tw.

12 Pete Simi and Robert Futrell, "Cyberculture and the Endurance of White Power Activism," *Journal of Political and Military Sociology*, 34, No.1(2006), p.115.

13 Carol Swain and Russell Nieli, *Contemporary Voices of White Nationalism in America* (Cambridge: Cambridge University Press, 2003), p.124.

14 Eve Conant, "Rebranding Hate in the Age of Obama," *Newsweek*, May 4, 2009.

15 2010년, 전 세계적으로 인종차별 극단주의를 추적하는 단체인 사이먼비젠탈센터는 활동적인 증오 및 테러 웹사이트 8000개 이상을 문서화한 연례 「디지털 테러·증오 보고서(Digital Terrorism & Hate Report)」를 공개했다. 2015년 그 보고서는 웹을 통해 운영되고 있는 3만 개 이상의 혐오 사이트, 블로그, 소셜 네트워크를 추적하고 있다.

16 Paul K. McMasters, "Must a Civil Society Be a Censored Society?" *Human Rights: Journal of the Section of Individual Rights & Responsibilities*, 26, No.4(1999), p.8.

17 Alfred C. Lee and Elizabeth B. Lee, *The Fine Art of Propaganda* (New York: Harcourt, Brace and Co., Inc., 1939).

18 Swain and Nieli, *Contemporary*, p.124.

19 Shari Steele, "Taking a Byte Out of the First Amendment," *Human Rights: Jour-*

nal of the Section of Individual Rights & Responsibilities, 23, No.2(1996), p.14.

20   Rita Whillock, "The Use of Hate as a Stratagem for Achieving Political and Social Goals," in Rita Whillock and David Slayden(eds.), *Hate Speech*(Thousand Oaks, CA: Sage Publications, 1995), p.52.

21   Gordon Allport, *The Nature of Prejudice*(Reading, MA: Addison-Wesley Publishing Company, 1954), pp.17~25.

22   조부모님인 조와 세실리는 그들 가족 중 홀로코스트에서 유일하게 살아남은 생존자들이었다. 그들은 각각 다른 강제수용소에서 해방된 지 몇 주 후에 우연히 프라하에서 재회했다. 그들은 그 후 곧 결혼했다.

2장

서가에서 데스크톱으로

『시온 장로 의정서Protocols of the Elders of Zion』(이하 '의정서')가 러시아의 서점가를 강타했을 때 책은 거리와 집회장을 통해서도 신속하게 유통되었다. ≪타임스 오브 런던≫과 ≪모닝 포스트≫ 같은 주요 신문들이 그 책을 보도하면서 몇 년 안에 책은 서유럽 대부분에 걸쳐 독자 수와 지명도가 늘었다. 지역 서점들에서 '의정서'가 인기 있다는 것보다 더 중요한 것은 그것이 파리, 베를린, 도쿄, 뉴욕의 주요 도서관에서 유통되었다는 것이며, 그 책은 문학의 한 부분으로뿐만 아니라 새롭게 밝혀진 정보적 유물로 취급되었다. 당시 새로 발견된 이 책에는 세계를 점령하려는 유대인 음모에 대한 증거가 밝혀져 폭로되어 있었다. 그것은 이 음모가 싹트고 기록된 시오니스트 의회Zionist Congress 비밀회의에 참석한 유대인 장로들의 손으로 작성된 것으로, 전체가 이분법적 흑백 서술 형태를 띤다.

© The Author(s) 2017
A. Klein, *Fanaticism, Racism, and Rage Online*,
DOI 10.1007/978-3-319-51424-6_2

그 줄거리는 이렇다. "유대인들은 제국들을 파괴하고 민족들을 몰살하기 위해 혁명을 도모할 것이다."[1]

이 본문을 러시아어, 영어, 아랍어 및 모든 유럽어로 번역하여 전 세계에 수백만 부의 사본을 만드는 작업이 힘들다는 것만 빼면 그 본문이 지닌 문제는 오직 하나였다. 『시온 장로 의정서』는 가짜였다. 완벽한 위조의 목표는 민주주의와 자유주의의 해악을 이미 친숙한 적인 유대인과 연결하는 것이었고, '의정서'는 전혀 유대인에 관한 것이 아닌 표절 작품들을 사용하여 몇몇 반유대주의자가 꿈꾸어 왔던 것을 거짓말로 넣었다. '의정서'는 그것이 출판되기 30년 전에 쓰인 모호한 프랑스어 텍스트에서 그 내용이 거의 글자 그대로 같은 것이 확인되었을 때 결국 위조로 입증되었다. 그러나 이 선전에 대한 폭로 자체는 선전 방법의 더없는 복잡성만큼 그리 의미심장하지 않다. 그 선전 방법은 문헌 짜깁기, 인쇄업 조종, 서적 보관 그리고 도서관, 신문, 학자들의 부당한 이용으로 달성되었다. 미디어의 이런 정교한 강도 짓보다 훨씬 더 놀라운 것은 그것이 일어난 시기인데, 바로 1800년대 말이다.

『시온 장로 의정서』는 "발견된" 하나의 정보라는 형태로 위장된 인종적 편협의 가장 초기 사례 중 하나다. 민주주의와 모더니즘에 대한 차르Czar의 관심을 잠재우려는 러시아 비밀경찰 회원들의 지시에 따라 1897년에 작성된 '의정서'는 "자유주의의 제도들"을, 유대인이 러시아 *같은* 세계 문명을 무너뜨릴 수 있는 바로 그 도구로 제시하기 시작했다. 세겔Segel에 따르면, "모든 시민의 법 앞에서의 평등, 양심과 종교의 자유, 언론의 자유, 의무교육, 보편적 선거권 [및] 헌법 정부"와 같은 자유주의적 이념들이 러시아의 전제정치를 위협하기 시작하던 세기의 전환기에, '의정서'의 발견이라는 기획은 그것의 원칙들을 유대인 음모의 책략으로 주조함으로써 자유주의적 운동을 진압하는 데 도움을 주었다.[2]

혐오발언의 이런 방법은 효과적으로 행해질 때 엄청 강력해서 심지어 반박 후에도 심한 편견을 지닌 음모 이론가들의 연대기에 생생하게 남아 있을 수 있으며, 나중에 활력을 되살려 퍼블릭 도메인에 잊힌 사실로서 재등장할 수 있다. 이 현상과 비슷한 사례들에는 흑인이 백인보다 어쨌든 덜 진화했다는 "진짜" 증거로 쓰이는 찰스 다윈Charles Darwin의 『진화론 Theory of Evolution』에 대한 선택적 오역과, 유대인들은 종교의식에 기독교 어린이들의 피를 사용한다고 수세기 동안 주장된 악명 높은 "피의 비방 blood libel"이 있다. 이렇게 오래가는 사례들 각각은 과학과 교회라는, 그 시대의 신임받는 학계에서 태어났기 때문에 위조된 정당성을 유지해 갈 수 있었다.

'의정서'의 경우도 마찬가지다. '의정서'는 젊은 윈스턴 처칠Winston Churchill 같은 사람들에게 지지를 받았을 뿐만 아니라, 미국의 자동차 재벌 헨리 포드Henry Ford도 "국제적 유대인, 세계의 문제The International Jew, The World's Prob-lem"와 같은 기사들을 실었던 자기 소유의 ≪디어본 인디펜던트Dearborn In-dependent≫를 통해 그 선전에 정기적으로 동참했다.[3] 마침내 위조된 시온주의 문서는, 아돌프 히틀러Adolf Hitler의 책 『나의 투쟁Mein Kampf』과 뒤따른 파괴적인 반유대주의 캠페인에서 언급되듯이 히틀러의 학문적 시작에 주요한 영향을 미쳤을 것이다. 홀로코스트 이후 60년이 지난 지금도 『시온 장로 의정서』는 극동에서 중동까지 그리고 파리, 베네치아, 멕시코시티, 샌디에이고, 뉴올리언스 같은 수많은 서구 도시의 전 세계 서점에서 여전히 판매되고 있다.[4]

이 성공은 현대사의 매개선전mediated propaganda 가운데 가장 오래된 사례로서, 정보와 혐오발언이라는 매스 커뮤니케이션 분야의 예상 밖 짝짓기 배후에 있는 요인, 실천, 이론들을 조사하여 파악할 수 있다. 인종차별주의적 선전과 커뮤니케이션이 합쳐질 때 그 복합체는 노골적 편견보다 훨씬 더 해악을 끼친다. 노골적 편견은 보통 대부분의 일반 시민이 해악이라고 인식하고 금방 묵살한다. 그러나 정보 기반 선전은 시민사회의 감시 레이더 아래에 있는 표현을 찾을 필요조차 없다. 사실상 이런 형태의 혐오발언이 지닌 실제 의도는 특히 신문, 책, 저널과 같은 평판 좋은 아웃렛 안에서 인종차별주의적 생각이 공적 지식public knowledge으로 변형될 수 있는 곳인 미디어를 검토하며, 지적인 근거로 발견하고 검증해야 한다.

대중계몽선전부

혐오에 찬 편견을 정보의 합법적 출처 속에 유포하는 관행은, 대중매체 자체가 모든 시민의 일상생활에 침투력을 갖기 시작하고 급진적 운동이 매스 커뮤니케이션의 힘을 휘두르는 법을 배운 20세기에는 어떤 사악한 예술 형태가 되었다. 대중계몽선전부Ministry for Public Enlightenment and Propaganda를 창설할 때 히틀러는 정보 미디어의 힘을 잘 이해하고 있었다. 이 제3제국의 핵심 부서는 끔찍하지만 획기적인 방법으로 미디어 선전을 체계적으로 이용하여 나치 광신주의의 필수 도구가 되었다. 선전부는 독일 문화의 모든 영역을 총괄하고자 "문학, 뉴스 미디어, 라디오, 연극, 음악, 시각예술, 영화"[5]의 일곱 개 부서로 나뉘었다. 1930년대 무렵에는 전 세계의 최신 영화와 음악을 소개하던 바로 그 독일 미디어들도 편협의 바람을 미묘하게 불러일으켰으며, 뒤이어 노골적인 미디어 편향과 그렇게 노골적이지는 않은 선전을 통해 도입된 반유대주의가 전국적 열기로 뒤따랐다. ≪데어 슈튀르머≫와 같은 신문, 반유대주의 시사만화, 광고판, 심지어 유대인을 퍼지는 곰팡이로 그린 『독버섯The Poison Mushroom』 같은 어린이책들은 단지 문화적 표현의 새로운 형태가 아니라 유대인에 대한 편협의 새로운 주제들로 나라 전체를 두드리는 조용한 진동이었다.[6]

히틀러는 또한 전통적인 정치 광고판, 집회, 연설에 의존하기보다 가정용 미디어 기기의 동원력을 포착하고 이를 이용했다. 라디오는 독일을 하나의 나치 깃발 아래 통합하는 주요 수단이 되었다.

나치는 라디오가 가장 효율적인 선전 수단임을 깨닫고 있었다. 따라서 저렴한 라디오 수신기("피플스 리시버people's receiver")가…… 판매되거나 무상으로 배포되었다. 라디오를 소유한 독일 가정의 비율은 1933년에서 1941년 사이에 25%에서 65%로 증가했다.[7]

나치는 독일의 미디어 기반시설에 대한 확고한 통제권을 얻자, 유대인에 대한 심상치 않은 뉴스들을 지속적으로 공급하면서 그 시스템에 대한 사회적 의존성을 이용하기 시작했다. 허프Herf는 히틀러의 최고 선전가인 요제프 괴벨스Joseph Goebbels가 이끈 선전부가 사회적으로 수용된 반유대주의에 대하여 "지적 기반을 갖춘" 사례를 창작할 수 있던 몇 가지 방법을 인용한다. 거기에는 반유대적 요지를 담은 지령 "오늘의 한마디"를 언론사가 감당 못 할 정도로 보내서 일간신문 페이지를 채우기, 유대인·흑인·집시·동성애자와 다른 달갑지 않은 자들의 열등성에 대한 과학적 주장을 뒷받침하는 "사이비 심리학" 논문을 제작하기, "소위 독일 전문직 생활에서 유대인의 우세"를 묘사하기 위해 제3제국의 "공식 통계"를 변조하기 등이 포함된다.[8] 이런 모든 허위는 새로 임명된 대학교수에서부터 신흥 반유대주의 싱크탱크 그리고 갑자기 디 유덴프라게Die Judenfrage(유대인 문제)라는 한 가지 학문적 난제를 다루는 데 전념하는 수많은 지적 저널에 이르기까지, 겉보기에는 합법적인 출처로 신중하게 뒷받침되었다.

그리고 나치즘의 새로운 학자들이 독일 사회 전체에 "유대인 문제"를 부과하는 동안, 동시에 대중계몽선전부도 그것들에 답하기 위해 쉴 새 없이 작업하고 있었다.

지역신문 가판대에 있는 대부분의 인쇄물은 일상의 독일 시민들에게는 미디어가 장악되기 이전처럼 보였어도 이제 머리기사들이 바뀌고 따라서 메시지도 바뀌었다. 강력한 이분법적 담론이 독일이나 유럽의 유대인에 관한 모든 뉴스 기사에 나타났다. "우리 對 그들"이라는 주제는 전국 뉴스 기사들에 숨은 뜻으로 들어갔으며, 모든 비유대계 독자들에게 이쪽 아니면 저쪽에 서야만 함을 암시했다. 이런데 누가 인종에 대한 새로운 과학, 재발견된 아리안족의 위대한 역사, 유대인 음모의 존재를 증명하는 사실, 그것을 강화하는 일당에 반박하려 하겠는가?

백인민족주의자, 지적인 미디어 그리고 정치

선전의 효과를 연구해 왔던 사람들도, 학자와 인종차별주의자들과 마찬가지로 대중계몽선전부의 전술에서 많은 것을 배웠다. 개인 설득에 관한 행동과학 연구는 제2차 세계대전 이후, 선전과 대중 설득에 대한 전문 연구로 바뀌었다. 컬럼비아대학교 응용사회조사연구소Bureau of Applied Social Research의 사회학자 폴 라자스펠드Paul Lazarsfeld는 매스 커뮤니케이션에 대한 자신의 획기적인 연구의 상당 부분을 특히 라디오에 초점을 맞추어 전시戰時 선전의 성격과 영향을 탐구하는 데 전념했다.[9] 슈파이어Speier와 오티스Otis의 뒤이은 연구(1944)는 나치 라디오 선전의 성격을 조사하면서 어떻게 그것이 실제 전쟁에 앞서 폭력을 표현하는 대체물로 자주 사용되었는지에 주목했다.[10]

온라인 세계의 극단주의: 광신, 인종차별, 분노

미국에서는 새로 설립된 미국 선전분석연구소U.S. Institute for Propaganda의 앨프리드 리Alfred Lee와 엘리자베스 리Elizabeth Lee 같은 연구원들이 대중 설득의 강력한 기법을 확인할 수 있었다.[11] 그중 세 가지 관행인 증언testimonial, 전이transfer, 카드 속임수card stacking 기법은, 몇 년 안에 새로운 백인우월주의자들이 개선하고 터득할 선전의 거짓 정보 제공 역할을 반영했다. 증언 기법은 "청중을 형성하기 위해 존경받는 사람의 의견"에 의존했으며, 전이 기법은 "존경받고 숭배되는 어떤 것의 권위, 제재, 명성"을 이용했고, 카드 속임수는 "가능한 최상 또는 최악의 경우를 가져오기 위해 …… 사실 아니면 거짓, 해설 아니면 방해의 선택적 사용"을 포함했다.[12]

총괄하면, 이러한 기법은 존경받는 시민과 사회 기관의 의견, 권위, 명성을 차용하며, 인종에 관한 이 경우에는 거짓된 진실을 생산하기 위해 그들의 생각을 선택적으로 해석하여 제시한다. 사실상 이러한 전략을 수십 년 동안 백인파워 이데올로그가 이용했다. 민권Civil Rights 시대에 등장한 가장 초기 백인민족주의자 중 한 명인 윌리스 카토Willis Carto를 시작으로, 십자가 태우기에서부터 떠도는 말의 출판에 이르는 혐오발언의 점진적 전환은 도널드 블랙Donald Black과 첫 혐오 웹사이트인 스톰프런트stormfront.org의 탄생까지 계속 이어졌을 것이다.

카토는 1955년 ≪라이트: 진취적 미국 민족주의 저널Right: The Journal of Forward-Looking American Nationalism≫이라는 가짜 정치 잡지를 통해 캠페인을 시작했다. 제스킨드Zeskind에 따르면, 윌리스 카토는 자주 "앤더슨 박사E.L. Anderson, Ph.D"라는 필명으로 글을 쓰면서 "서구 문명은 오염된 유전자 풀의 결과로 쇠퇴기에 접어들었다"라고 주장했다.[13] 특히 카토는 자신이 종종 "결국 미국 (백인) 문화를 죽일지도 모른다"라고 암시했던 아프리카계 미국인에 대해 언급했다. 카토는 자기 독자들의 의견을 형성하기 위해 학문적 목소리를 내는 앤더슨 박사라는 인물을 날조하여 ≪라이트≫

에 자기의 증언 장치를 만들었다. 나중에 그는 리버티 로비Liberty Lobby라는 반소수자 정치이익 단체를 결성했고, 이 단체는 공화당과 느슨하게 연관되어 갔다. 이런 식으로 카토 역시 미국 정당의 권위와 명성을 가져와 자신의 주도권을 강화하려고 했다. 카토는 주류 정치 활동에서는 그저 잠깐 성공했지만, 설립 이후 오늘날에도 홀로코스트 부인 문헌 제작에 전념하는 눈타이드 프레스Noontide Press라는 출판사를 차렸을 뿐만 아니라 그 자신처럼 열렬한 백인민족주의자들의 유산을 구축했다. 지적 기반 위에서 미국의 다문화주의와 싸우려는 그의 목표는 결국 다른 사람들이 뒤따를 것이다.

윌리엄 피어스William Pierce는 또 다른 백인민족주의자로, 1978년 『터너 일기The Turner Diaries』를 출판하면서 문학을 통해 큰 영향을 주었다. 이 소설은 미국 땅에서 일어난 국내 인종 전쟁을 묘사했다. 그런데 카토와 달리 피어스의 지적 배경은 날조되지 않았다. 그는 1970년대 미국과 유럽에서 재건 중이던 네오나치 운동에서 입지를 단단히 하려고 자신의 학문적 정통성을 이용했다. 피어스는 콜로라도대학교에서 물리학 박사 학위를 취득한 뒤 오리건주립대학교에서 학생들을 가르치다가 한 항공우주 회사의 선임 연구 과학자가 되었다.[14] 그러나 그가 궁극적으로 정착한 경력은 국제적 네오나치 조직인 국민동맹National Alliance의 우두머리였다. 스웨인Swain과 니엘리Nieli에 따르면, 피어스는 거기서 "백인이 아닌 자와 유대인이 미국에서 인종적 외계인을 이루고 있다"[15]라는 자신의 근본적 견해를 전파하기 위해 새로운 수단을 고안하곤 했다.

피어스의 방법에서 핵심은 『터너 일기』나 그의 후기작인 『사냥꾼Hunter』과 같이 인종차별주의적인 문학을 만들어내는 그의 능력이었다. 『사냥꾼』은 "인종이 다른 커플과 유대인 암살을 묘사"[16]하고 있다. 이러한 작품들은 단지 허구였지만, 인종 전쟁이라는 그 내용 저편의 메시지는 분명했다. 피어스는 출판된 문헌을 통해 자신들의 명분을 지적인 방식으로 정당화하는 카토의 전략을 이어갔다. 특히『터너 일기』는 프랑스어와 독일어로 번역되어 "유럽의 인종차별주의 우익들" 사이에서 큰 성공을 거두었으며, 미국에서도 우월주의자와 민병대 집단 사이에서 "숭배받는 위치"에 올랐다. 이 통속적인 책은 사제 비료 폭발물을 사용하여 연방 건물을 폭파하는 백인 혁명가 무리의 이야기로 시작한다. 티머시 맥베이Timothy McVeigh를 포함한 많은 인종차별적 반정부 급진파가『터너 일기』를 고무적인 텍스트로 인용했다.[17] 1995년 맥베이는 사제 비료 폭발물을 사용해 오클라호마시티에 있는 연방 건물을 폭파했고 168명이 사망했다.

피어스의『터너 일기』와 카토의 리버티 로비의 교훈을 전적으로 따르는 사람이 바로 데이비드 듀크David Duke다. 듀크 역시 "출판 역량"과 "정치적 지위"가 미국의 백인민족주의 운동에 정당성을 부여하는 열쇠임을 일찍이 이해했다. 그는 두 가지를 모두 모색하여 얻어냈다. 반명예훼손연맹The Anti-Defamation League: ADL은 데이비드 듀크를 "아마도 미국에서 가장 유명한 인종차별주의자이자 반유대주의자"[18]로 일컬었다. 듀크는 ≪인종주의자The Racialist≫와 같은 소식지를 대학 캠퍼스에 배포하면서 자신의 선배들과 마찬가지로 혐오 행동으로 경력을 시작했다. 하지만 듀크는『십자군The Crusader』과 같은 여러 백인우월주의 서적을 출판한 KKK 기사단(KKK의 분파)의 창시자이자 나중에는 최고 지도자인 그랜드 위저드Grand Wizard(대마법사)로서, 백인민족주의의 활약에 훨씬 더 큰 영향을 미쳤다. 더 중요한 것은 듀크가 1970년대 백인파워 운동의 부활에 크게 기여했다는 것인데, 반명예훼손연맹에 따르면 그는 "나치와 클랜의 의복과 의례의 사용은 물론 인종 혐오를 나타내는 그 밖의 전통적 장식이나 과시행동을 멈추게 하여 미디어의 주목을 이끈, 최초의 네오나치와 클랜 지도자 중 한 명"이었다. 듀크의 목표는 자신을 "존경할 만한 인종주의자"로 그리고 그가 속한 백인민족주의 운동을 정당한 명분으로 내세우는 것이었다.

백인우월주의라는 주제를 소수자 우대정책 같은 정치적 인종 쟁점과 나란히 놓는 데 성공한 듀크는 고향인 루이지애나주에서 많은 주류 추종자를 얻게 되었다. 백인민족주의를 국민의 공통 명분으로 발전시키겠다는 듀크의 야망은 1989년 그가 루이지애나주 공화당 하원의원으로 선출되었을 때 실현되었다. 스웨인Swain과 니엘리Nieli에 따르면, 데이비드 듀크의 승리는 "대통령 조지 부시에서부터…… 아래에 이르는"[19] 공화당 정치 지배층을 어리둥절하게 만들었다. 그럼에도 불구하고 공인된 인종차별주의자이자 반유대주의자인 듀크 자신과 백인파워 운동은 미국 정치에서 진정한 자리를 얻었다. 듀크는 나중에 1992년 공화당 대통령 후보 경선 등 다른 정치 선거에서 패할 것이나, 결코 자신의 전략적 기원은 잊지 않았을 것이다. 오늘날 듀크는 "지적인" 노선으로 돌아와서, 여러 가지 형식으로 출판을 하고 전 세계의 수많은 "학문적" 회의에서 홀로코스트 부인과 같은 개인적 관심 문제를 발표하고 있다. 그런데 백인민족주의의 미래와 관련된 듀크의 영원한 유산은 그의 연단에 머무는 것이 아니라 그의 오랜 제자 돈 블랙Don Black('스톰프런트'의 개설자)의, 컴퓨터에 정통한 손에 머무는지도 모른다.

컴퓨터 시대와 디지털 혐오 문화의 시작

돈 블랙은 윌리엄 피어스의 발자취를 따라 앨라배마주에서 백인민족주의자로 경력을 시작했다. 제스킨드에 따르면, 블랙은 데이비드 듀크의 새로운 지도를 받고 있는 KKK 기사단에 1975년 합류했다.[20] 그는 KKK에서 빨리 승격하여 그랜드 드래건Grand Dragon[주(state) 지도자]이 되고 후에 자신의 멘토 데이비드 듀크의 후임으로 KKK의 그랜드 위저드(전국 책임자)의 자리에 올랐다. 그런데 돈 블랙이 현대적인 혐오의 목소리를 내는 자신의 진정한 잠재력을 깨달은 때는 감옥에 가고 나서였다. 스웨인과 니엘리는 블랙과 다른 클랜 회원들이 "섬에 있는 반공산주의 세력을 지원하기 위해 카리브해의 작은 국가인 도미니카를 침략하려는 기괴한 음모로 체포된"[21] 1981년 사건을 기록한다. 블랙은 텍사스주 연방 교도소로 이송되었고 "거기에서 시간을 잘 활용했다. 그는 연방 교도소에서 컴퓨터 프로그램 하는 법을 처음 배웠다".

블랙은 석방되자마자 데이비드 듀크의 곁으로 돌아와 백인민족주의의 국면을 정상화하려는 운동에 들어갔는데, 가정용 데스크톱을 가지고 컴퓨터 실험을 멈추지 않았다. 1990년대의 다른 사회운동과 마찬가지로 돈 블랙도 자기 명분의 미래가 어떤 식으로든 이 새로운 컴퓨터 기술과 연결되어 있음을 깨달았다. 1995년 블랙은 플로리다의 집에서 최초의 백인민족주의 웹사이트인 스톰프런트Stormfront.org를 시작했다. 그는 다음과 같이 회상한다.

내 생각에 '94년이나 '95년에 시작된 인터넷의 기하급수적인 성장으로, 우리는 처음으로 어쩌면 수백만 명의 사람에게 우리의 관점으로 다가갈 수 있는 기회를 얻었다. 이들은 대부분 우리의 어떤 회의에도 참석한 적이 없거나⋯⋯ 우리의 어떤 출판물도 구독한 적이 없는 사람들이다. 우리는 처음으로 폭넓은 청중에게 다가갈 수 있었다.[22]

스톰프런트와 인터넷은 정말로 폭넓은 청중과 함께 대중적 접근이 가능한 새로운 영역에서 백인파워 운동을 수행했다. 얼마 되지 않아『시온 장로 의정서』와『터너 일기』와 같은 지하 도서들이 웹에 재등장하기 시작했으며, 다른 백인파워 출판사들은 자체 웹사이트를 만들고 스톰프런트와 같은 기존 도메인에 링크를 걸면서 즉각 발판을 확보했다. 이런 식으로, 혐오를 정당화하는 길은 제자리를 찾았다. 인종차별주의적 선전이라는 뻔한 시스템으로 시작했던 것은 대학 캠퍼스와 출판사, 가짜 뉴스 저널과 정치 로비를 통해 완전한 당파적 지위 및 선출된 정당성에 이르는 50년의 경로를 거쳐, 마침내 공공정보 플랫폼으로 스스로를 혁신했다.

시간이 흐르면서, 디지털 문화의 새로운 맥락은 그 밖의 다른 인종차별적인 급진적 운동들이, 합법적인 정보 출처로서 책과 웹사이트 같은 미디어의 동일 공간뿐 아니라 정치와 사회 쟁점 같은 비슷한 주제도 공유하는 새로운 형태의 정체성으로 스스로를 재정의할 수 있게 했다. 물론『시온 장로 의정서』와 마찬가지로, 새롭게 정당화된 백인민족주의의 정체성에는 단 하나의 문제점이 있다. 그것은 착각일 뿐이라는 사실이다. 그것은 가명이다. 디지털 인종차별은 지식으로 재포장되어도 여전히 인종차별이다. 곧 알게 되겠지만, 그 세부사항은 혐오집단과 별 차이가 없는데 어쨌든 디지털 공간에서 이익을 얻을 수는 있다.

다음 장에서는 인터넷이 어떻게 현대의 혐오운동에 그들의 메시지를 일반 대중에게 전달할 수 있는 새로운 차원을 제공했는지를 정확히 보여줄 것이다. 1990년대 후반에는 온라인 혐오 활동에 대한 연구가 시기상조이고 매우 불확정적이었을 것이다. 비록 스톰프런트 같은 웹사이트 이후 다른 웹사이트들이 빠르게 뒤따랐더라도 인터넷은 아직 완전한 형태를 갖추지 못했으며, 새로운 미디어가 극단주의 문화를 어디에서 취할지에 대해 이해는커녕 추론조차 할 수 없었다. 그러나 방금 우리는 20년 동안의 인터넷 발달이 인종차별주의적인 급진적 운동에 어떻게 영향을 미쳤는지를 여러 면에서 보았다. 그래서 이 시점에서는 오늘날 혐오집단들이 어떻게 자신을 각색하여 디지털 세계에 적응했는지를 이해하는 데 한

걸음 더 나아가는 것이 적절하다. 다음 장에서는 인터넷이 정보의 의미를 변형하기 위해 무엇을 했는지 그래서 결국 혐오발언을 위해 무엇을 했는지를 설명하는 새로운 이론을 정립하며 시작한다.

주

1   Binjamin W. Segel, *A Lie and a Libel: The History of the Protocols of the Elders of Zion* (Lincoln, NE: University of Nebraska Press, 1995), p.56.

2   같은 책, p.57.

3   Jeffrey Herf, *The Jewish Enemy: Nazi Propaganda During World War II and the Holocaust* (Cambridge, MA: The Belknap Press of Harvard University Press, 2006), p.81.

4   Will Eisner, *The Plot: The Secret Story of the Protocols of the Elders of Zion* (New York: W.W. Norton & Company, 2005).

5   John Dornberg, *Munich 1923: The Story of Hitler's First Grab for Power* (New York, NY: Harper & Row, Publishers, 1982), pp.49~55.

6   Louis L. Snyder, *Encyclopedia of the Third Reich* (New York, NY: Paragon House, 1989), pp.429~430.

7   United States Holocaust Memorial Museum, "Der Sturmer," USHMM Propaganda Collection: Gift of the Museum fur Deutsche Geschichte, Berlin.

8   Herf, *The Jewish Enemy*, p.36.

9   Paul F. Lazarsfeld, *Radio and the Printed Page: An Introduction to the Study of Radio and Its Role in the Communication of Ideas* (New York: Duell, Sloan, and Pearce, 1940).

10 Hans Speier and Margaret Otis, "German Radio Propaganda in France during the Battle of France," in Paul Lazarsfeld and Frank Stanton(eds.), *Radio Research, 1942-1943* (New York: Duell, Sloan, and Pearce, 1944), pp.208~247.

11 Alfred C. Lee and Elizabeth B. Lee, *The Fine Art of Propaganda* (New York: Harcourt, Brace and Co., Inc., 1939).

12 Karen S. Johnson-Cartee and Gary Copeland, *Strategic Political Communication: Rethinking Social Influence, Persuasion, and Propaganda* (Lanham, MD: Rowman & Littlefield Publishers, 2003), p.167.

13 Leonard Zeskind, *Blood and Politics: The History of the White Nationalist Movement from the Margins to the Mainstream* (New York: Farrar, Straus and Giroux, 2009).

14 Carol Swain and Russell Nieli, *Contemporary Voices of White Nationalism in America* (Cambridge: Cambridge University Press, 2003), pp.260~261.

15 같은 책, p.261.

16 같은 책, p.260.

17 Jo Thomas, "Behind a Book that Inspired McVeigh," last modified June 9, 2001, http://www.nytimes.com/2001/06/09/us/behind-a-book-that-inspired-mcveigh.html.

18 "David Duke," last modified August 1, 2009, http://www.adl.org/learn/ext_us/david_duke/default.asp.

19 Swain and Nieli, *Contemporary*, p.166.

20 Zeskind, *Blood and Politics*, p.94.

21 Swain and Nieli, *Contemporary*, p.153.

22 같은 책, p.155.

3장

정보화 시대의 혐오발언

　신뢰할 만한 정보가, 도서관 서가에 꽂힌 너덜너덜한 책이나 학술 저
널들과 동일시되던 그리 오래지 않은 시기를 떠올려본다면, 새로운 미디
어가 저 가치 있는 시스템을 그렇게 갑자기 바꿀 수 있었다는 것이 이상
하게 보일 것이다. 그런데 「로스앤젤레스 인터넷 리포트」에 따르면, 인
터넷은 2003년에야 책, 신문, 텔레비전, 라디오보다 높은 순위로 미국인
70% 이상에게 "가장 중요한 정보 출처"가 되었다.[1] 셴크Shenk는 온라인
정보를 그가 사회의 "데이터 스모그data smog" 문제라 부른 것을 부추기는
주요 요인으로 특징지었다. 그는 "인터넷의 대중화로 정보의 과부하가
확실히 가속화되고 두드러지고 있다"[2]라고 지적했다. 그러나 데이터의
양 자체보다 더 큰 문제는 오늘날 인터넷상의 공공정보를 구성하고 있는
것의 본질과 품질이며, 혐오집단들이 주류 정보 무대에서 영향력을 행사

© The Author(s) 2017
A. Klein, *Fanaticism, Racism, and Rage Online*,
DOI 10.1007/978-3-319-51424-6_3

할 수 있게 길을 닦아준 것은 다른 어떤 요소보다도 사실적 콘텐츠의 모호성이다.

온라인에서 정보 콘텐츠는 풍부한 학술 데이터베이스, 전자책 시리즈, 매시간 기사 제목이 바뀌는 뉴스 사이트, 자비 출판 전자책, 공공 위키에 이르는 모든 것을 포함할 수 있다. 그러나 거기에는 또한 의견 블로그, 트윗, 강경한 정치 포럼, 사용자 리뷰, 동영상 강의도 포함된다. 데이터, 의견, 대중문화의 끝없는 혼합에 또 추가되는 것은 타블로이드 가십, 음모 블로그, 혐오 웹사이트 같은 나쁜 정보의 혼합물이다. "신뢰할 만한 정보"로 간주되는 것의 한도는 가상 세계에서 확대되었는데, 그 주된 이유는 콘텐츠 전달자가 곧, 자신이 공개하는 사실의 종류에 대해 거의 조심성이 없는, 익명의 구속받지 않는 대중이기 때문이다. 신뢰할 만한 온라인 정보라고 생각되는 것에 대한 잘못된 인식에도 불구하고 참지식은 어떤 미디어에서건 정말 중요하다고 원칙적으로 주장할 수도 있다. 그러나 특히 혐오집단에게는 주관적인 지각perception이 현실이다. 인터넷상 문지기의 부재, 사실과 의견의 의심스러운 융합, 또는 "정보"를 정의하는 경계의 개방에도 불구하고, 사람들은 새로운 지식을 찾기 위해 계속 온라인에 접속한다. 인종차별주의적 조직의 경우, 그들이 속할 수 있는 초고속 정보통신망에 대한 일반적인 인식은 마침내 그들의 운동을 주류에 연결할 수 있는 풍부한 기회를 의미한다.

정보세탁 이론

상당히 많은 광신적 조직이 이주해 온 인터넷의 값싸고 규제 없는 가상현실 공간 너머에는, 변두리 집단이 디지털 세계에서 영구적 입지를 확고히 하도록 도운 더 깊은 특징이 있을 것이다. 그것은 깔때기처럼 오늘날의 급진적이고 인종차별적인 웹사이트로 검색자들을 집합적으로 이동시키는 검색엔진, 뉴스 아웃렛, 정치 블로그, 소셜 네트워크의 상호 연결 시스템이 지닌 합법화 요인이다. 정보 탐색자의 경우 이 깔때기 과정의 결과, 독특한 관점들을 광범위하게 얻을 수 있고, 따라서 주어진 주제에 대해 보다 폭넓은 이해를 얻을 수 있다. 그러나 선전 제공자에게 이 동일한 과정은, 비합법적임에도 연결되어 있는 그런 소수의 사이트에 진정으로 믿을 만한 웹사이트가 지닌 신뢰성과 평판을 무심코 부여한다. 부지불식간에 혐오 웹사이트로 연결하는 구글과 야후 같은 오늘날의 선두적 검색엔진이나, 악의에 찬 콘텐츠가 매일 올라오는 유튜브와 같은 동영상 공유 커뮤니티가 그런 경우다. 내가 **정보세탁**information laundering이라 부르는 이론적 과정은 인터넷 특유의 요소로서, 유리한 제휴 시스템을 통해 거짓 정보와 가짜 운동이 깨끗이 세탁될 수 있는 이상적 환경을 제공한다.[3]

그런데 정보세탁 이론을 다양한 과정과 구체적 사례로 나누어 분석해 보기 전에, 그 이론적 토대를 검토하는 것이 중요하다. 다음 개념들은 선전과 거짓 정보가 어떻게 학식 있는 사람과 평판 좋은 문지기에게 때때로 간과되고 심지어 진짜로 인증되는지에 대한 설명을 돕는다. 백색선전(Jowett and O'Donnell, 1999)[4]과 학문적/기술적 기풍(Borrowman, 1999)[5] 이론은 선전 분야의 오랜 학문적 탐구를 잇고 있으며, 우리는 이미 그 일부를 논의했다. 특히 이 두 이론은 정보화 시대 혐오발언의 수정된 특징에 대해 최근의 관점을 제공한다.

조잇Jowett과 오도널O'Donnell은 선전을 "통제와 연관되며, 선전주의자에게 유리하도록 힘의 균형을 바꾸거나 유지하려는 의도적인 시도로 간주되는"[6] 고도의 기능적인 의사소통 수단으로 정의한다. 조잇과 오도널의

"선전 모델"은 혐오발언을 분류하는 분석적 스펙트럼 면에서, 목적에 따른 정보와 설득의 분리를 보여준다. 이 모델은 커뮤니케이션 과정에서 이 두 힘의 분리를 묘사하는데, 선전은 이 둘 사이 어딘가에 그리고 종종 계획적으로 존재하므로 수신자가 알아채지 못하고 넘어간다. 조잇과 오도널은 이 방법을 백색선전white propaganda이라 부르는데, 이는 흰색, 회색, 검은색(선택적 사실에서부터 노골적 조작까지)으로 구분된 세 선전 중 하나다. 이 장의 연구는 특히 의도적으로 설득과 정보의 구분을 흐리게 하는 백색선전의 본질을 다룬다. 이 교묘한 왜곡의 결과로 생산된 메시지는 "참에 상당히 가까워" 보이며…… (그리고) 발신자는 최선의 사상과 정치적 이념을 지닌 '좋은 사람'이라고 청중을 확신시키는 방식으로 제시된다".7

회색선전은 거짓 광고나 통계 조작같이 더 부정직한 관행을 파고드는 반면, 흑색선전은 나치 시대의 선전같이 증폭된 대중 기만으로 입증된 가장 잘 알려진 선전 형태다. 그러나 백색선전이 미디어에 정통한 현대 사회에서 가장 만연해 있을 것인데, 주류 쟁점에 침투할 수 있는 효과적인 그 능력 때문에 그렇다. 앞서 말했듯이 오늘날의 백인우월주의자 같은 집단은 쉽게 알아볼 수 있는 혐오의 상징에서 *벗어나*, 국내 정치와 대중문화 쟁점과 같이 보다 일상적인 뉴스 항목에 관여*하는 방향*으로 나아갔다. 표면적으로 이러한 영역은 극단주의자들이 비백인 미국인을 향해 일반화된 불신과 분노, 두려움을 끊임없이 이야기하도록 밑밥을 제공한다. 인터넷상에서 이러한 주제들은 매일의 뉴스 피드나 온라인 사설과 같이, 사람들이 읽도록 의도된 웹사이트 포럼에 조심스럽게 엮여 있다.

이 "커뮤니티 포럼"과 "뉴스 기사" 대부분은 하나하나 그 자체만 두고 보면 정확한 정보 요소로 되어 있다. 그러나 동일한 독자가 잠시 뒤로 물러나 주어진 혐오 웹사이트의 모든 기사와 사설, 포럼을 관찰하면, 이런

온라인 세계의 극단주의: 광신, 인종차별, 분노

개별 정보는 혐오 기반 기사를 끊임없이 제공하는 더 커다란 메커니즘의 일부임이 분명해진다. 이 맥락에서 이러한 콘텐츠들은 주의 깊게 선택되고 강조되며, 어떤 경우에는 오직 뚜렷한 인종차별주의적 관점만을 전달하기 위해 작성자가 이를 추리기도 한다. 곧 우리는 인종차별적이고 급진적인 웹사이트가 백색선전의 공통 방법론을 사용하여 어떻게 상호 연결된 블로그, 웹 위키, 온라인 뉴스, 검색엔진과 같은 주류 깔때기에 그들의 관점을 주입하는지 볼 것이다.

보로맨Borrowman의 학문적/기술적 기풍academic and techno-ethos 개념도 백색선전과 같이 미디어를 통한 정보 조작을 검토하는데, 보다 구체적으로 웹에서 이 과정의 구성 단위에 대한 신용도를 고찰한다. 보로맨은 사이버 공간의 교육적 함정에 대한 연구에서, 홀로코스트를 조사하기 위해 인터넷을 사용했던 학생들의 사례를 고찰한다. 그는 학생들이 어떻게 열린 네트워크를 통해 홀로코스트 부인 웹사이트에 직접 연결될 수 있었는지를 관찰하는데, 이 웹사이트들은 직함과 소속 대학, 출판 문헌 링크, 학술적으로 들리는 강령을 갖추고 학문적으로 평판 좋은 연구센터로 보이도록 구성되어 있다. 그는 다음과 같이 설명한다.

학문적 기풍이 작동하고 있을 때, 독자는 작가가 정직한 대화에 참여하는 합리적이고 이성적이며 지적인 개인이라고 설득된다. …… 독자는 작가가 도덕적이고 공정하게 자신의 논증을 구성하고 있다고 믿는다. 홀로코스트를 부인하는 자들에게 그런 기풍의 구축은 엄청나게 중요하다.[8]

보로맨은 "특정 분야의 전문가"처럼 보이게 외양을 구축하는 맥락적 방법 말고도 새로운 기술적 기풍 역시 온라인 정보 탐색자를 위해 진화했다고 주장한다. 그는 "기술적 기풍이란 현란한 웹사이트로 입증된 프로그래밍 숙련도에 온라인으로 구축되는 신뢰성 또는 권위"라고 주장한다. 오늘날 이것은 기술적 노하우나 전문 웹디자이너의 고용만으로도 비교적 쉽게 달성할 수 있다. 이 작업의 결실은 보로맨의 염려대로, 비판적 사고 능력의 일부가 그가 말한 "비판적 서핑critical surfing"으로 대체된 넷 세대에게 엄청나게 효과적일 수 있다. 다시 말해, 젊은 탐색자들은 단지 웹사이트의 전문적 디자인, 시각적 호소, 정교한 미디어 융합 옵션 그리고 그것이 신뢰할 만한 검색엔진을 통해 발견된다는 사실에 근거해 그 사이트를 신뢰하는 데 익숙해졌다.

　많은 젊은이들이 이러한 특징에 신뢰의 도장을 찍기 때문에, 많은 혐오집단이 돈으로 살 수 있는 최고의 웹디자이너 확보를 위해 줄 서고 있다는 사실은 별로 놀랄 일이 아니다. 그렇지만 학문적/기술적 기풍 개념은 단지 오늘날 온라인 정보 탐색자 대다수의 탐색 및 선택 사고과정만을 설명할 뿐이다. 이러한 자질도 백색선전과 마찬가지로 정보세탁 이론의 핵심 요소이지만, 오직 혐오집단이 자신의 사이트에서 그것을 이용하는 법을 배운 정도까지만이다. 나머지 절반의 공식은 홈페이지 너머 이런 비합법적 공간들로 이어진 경로에 존재한다. 우리가 한때 "초고속 정보통신망the information superhighway"이라고 불렀던 이 지극히 중요한 외적 요인은 혐오운동들로 생겨난 것이 아닌데도 불구하고 그들에게 가장 유용한 공범자가 되었다.

　온라인에서 거짓 지식과 선전으로 가는 경로는 합법적이고 신뢰할 만한 출처들로 이어지는 경로와 동일하다. 이는 마치 백인우월주의나 반유대주의 단체와 같은 수혜자들이 새로운 듀이 십진분류법[옮긴이: 1876년 멜빌 듀이(Melvil Dewey)가 고안한 도서 분류 체계]에 슬며시 들어와 그것을 오염시킨 것과 같지만, 거기에서 그들의 존재를 알아차린 사람은 거의 없다. 오늘날 급진적 웹사이트들은 온라인 정보와 커뮤니티 구축이라는 기축통화로 편리하게 통합되고 상호 연결되었다. 이 장은 이러한 통화를 검색엔진(발견), 뉴스와 위키(정보), 정치 블로그(의견), 소셜 네트워크와 동영상 공유(표현)라는 네 가지 주요 범주로 구분한다.

검색엔진

혐오발언을 느슨한 형태의 정보로 세탁하는 과정은 대개의 사이버 공간 활동과 마찬가지로 대부분 일상적인 질문을 하는 첫 입구인 검색엔진 search engine에서 시작된다. 구글, 야후, 빙Bing 같은 전형적인 검색엔진은 주로 해당 사이트의 "인기"와 "신선함"을 근거로 디렉토리 내 "가장 관련 있는 웹사이트"를 지정하고 순위를 매기는 특수화된 알고리즘을 사용한다.[9] 사이트의 인기가 많을수록 대중적 호소력이 더 클 것이고, 따라서 대규모 사용자 집단과의 관련성도 크다고 가정된다. 동시에, 특정 웹사이트는 그 유명도와 상관없이 가장 최신의, 관련까지 있는 정보를 보유하고 있을 수도 있다. 그런 사이트는 '신선하다'고 간주되어, 순위 결과 페이지의 상단에 신속하게 배치될 수 있다. 검색엔진 관련성을 결정하는 다른 요소에는 사용자 서버와 관련된 웹사이트의 위치, 쿼리 자체의 범위, 그 밖의 새로 출현하는 요소들이 있다. 그러나 이 동일한 요소들은 종종 평판이 좋지 않은데도 대규모 사용자 집단에서 인기 있거나 또는 인종과 같은 특정 주제와 관련된 그들의 콘텐츠가 통용되는 웹사이트에 이롭게 작용할 수 있다. 그리고 때때로 검색엔진은 단지 사용자가 입력한 검색어와 쉽게 어울리는 URL 이름에 근거해 혐오 웹사이트를 찾아낸다. 예를 들어, 구글 검색엔진에 "아메리칸 르네상스American Renaissance"를 입력하면 인기 있는 백인민족주의 공동체인 "아메리칸 르네상스" 웹사이트가 맨 먼저 등장하는 것이다. 흔한 단어인 "레지스트resist"를 검색하면 화이트아리안 레지스탕스White Aryan Resistance: WAR의 본거지인 레지스트닷컴 resist.com을 찾게 된다.

웹정보 회사인 알렉사닷컴Alexa.com은 웹 활동의 "트래픽 지표traffic metrics"를 추적하고 또한 사용자를 그 특정 사이트로 인도한 즉각적 경로를 나타내는 "클릭스트림clickstream"을 모든 해당 웹사이트에 상세하게 알려준다.10 다른 인종차별주의적이며 급진적인 사이트를 통해 이 연구에서 검토하는 선두적 혐오 사이트들로 빈번히 집중해 들어가는 동안 가장 많이 거치는 이전 페이지는 한결같이 구글이며 야후가 바싹 뒤쫓는다고 알렉사는 언급한다. 물론 인터넷의 이 주축들은 매우 유동적인 자체 디렉토리를 통해 정보 탐색자를 사악한 웹 구석으로 이끌 수 있는 자신들의 의도치 않은 능력을 알고 있기에, 이런 일의 발생 가능성을 제한하고자 자체 알고리즘의 개선을 위해 끊임없이 노력한다. 그러나 인터넷 사용자의 마음은 그들이 통제할 수 없는 요소다. 사용자는 혐오 웹사이트를 직접 검색하는 중일 수도 있고 아닐 수도 있는데, 당연히 혐오 웹사이트는 절대로 자기 정체가 그렇다고 하지 않을 것이다. 그렇지만 인터넷 사용자가 문화적 정체성이나 인종 정치racial politics를 뜻하는 단어들을 선택해도 이런 공동체로 인도된다.

정보세탁 과정의 실험적 사례를 간단히 살펴보자. 이 연구에서는 예비 시험으로 "백인"과 "홀로코스트"라는 검색어를 구글, 야후, 빙 검색엔진에 별도로 입력한 다음, 각 용어의 처음 두 페이지 결과만 조사했다. 이 기본적인 관찰적 접근에서 세 검색엔진 모두 인종차별주의적이거나 반유대주의적인 작성자들이 제공한 결과를 두 개 이상 내놓았다. 구글은 "백인"에 대한 검색 결과의 첫 페이지 목록에 백인우월주의 커뮤니티인 스톰프런트를 내보였다. 야후와 빙은 각각 두 번째 페이지에서 백인민족주의 웹사이트인 세이브유어헤리티지닷컴(당신의 유산을 구하라)SaveYourHeritage.com

과 레지스트닷컴에 직접 연결되도록 링크를 제공했다. 또한 각 검색엔진은 어반딕셔너리Urban Dictionary(은어 사전)의 해당 내용도 동일하게 링크시켰는데, 거기에서 "백인"은 "가장 미움받는 인종"으로 폄하되고 있다.[11]

별도로, 세 검색엔진 모두 "홀로코스트는 날조인가Is the Holocaust a Hoax?"라는 웹페이지를, 그것 말고는 모두 정당한 검색 결과인 홀로코스트에 관한 역사, 기념, 전기 사이트들 가운데 제공했는데, 그럼으로써 오직 수백만 명의 살인 사실을 뒤집고자 하는 불법적인 페이지에 신뢰를 주었다. 마찬가지로 "동성애"와 "이슬람" 같은 그 밖의 문화적 용어를 검색하면 극단주의적 검색 결과를 발견할 수 있다. 사람들은 이렇게 처음에 나오는 웹사이트 대부분에서 처음 것보다 훨씬 더 악의적인, 인종차별적이고 급진적인 웹사이트들의 링크를 발견하며, 따라서 단지 한두 번의 이동으로 사이버 공간의 비주류 변두리 요소들이 주류 검색엔진과 연결된다는 사실을 아는 것이 중요하다.

뉴스와 위키

뉴스와 탐색 경로는 종종 온라인 정보 탐색자들의 두 번째 정류장이다. 위키피디아Wikipedia 같은 전자 백과사전은 인터넷 지식의 강력한 민주화를 보여준다. 강력한 이유는 그 정보 콘텐츠를 참여 대중의 거의 아무나 작성하거나 변경할 수 있기 때문이다. 위키피디아 같은 사이트는 대중이 제공한 그들의 정보가 항상 정확하리라고 주장하지는 않지만, 상당수의 온라인 방문자는 이런 사이트를 마치 도서관과 같은 신뢰할 만한 사실의 보관소로 거의 동일하게 본다는 점을 유념해야 한다. 위키피디아 페이지에 연대순으로 잘 기록되어 있는 유명한 혐오 커뮤니티들의 경우에는, 그들의 명분을 "백인민족주의자", "반히스패닉", "반유대주의", "테러리스트"와 같은 적절한 용어로 분류하는 필자들과, 그들의 운동을 정당화하는 방식으로 정의하면서 그 공동체를 옹호하는 필자들이 계속 씨름하고 있다. 편협한 커뮤니티의 탐색자와 지지자들 *모두* 엄밀히 따지면 이런 혐오 사이트에 관한 지식 기반의 성장에 기여할 수 있다. 그래도 가끔은 위키피디아의 사이트 관리자들이 정확성에 대한 심판 역할을 하면서 해당 글에 남을 콘텐츠에 대해 최종 결정권을 유지한다. 그렇지만 우리는 혐오 커뮤니티 대부분이 이 같은 정보의 열린 장소에서 작지만 중요한 방식들로 얼마나 많은 이익을 얻었는지를 확인할 수 있다.

예를 들어 메타피디아Metapedia는 또 다른 전자 백과사전으로, 현재 위키피디아에는 이를 정의하는 두 번째 줄에 "백인민족주의, 백인우월주의, 백인분리주의와 네오나치를 포함하는 반유대주의적"이라고 서술되어 있다.[12] 사실상 이 글의 작성자는 위키피디아 페이지의 각주에 명시된 바와 같이 이 정의에 기여했다. 그러나 메타피디아 역시 자신들의 프로필을 정당화하려는 캠페인을 통해 위키피디아 페이지의 바로 *첫째* 줄에 있는 메타피디아의 정의에 기여했는데, 지금 그 내용은 이렇다. "메타피디아는 유럽의 문화, 예술, 과학, 철학 및 정치에 주력하는 극우적인 다국어 전자 백과사전이다."

물론, 혐오 커뮤니티와 그 밖의 온라인 주제에 대한 위키피디아의 보도와 노출에서 얻는 것은 해보다 득이 훨씬 더 크다. 그러나 동시에 위키들은 전통적 백과사전과 달리, 언급하는 주제로 바로 넘어갈 수 있는 링크를 제공하는데, 인종차별적이며 급진적인 웹사이트들도 거기에 있다. 이런 링크는 그야말로 현실 세계에는 없는 상호 연결이다. 예컨대 도서관은 관심을 보인 방문자에게 KKK의 역사에 관한 출판물을 제공할 수 있지만, 도서관 사서들이 다음번 클랜 모임이 열릴 장소에 대한 정보를 제공하지는 않는다.

"연합을 통한 정당성legitimacy by association"을 제공하는 사이트의 또 다른 예는 아마존닷컴Amazon.com이다. 대부분의 인터넷 사용자, 특히 대학생에게 아마존은 학술 서적의 주요한 출처다. 그러나 정보 자원의 신뢰할 만한 제공자로서 아마존의 다양한 문헌에는 『시온 장로 의정서』부터 『터너 일기』, 『나의 투쟁』에 이르는 제목들이 포함되어 있다. 물론 이 책들은 이런 종류의 연구를 하고자 하는 이들에게는 관련 자료가 될 수 있다. 하지만 젊은 구매자들이 관련 검색어로 다른 적법한 출처를 찾는 중에 이런 문헌들에 이를 수 있다는 점이 아마존에 있는 발견의 위험성이다. 남부빈곤법률센터는 아마존 사용자들이 "'클랜Klan'을 도서 검색엔진에 입력하면……" KKK와 관련된 "2만 2767개의 충격적인 결과를 얻는다"라고 지적했다.13

이런 종류의 학문적 조사는 합법적인 정보 제공자들이 연구, 문학, 때로는 주류 뉴스에까지 침투한 증오 단체들과 벌이는 지속적인 투쟁을 교섭한다. 이는 폭스 뉴스가 2008년 자체 뉴스 프로그램에 자신들이 "인터넷 언론인" 앤디 마틴Andy Martin으로 확인한 인물을 두 번이나 초대손님으로 출연시키려 했던 사례에서 볼 수 있다. 마틴은 인터넷에서 오바마 대통령은 "비밀 회교도"라고 중상모략하는 귓속말 캠페인whisper campaign의 최초 유포자 중 한 명으로 유명했는데, 이 캠페인은 자유공화국Free Republic이라는 인기 보수 웹사이트의 페이지마다 그의 모략이 올라가면서 거세졌다.14 《뉴욕 타임스》와 다른 뉴스 매체들은 "뒤틀린, 비열한 유대인" 같은 문구와 "나는 홀로코스트가 어떻게 일어났는지 이해할 수 있으며, 날이 갈수록 점점 그 일이 일어난 것에 미안함을 덜 느낀다"와 같은 정서로 각인된, "그야말로 수백 건의 소송을 제기한" 마틴의 지저분한 이력을 계속 다루기 시작했다. 폭스 뉴스는 나중에 반유대주의자이며 인종차별주의자인 초대손님을 우연히 정당화한 것에 대해 사과하곤 했다. 그런데

이 사건은 점점 더 흔해지는 혐오가 주류 정보 무대에 성공적으로 침투했음을 의미하기에, 많은 이들이 이런 증가하는 현상에서 인터넷이 어떤 역할을 했는지 조사하기 시작했다. 폴 패리Paul Farhi는 ≪워싱턴 포스트≫의 저널리스트로, 최근 자신의 분야에 등장한 비주류 변두리 기반 뉴스 기사의 증가를 관찰했다.

초기에는 주변적이거나 조금 별나다고 무시되었을지도 모를 기사가 지금은 주류 뉴스 기관들의 진지한 정밀 조사를 받고 있다. …… 뉴스 미디어의 변두리와의 로맨스는 단지 지난 몇 년 동안 어떻게 사업이 변했는지를 극명하게 반영하는 것일 수 있다. 인터넷이 생기기 이전에, 뉴스와 논평의 출처가 폭주하기 이전에, 주류 뉴스 기관들은 자신들이 대중 소비에 부적합하다고 여기는 기사들을 축소하거나 무시하는 문지기 역할 같은 것을 유지할 수 있었다.15

한편, 변두리 웹사이트들도 내부적으로 주류 뉴스 기관에서 빌려온 콘텐츠를 자체 홈페이지에 반영하려고 노력했다. 이런 일반적 관행은 국가사회주의운동National Socialist Movement 웹사이트와 같은 곳에서 발견되는데, 이 사이트에서는 주로 멕시코인의 마약 밀매나 아프리카계 미국인 범죄자들이 저지른 범죄와 같은 인종 관련 쟁점에 초점을 맞춘 ≪뉴욕 타임스≫, 폭스 뉴스, CNN.com의 뉴스 기사들이 특색을 이룬다. 이러한 합법적 뉴스 기사들은 인종 공격에 대한 집단 서사를 제시하기 위해 인위적으로 함께 엮을 때 새로운 의미를 갖는다.

정치 블로그

웹에 모여 있는 정보의 그다음 영역은 뉴스와 위키보다 훨씬 덜 억제된 형태의 시민 담론을 보여준다. 정치 블로그 영역은 일상에서 시민들이 직접 공적 광장에 참여할 수 있는 강력한 회합 장소로서, 주류 미디어에서 종종 보이는 것보다 더 광범위한 정치·문화·사회적 쟁점에 대한 시각을 공유한다. 전통적 문지기가 없는 블로그 영역은 보통 정치적 신념과 이론 및 편견을 표현할 때 조금도 물러서지 않는 더 당파적인 군중에게 호소한다. 정보의 측면으로 본다면, 언론의 정확성 표준에서 벗어난 자유의 정도는 대중 주도적인 블로그 영역이 더 크다고 말할 수 있다. 그럼에도 불구하고 많은 웹 사용자들이 정치 블로그를 최근 사건에 대한 주요한 정보의 출처로 여긴다.

블로그 영역은 오늘날의 혐오집단에게 정치적 관심이 많은 시민의 지적 기반을 침해할 수 있는 엄청난 기회를 제공한다. 사이버 공간의 변두리 요소들로 가는 여정은 보통 적법한 사회적 관심 쟁점들을 파고들며 통합하는 이런 공개토론 회랑들을 통과하는데, 이는 자신들이 어떤 극단주의적 의제와 연계되었다고 밝힐 필요가 없는 혐오집단들에게 악용될 수 있다. 자유언론Free Press과 미디어정의센터Center for Media Justice를 비롯한 30개 이상의 기관들은 2010년 미국 연방통신위원회Federal Communications Commission: FCC에 보낸 서한에서 "인터넷은 대중이 뉴스로 가장한 편협에서 사실을 분리해 내기 더 어렵게 만들었다"[16]라고 주장했다. 이들 연합은 연방통신위원회에 주류에서 행해지는 인종차별주의적 발언에 관심을 다시 기울여 달라고 요청하면서, 오늘날의 혐오 선동자들이 "익명의 망토를 쓰거나 종종 신뢰성을 가장하여 거짓과 혐오를 퍼뜨려서…… 블로그가 익명으로 글을 올리는 자들의 혐오 메시지와 거짓 정보로 가득 차는"[17]

방식을 조명했다.

블로그 영역에서 혐오 수사법의 침투가 두드러진 사례는 버니 메이도프Bernie Madoff의 다단계 폰지 사기Ponzi scheme scandal의 여파로 일어났는데, 이때 반명예훼손연맹은 "금융에 전념하는 인기 블로그들이" 갑자기 반유대주의적 논평들로 "넘치고" 있다고 보고했다.[18] 반명예훼손연맹은 뉴욕매거진닷컴NYMag.com, 딜브레이커닷컴Dealbreaker.com, 포트폴리오닷컴Portfolio.com을 비롯한 주류 블로그들과 포브스닷컴Forbes.com과 선센티널닷컴Sunsentinel.com의 토론 게시판에서 뽑은 사례들을 게시했다. 어떤 블로그가 다른 블로그보다 더 알려진 이유는 반복되는 정치적 주제에서 유래한, 인종차별주의적이라고 비난받는 수사법을 빈번하게 게시하기 때문이다. 풀뿌리 보수주의적인 자유공화국 웹사이트가 그런 블로그 중 하나로, 그것은 자칭 "신, 가족, 국가, 생명 및 자유"와 맞물린 쟁점들을 다루기 위한 포럼이다. 온건한 정치적 주제도 웹사이트의 토론 게시판에서 많이 다루어지지만, "버락 오바마 대통령의 시민권에 대한 음모"와 "동성애 안건"과 같은 주제들도 논의된다.

2015년에 오랜 경력의 급진적 단체들은 이미 노령화된 자신들의 운동을 생기 넘치는 정치적 블로그로 각색했다. 이 단체들은 인종차별주의적 우파인 보수시민위원회부터 급진적 좌파인 뉴블랙팬서New Black Panthers(새로운 흑표범)에 이른다. 블로그 영역에서 공격적 입지를 구축해 온 주요 집단 중 하나는 반정부 민병대로, 이들은 "많은 당국을 걱정하게 만든"[19] 온라인 환경의 주류 명분들과 섞일 수 있는 능력을 보여주었다. 남부빈곤법률센터의 켈러Keller는 "민병대, 백인우월주의자, 반유대주의자, 원주민 보호주의자, 세금 반대자 및 그 밖의 다양한 급진적 우파 활동가들이 서로 교차하는 중이며 심지어 합쳐지고 있는 중일 수 있다"라고 설명한다.

물론 정치 블로그는 집합적으로 월드와이드웹이 제공해야만 하는 최선의 것인 새로운 민주 영역의 일부를 보여주는데, 거기서는 인종과 정체성 쟁점들과 그것을 둘러싼 정치가 건강한 담론이 될 만한 핵심 주제들이다. 그러나 정치적 명분으로 가장한 온라인 혐오집단들은 인종차별주의적 의제를 직접 드러내지 않고도 문화적 편협에 불을 지피는 언어를 포착하는 법을 배웠다. 예를 들어, 반이스라엘 성향의 블로그들은 보통 반이민 블로그들이 반히스패닉 정서를 활용하는 것과 매우 동일한 방식으로 반유대주의 담론으로 가는 편리한 입구를 열어놓는다.

브래티치Bratich는 혐오발언의 암호문과 마찬가지로 인터넷도 어떻게 "음모적인 소문 유포에 장소를 제공하는 경향"[20]이 있는지에 주목했다. 그는 "음모론은 그 자체가 '잘못된 정보'에 근거할 터인데, 신뢰할 수 없는 미디어를 통해 순환하기 때문에 더욱더 '더러워'진다"라고 말한다. 스템펠Stempel 등은 전국 조사를 통해 "음모론에 대한 믿음과 비주류 미디어인 블로그와 타블로이드 소비 증가 사이에 강력한 긍정적 연관성"[21]이 있다는 증거를 찾아냈다. 그렇듯 블로그 영역에서 혐오집단들은 호의적인 편집증적 사이버 문화 가운데서 인종적·민족적 음모 서사를 삽입하기에 이상적인 공간도 발견했다.

자신의 편협과 편집증을 인터넷에서 검증한 그런 인종적 음모 이론가 중 한 명이 딜런 루프였다. 디지털 혐오 문화의 변두리로 들어가는 루프의 여정은 정보세탁이 작동하는 과정을 불안하게 보여준다. 자신의 말로 루프는 설명한다.

나를 진정으로 일깨워 준 사건은 트레이번 마틴Trayvon Martin 사건이었다. 나는 그의 이름을 계속 듣고 보았고, 마침내 그에 대해 찾아보기로 결심했다. 위키피디아의 글을 읽고 금방은 무엇이 큰 문제인지 이해할 수 없었다. 지머맨Zimmerman이 옳다는 것은 명백했다. 하지만 더 중요한 것은 이것이 "백인에 대한 흑인 범죄"라는 단어를 구글에 입력하도록 나를 자극했다는 것이다. 그리고 그날 이후로 나는 이전과 같지 않았다. 내가 처음 접한 웹사이트는 보수시민위원회였다. 백인을 살해한 잔인한 흑인들이 한 페이지씩 실려 있었다. 믿을 수가 없었다. 이 순간, 나는 무언가 매우 잘못되었다는 것을 깨달았다.[22]

루프는 찰스턴의 유서 깊은 흑인 교회에서 치명적인 행동을 하기에 앞서 인종차별주의적인 블로그와 포럼의 세계에 깊이 빠져들었다. 그런데 그의 온라인 활동은 또 다른 디지털 영역으로 확장되었고, 그곳에서 그는 재킷에 아파르트헤이트의 상징들을 달고 노려보는 자기 사진 한 장을 공유했다. 그 디지털 아웃렛은 바로 페이스북이었다.

소셜 네트워크와 동영상 공유

블로그, 뉴스, 탐색, 검색엔진 이외에도 소셜 네트워크와 동영상 공유 웹사이트들의 디지털 세계가 현대 혐오운동이 온라인 문화로 이행하는 주요 전환을 제공했다. 오늘날 소셜 네트워크는 단순히 친구를 만드는 웹사이트 그 이상이다. 그것은 개인의 정체성이 표현되고, 형성되며, 공유되는 역동적 공간을 보여준다. 혐오 조직들도 다른 디지털 유망주들과 마찬가지로 자신들의 문화적 정체성, 취향, 선호도를 공유할 수 있고 당연히 신입도 모집할 수 있는 이 귀중한 기회에 관심을 갖고 기량을 연마했다. 소셜·공유 네트워크들은 인종차별주의적 하위문화에 또 다른 디지털 통로를 제공한 것 말고도, 정보 플랫폼보다 훨씬 더 중요한 것을 혐오운동들에 무심코 제공했다. 즉, 그 네트워크들은 넷 세대를 내어준다. 혐오운동이 필사적으로 고취하고자 하는 주요 청중을 끌어들이기 위해 소셜 네트워킹과 동영상 공유 웹사이트보다 더 집중하는 인터넷 범주는 없다. 페이스북을 비롯한 소셜 네트워크를 혐오집단과 개인들에게 매우 매력적이게 만든 것은 아마도 청년 공동체가 모든 문화를 손쉽게 환영하기 때문일 것으로, 새로운 친구와 생각들 모두 마우스 클릭 한 번으로 거의 유보 없이 "받아들여지고" "좋아요"가 된다.

소셜 네트워킹을 구축한 집단들의 초기 사례에는 "우리는 이스라엘을 혐오한다We Hate Israel"와 "우리는 시온주의자를 혐오한다We Hate Zionists"라는 수많은 페이스북 커뮤니티 페이지가 있는데, 이 중 하나는 현재 8만 1527개의 "좋아요"를 자랑한다.[23] 유튜브에서는 알카에다의 고참 신병모집자인 안와르 알아울라키Anwar Al-Awlaki의 가르침을 찾을 수 있는데, 최근 그의 동영상들은 트위터에 확고한 입지를 구축한 이슬람국가 민병대Islamic State militants(ISIS)에게 수만 번 시청되었다. 윌슨센터Wilson Center의 추정치로 그 트위터의 팔로어는 4만 6000여 명인데 그중 일부는 그들이 보낸 메시지로 모집되었다.[24] 소셜 미디어 사이트들은 조직적 혐오 외에도 홀로 활동하는 인종차별주의자와 급진주의자 대다수가 그들이 청취자들의 세계라고 믿는 것에 편협한 불만을 쏟아놓기 시작한 공통 아웃렛이 되었다.

소셜 네트워크와 콘텐츠 공유 웹사이트들은 오늘날 혐오집단들이 디지털 세계에서 더욱 인정받는 지위를 얻고자 사용하는 정보세탁 과정의 마지막 도메인에 해당한다. 발견, 정보, 의견, 표현이라는 네 가지 채널을 통해 혐오스러운 수사법을 주입한 결과는 주류 미디어와 대중문화에 표면화된, 문화적으로 편협한 정서의 사례 증가에서 볼 수 있으며, 이는 다시 편협의 온라인 기지를 재충전한다. 그 기지는 수천 개씩 계속 증가한다. 어떤 이들은 교묘하게 습득하고 다른 이들은 전적으로 우연히 습득한 이 시의적절한 연합의 시스템을 통해, 인종차별주의 운동들은 수용되는 느슨한 형태의 대중 담론을 생산하기 위해 혐오스러운 수사법을 인터

그림 3.1   사이버 공간에서의 정보세탁 모형

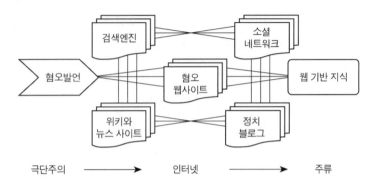

넷 채널을 통해 디지털 방식으로 세탁할 수 있다(〈그림 3.1〉 참조).

　오늘날 이 과정은 어떤 주류 인종차별적 정서가 어디에서 유래했는지에 대한 대중의 자각이나 미디어 조사도 없이 사이버 공간에서 매일 행해지고 있다. 예를 들어, 대통령의 종교에 대한 비난이나 그의 국적에 대한 주장은 진정한 학문적 논쟁이나 정치적·공개적 논쟁에서는 출현하지 않는다. 오히려 그것들은 변두리에서, 백인파워 웹사이트에서, 그들이 인종차별주의적 주제들을 주류 담론에서 작동시키기 위해 성공적 경로를 발견했던 인터넷을 통해서만 시작한다.

결론

　인종차별주의적이며 급진적인 선전이 사회에서 영속하는 힘을 설명하기 위한 완벽한 공식은 없다. 정보세탁 이론은 오직 저 독성적 현상의 현세대 버전을 설명하려는 시도인데, 우리가 이미 보았듯이 조직적인 편협의 표현들은 시류에 적응해 각색된다. 러시아에서 고안되었지만 전 세계에 유포된 '의정서' 위조에서부터 버지니아에서 쓰였지만 나중에 오클라호마시티에서 수행된 『터너 일기』에 이르기까지, 정보 주도 혐오발언의 효과는 전염성이 있으며 영구적일 수 있다. 디지털 미디어 및 정보를 배우는 우리들은 이제 디지털 문화의 모든 구석에 침투한 혐오선전의 패턴들을 이해하려고 노력해 볼 수 있다. 또한 특정 기회주의자들이 새로운 미디어 시스템의 구조와 차세대의 정보 의존성을 어떻게 자기들 목적에 맞게 조작했는지도 관찰해 갈 수 있다. 미디어 시스템과 차세대라는 이 방정식의 두 변수는 항상 변하고 있다. 그런데 과거가 우리에게 무언가를 가르쳐주었다면, 그것은 곧 혐오집단들은 이 둘 다를 따라잡을 수 있는 섬뜩한 능력을 지니고 있다는 것이다.

주

1   UCLA Internet Project, "Internet Peaks as America's Most Important Source of Information," last modified February 11, 2003, http://www.anderson.ucla.edu/x3829.xml.

2   David Shenk, *Data Smog: Surviving the Information Glut* (San Francisco: Harperedge, 1999), p.26.

3   정보세탁 이론은 ≪커뮤니케이션 이론(Communication Theory)≫, Vol.22(4)(2012)에 발표된 논문에서 처음 소개되었다. 이 책의 일부 내용뿐만 아니라 이 이론은 "인종차별주의를 주류로 밀어넣기: 정보세탁 이론(Slipping Racism into the Mainstream: A Theory of Information Laundering)"이라는 제목의 논문에서 가져왔다.

4   Garth S. Jowett and Victoria O'Donnell, *Propaganda and Persuasion* (Thousand Oaks, CA: Sage Publications, 1999).

5   Shane Borrowman, "Critical Surfing: Holocaust Deniability and Credibility on the Web," *College Teaching*, 47, No.2(1999), pp.44~54.

6   Jowett and O'Donnell, *Propaganda and Persuasion*, p.15.

7   같은 책, p.16.

8   Borrowman, "Critical Surfing," p.7.

9   Dirk Lewandowski, "Search Engine User Behavior: How Can Users be Guided to Quality Content?" *Information Services & Use*, 28(2008), pp.261~268.

10 Alexa: The Web Information Company, last accessed August 8, 2015, http://alexa.com/.

11 "White People," *Urban Dictionary*, last modified August 12, 2011, http://www.urbandictionary.com/define.php?term=white+people.

12 "Metapedia," *Wikipedia*, last accessed September 14, 2015, https://en.wikipedia.org/wiki/Metapedia.

13 Mark Potok, "Books on the Right," *Southern Poverty Law Center*, last modified August 20, 2009, http://www.splcenter.org/intel/intelreport/article.jsp?aid=904.

14 Jim Rutenberg, "The Man Behind the Whispers About Obama," *New York Times*, last modified October 12, 2008, http://www.nytimes.com/2008/10/13/us/politics/13martin.html?_r=0.

15 Paul Farhi, "From the Fringe to the Mainstream: How "Scandals" of Dubious Validity or Relevance End Up Attracting So Much Media Attention," *American Journalism Review*, 32, No.4(2010), p.35.

16 Gautham Nagesh, "Groups Want FCC to Police Hate Speech on Talk Radio, Cable News Networks," *The Hill*, last modified June 1, 2010, http://thehill.com/blogs/hillicon-valley/technology/100833-groups-want-fcc-to-police-hate-speech.

17 Federal Communication Commission, *Future of Media and Information Needs of Communities in a Digital Age* (Washington, DC, 2010), accessed August 31, 2015, http://fjallfoss.fcc.gov/ecfs/document/view?id=7020450549.

18 "Mainstream Web Sites Flooded with Anti-Semitic Comments in Wake of Madoff Scandal," last modified December 19, 2008, http://www.adl.org/PresRele/Internet_75/5422_12.htm.

19 Larry Keller, "The Second Wave: Evidence Grows of Far-Right Militia Resur-
    gence," last modified November 3, 2009, http://www.splcenter.org/get-inform
    ed/intelligence-report/browse-all-issues/2009/fall/the-second-wave.

20 Jack Bratich, *Conspiracy Panics: Political Rationality and Popular Culture* (Albany,
    NY: SUNY Press, 2008), p.86.

21 Carl Stempel, Thomas Hargrove and Guido Stempel III, "Media Use, Social
    Structure, and Belief in 9/11 Conspiracy Theories," *Journalism & Mass Commu-
    nication Quarterly*, 84, No.2(2007), p.366.

22 "Here's What Appears to be Dylann Roof's Racist Manifesto," *Mother Jones*,
    last modified June 20, 2015, http://www.motherjones.com/politics/2015/06/all
    eged-charleston-shooter-dylann-roof-manifesto-racist.

23 "Facebook under Fire for Allow Hate Speech Against Jews to Proliferate On-
    line," last modified September 17, 2013, http://www.algemeiner.com/2013/09
    /17/facebook-under-fire-for-allowing-hate-speech-against-jews-to-proliferate-o
    nline/.

24 "Report: ISIS Has At Least 46,000 Twitter Followers," Wilson Center, last mod-
    ified March 6, 2015, https://www.wilsoncenter.org/article/report-isis-has-least-
    46000-twitter-followers.

4장

가상의 놀이공원

2011년 7월 인터넷 사용자 대다수는 인기 있는 소셜 네트워크와 사이버 공간의 혐오발언 요소들이 충돌한, 세간의 이목을 끈 첫 사례를 보았다.[1] 그 네트워크는 페이스북으로, 매월 전 세계 인터넷 사용자의 30%가 활동하는 오늘날 가장 큰 온라인 커뮤니티다.[2] 페이스북은 2004년부터 온라인 소셜 네트워크였는데 불과 10년이 지난 후 예상치 못한 몇몇 온라인 커뮤니티 거주자들에게 피난처가 되었다. 그들은 바로 홀로코스트 부인 집단들이다. 홀로코스트는 사실상 유대인의 음모라는 것이다. 홀로코스트의 발생을 부인하는 명분에 전념하는 회원들이 주로 페이스북상 고등학생과 대학생들의 무수한 얼굴과 프로필 가운데서 새롭게 급증했다.

이와 똑같은 수사법을 이전에 들었던 사람들은 그것의 숨은 뜻을 재빨리 알아채고 홀로코스트 부인자나 주류 사이트에 최근 합류한 "화이트

© The Author(s) 2017
A. Klein, *Fanaticism, Racism, and Rage Online*,
DOI 10.1007/978-3-319-51424-6_4

프라이드white pride(백인 프라이드)” 집단들에 반응하지 않았다. 그 대신 브라이언 큐번Brian Cuban 변호사 같은 활동가들은 페이스북에 직접 문제를 제기하기로 결정하고, 그 인터넷 거인에게 무슨 형태이건 인종차별주의적 정서를 지지하는 모든 프로필을 삭제하라고 요구했다. 공개서한에서 큐번은 페이스북 최고경영자인 마크 저커버그Mark Zuckerberg에게 “홀로코스트 부인 운동은 유대인에 대한 혐오 설교를 허용하며, 같은 일을 하기 위해 비슷한 생각을 하는 또 다른 개인들을 영입하는 구실에 지나지 않는다”3라는 점을 분명히 했다. 사이먼비젠탈센터Simon Wiesenthal Center 같은 그 밖의 감시단체들이 그 인기 사이트가 백인파워 광신자들을 위한 모집처가 되었다고 급하게 경고했음에도 불구하고, 페이스북 경영진은 서비스 이용 약관에 대한 명백한 위반이 없었다는 이유를 들며 궁극적으로 홀로코스트 부인 단체들을 제거하지 않기로 결정했다.

“서비스 이용 약관Terms of Service.” 결국 디지털 세계에서는 이 세 단어가 유일하게 실제적인 국법이 된다. 혐오발언의 주장이 이 특수한 맥락에서 적법한지 아닌지의 여부나 페이스북이 주로 청소년 기반 소셜 네트워크라는 사실에 상관없이, 인터넷 헤드라인 기사로 빠르게 올라갔던 뉴스 항목은 법적 근거도 없이 재빨리 사라졌다. 웹에서는 이런 형태의 혐오발언에 대항하는 사례들이 근거 삼을 만한 선례가 없었다. 주류 소셜 네트워크에서 홀로코스트 부인 집단들의 명백한 승인은 더 커다란 혐오 커뮤니티에게는 합법적인 승리를 의미했다. 그런데 페이스북 논란은 뉴스 기사 이면의 진짜 쟁점, 즉 월드와이드웹의 무방비 벽과 “무엇이든 상관없다”는 분위기를 겨냥한 열띤 윤리적 논쟁에서 빙산의 일각에 불과하다.

인터넷은 많은 사람들이 알고 있듯이 그저 콘텐츠가 창조되고 공유되는 장소만이 아니다. 그것은 어떤 의미에서건 사람들이 갈 수 있는 커뮤니티와 문화적 교차점으로 이루어진 방대한 네트워크다. 이렇게 생각하면 젊은 인터넷 사용자들은 로그온할 때마다 가상의 테마파크에 들어가는 것이다. 예를 들어, 14세 청소년들은 그들이 즐기는 무슨 웹사이트든 방문하고, 새로운 친구들과 수다 떨고, 온라인 커뮤니티에 가입하고, 어쩌면 그 관계를 더 발전시킬 수도 있다. 실제 세계에서 이러한 사회적 교류를 아직 발견하지 못한 젊은 연령층에게 그 상호작용의 기회는 무한하고 어쩌면 신나게 짜릿할 수도 있다. 그러나 그것이 주는 전율과 가상 경험에도 불구하고, 디지털 세계의 하부구조는 결코 테마파크가 아니다. 여기서 한 가지 차이는, 월트디즈니월드 같은 실제 공원은 구석구석 살피는 감시 카메라, 모든 탈것에 대한 안전 조치, 현장의 보안요원, 그리고 당연히 비상시를 대비한 의료센터를 갖추고 있다는 점이다. 대부분의 경우 이런 예방책들은 단지 공원 방문자를 만족시키기 위한 것만이 아니라 법으로도 요구된다.

그렇다면 청소년 문화에서 가장 인기 있는 온라인 근거지들은 어째서 동일 수준의 보호 조치와 감독으로 다루어지지 않는가? 오늘날 이 질문에 대한 대답은 인터넷의 복잡한 하부구조와 법률 체계 아래에 묻혀 있다. 우리는 신문, 서적, 영화, 텔레비전, 게임, 음악과 같은 "올드 미디어" 맥락에서 폭력, 외설, 혐오발언, 그리고 특히 이런 요소들에 대한 어린이의 노출과 같은 쟁점들이 법정이나 연방통신위원회 같은 공식 감독기관에서 토론되는 것을 보아왔다. 그런데 그런 유형有形의 텍스트 페이지와 녹화된 영화 영상들 각각은 언론 자유free speech에 맞춘 우리의 시스템에서 쉽게 모니터될 수 있는 미디어 특성을 공유한다. 이것들은 주로, 신원 확인이 가능한 작가와 추적 가능한 발행처가 있는 서적들처럼 생산자와 생산한 결과물이 지역화되어 있기 때문이다.

물론, 어떤 미디어 시스템도 법률과 감독에서 완전히 자유롭지 않다. 그렇지 않다면 플랫폼을 다루는 사람은 누구나 붐비는 극장에서 불이 났다고 거짓으로 외치고, 저작권이 있는 자료를 훔치고, 민간인을 비방하고, 아동 포르노 사진을 출판하거나, 전체 인종의 살해를 촉구할 수 있을 것이다. 미국의 전통 미디어에서 그러한 경우들에 대한 법률적 기틀은 소유권, 접근권, 상표권 같은 이미 치열하게 토론된 쟁점들을 통해 마련되었는데, 무엇보다 공공 부문에서의 언론 자유와 관련된 콘텐츠가 주요 쟁점이었다. 전통 미디어들이 도를 넘을 때도 그런 발생 상황은 쉽게 확인되고 격리되며, 그들의 수상쩍은 콘텐츠는 확립된 근거에서 논의되고, 필요하다면, 해명할 책임이 있는 적절한 작가들에게 결과가 전달된다. 그러나 디지털 세계에서는 이러한 필수적 구성물이 존재하지 않는다. 사실상, 웹의 바로 그 하부구조는 너무 복잡해서 웹의 어느 부분이든 그것을 효과적으로 보호하거나 규제할 가능성이 거의 없다.

실제 세계에 적용되는 동일한 법률이 가상 세계에도 똑같이 적용되어야 하는 것처럼 보일 수 있더라도, 판데이크van Dijk는 "기존 법률은 명백히 입증 가능하고, 지역화 가능하며, 책임질 수 있는 법인과 법적 명의의 소유권자에 근거한다"[4]라고 우리를 상기시킨다. 인터넷상에서는 별개의 네트워크를 전 세계적으로 연결하는 위성 네트워크들이 명백한 관할 체계를 대체했고, 그래서 일반적으로 인터넷 사용자들은 그들의 스크린 이름이 허용하는 만큼만 신원 확인이 가능하다. 월드와이드웹은 접속 지점, 소유자, 경계의 측면에서 너무 개방적이고 무제한적인 대중 미디어이기에 "위험한 발언"이란 쟁점에 어떤 실질적 권한이나 결과를 가지고 접근할 수 없다는 것이 금방 명백해진다. 견줄 데 없는 이런 자유의 결과 또한 명백하다.

페이스북, 유튜브, 트위터 같은 인기 웹사이트의 경우, 방문자에게 제공되는 그들의 소셜 네트워크와 콘텐츠를 모니터링하도록 강제할 구속력 있는 메커니즘이 없다. 이 점에 대해서는 다른 웹사이트도 모두 마찬

온라인 세계의 극단주의: 광신, 인종차별, 분노

가지다. 법적으로, 젊은 인터넷 사용자는 이 세계에서 이상적인 표적이 되는데, 그들의 예민한 감수성이 그 부분적 이유이며, 또한 커뮤니티 자체가 사실상 어떤 참된 권위에 의해 점검되지 않으며, 입장도 무료이기 때문이다.

사이버 공간은 어디에 있는가?

만약 당신 자신을 온라인 극단주의나 사이버 범죄 수사관, 아니면 그냥 자녀의 온라인 활동을 걱정하는 부모로 상상한다면, 이러한 세계를 발견하는 길은 브라우저 아이콘의 클릭으로 시작한다. 그러나 일단 그 디지털 현관으로 들어가면 디지털 공간 그 자체로 뛰어든 것과 마찬가지인 셈이다. 인터넷을 모니터링, 규제, 또는 단지 정의하는 일에서 가장 큰 도전은 우선 그것의 실제 위치를 정확히 찾아내는 것이다. 그런데 웹의 소재지locality는 서적과 신문을 만들어내는 인쇄기나, 음악과 광고를 전송하는 라디오 방송탑과 달리, 결코 한 지점의 중심에 있지 않다. 아인징어 Einzinger는 다음과 같이 설명한다.

인터넷에는 데이터 흐름을 효과적으로 모니터할 수 있는 중심 노드들이 존재하지 않는다. 콘텐츠는 진원지에서 수많은 작은 데이터 포켓들로 갈라지는데, 이것들은 네트워크를 통해 스스로 길을 탐색하여 목적지에서 다시 조립된다. 인터넷에는 "A에서 B"로 가는 길이 수없이 많다. 명심하라. 인터넷은 무수한 IP 네트워크들로 구성되어 있으며 인터넷 서비스 제공자들은 단지 그것들의 작은 부분을 보며 모니터할 수 있다.[5]

정보 흐름의 복잡성을 가중시키는 것은 인터넷 서비스 제공자들이 실리콘밸리에서부터 싱가포르에 이르기까지 전 세계에 걸쳐 위치한다는 현실이다. 그들은 전 세계에서 사설 웹사이트들을 띄우고 있는데, 이것들은 다른 나라에서 운영되고 있을 다른 웹 호스트의 다른 사이트들과 빠르게 상호 연결된다. 이런 점에서 인터넷은 분명 전 세계가 알고 있는 것 중 가장 익명적이며 분산된, 따라서 추적 불가능한 미디어 형태다.

많은 사람들은 인터넷의 탈중앙화를 그것이 전 세계적인 민주적 커뮤니케이션 영역으로 받아들여지는 핵심 요소 중 하나로 언급했다. 이 주장은 또한 웹이 수백만의 잠재 청중에게 즉시 다가갈 수 있는 저렴한 플랫폼을 거의 모든 이에게 제공한다는 사실에도 근거한다. 전 세계의 무수한 사회운동과 정치적 명분들에 이 열린 접근open access은, 가장 즉각적인 대중에 도달하기 위해 연단과 마이크가 더 이상 필요 없다는 것을 의미한다. 사실상 얼굴조차도 필요 없고 오직 접근만이 필요하다. 마침내 미국연방대법원은 리노 대 미국시민자유연맹Reno v. ACLU 판결에서 인터넷의 가장 결정적 기능을 언급하며 "인터넷의 방대한 민주주의적 포럼들"에 대해 의견을 냈다.

> 전화선을 가진 누구든 대화방을 사용하면 어떤 가두 연단에서보다 더 멀리 울려 퍼지는 목소리를 지닌 선전꾼이 될 수 있다. 웹페이지, 메일 익스플로더, 뉴스그룹을 사용하면 그 동일한 개인은 팸플릿 작성자가 될 수 있다. ······ "인터넷상 콘텐츠는 인간의 생각만큼 다양하다."[6]

저 인간 생각의 다양성은, 지역화되어 있지 않고 탈중앙적이고 범세계적이며 또한 상당히 익명적인 네트워크 덕분이라 할 수 있을 것이다. 인터넷의 익명성은 예컨대 국영언론이 공개 토론을 금지하는 권위주의 국

온라인 세계의 극단주의: 광신, 인종차별, 분노

가에서는 특정 사회운동들에 그들의 신념을 표현할 수 있는 더 큰 자유를 제공할 수 있는 반면, 이 인터넷 익명성에는 또 다른 수혜자들이 있는데 그들의 동기는 그렇게 고귀하지 않다.

웹은 백인우월주의자, 동성애 반대 혐오집단, 테러리스트 조직, 그 밖의 반사회적 운동들에게 거리 집회나 TV 인터뷰보다는 훨씬 덜 노출되는 주류 미디어로 재등장할 수 있는 이상적인 공간을 제공했다. 「익명성, 민주주의와 사이버 공간Anonymity, Democracy, and Cyberspace」에서 악데니즈Akdeniz 는 "익명성 개념은 언론 자유 및 프라이버시와 밀접하게 관련된다. 인터넷 기술은 익명의 커뮤니케이션을 허용하며, 이는 사회적으로 유용한 것이나 범죄적인 것을 비롯한 여러 목적을 위해 사용될 수 있다"[7]라고 제시한다. 인터넷의 익명적이고 탈중앙적인 하부구조는 인종차별주의적이고 급진적인 운동들에 그들도 더 이상 지역화되지 않는다는 것을 의미한다. 이제껏 인근 외에서는 많은 청중을 가져본 적이 없던 혐오집단들은 모든 사회운동과 마찬가지로 웹에서 전 세계에 그들의 메시지를 즉시 전송할 수 있으며 동시에 웹에 안전하게 숨을 수 있다.

사실상 범세계적인 연결은 혐오집단들의 지하 하위문화를 잘 조직되고 점점 더 국제적이 되는 운동으로 즉각 전환시켰다. 예를 들어 백인우월주의적인 창의력동맹 웹사이트는 호주, 독일, 크로아티아, 슬로바키아 자매 사이트들의 링크를 제공하며, 스톰프런트 웹사이트는 캐나다, 프랑스, 이탈리아, 러시아, 남아프리카공화국, 스페인, 영국 및 기타 여러 나라의 지부와 디지털로 연결된, 세계에서 가장 큰 혐오 커뮤니티를 제공한다. 어떤 언어권에서건 이러한 추세는 중앙화된 운동이 다른 나라들로 확장되어 한동안 흩어져 있던 공동체와 명분을 국경을 초월하여 연결시키는 인터넷의 힘을 예시한다. 스톰프런트 프랑스Stormfront en Français에는 유대인에 관한 새로운 포럼인 "우리의 진정한 적Notre veritable ennemi/Our true enemy"이 있다.[8]

인터넷은 혐오 조직에게 확장은 물론 웹 하부구조의 또 다른 딜레마를 이용할 수 있는 기회를 제공했다. 관할권이 복잡할 정도로 모호한 글로벌 미디어의 규제 결여가 그것이다. 국경을 넘나드는 지적재산의 관할권은 현재까지 인터넷의 다른 어떤 쟁점보다 범세계적으로 가장 많은 법적 주목을 받고 있을 것이다. 이러한 구속력 없는 결의안들은 전형적으로 저작권, 상표, 특허 쟁점에 집중되었다. 스틸Steele은 법률적 범위에 상관없이 "지금의 현행법을 사이버 공간에 적용하는 데에는 몇 가지 문제가 있다. 물리적 세계와 달리 사이버 공간에서는 이러한 커뮤니케이션들이 일어나는 물리적 위치가 없는데, 이것이 어디에서 법 위반이 기소되어야 하는지를 결정하기 어렵게 만든다"[9]라고 주장한다. 많은 입법자와 법 집행 공무원들이 빨리 발견했듯이, 웹상에서 위험하거나 혐오스러운 콘텐츠의 위치를 찾아내는 개별 행위는 그 작성자의 실제 위치를 반드시 정확하게 짚어주지 않는다. 더욱이 그 해당 작성자가 웹 활동을 모니터하는 연방통신위원회나 연방통상위원회Federal Trade Commission: FTC 같은 지방 당국의 물리적 한계를 벗어나 있다면, 국내건 국제적이건 어떤 기관이 법을 집행할지를 누가 말할 것인가? 이것은 온라인 혐오발언 법들을 시험해 보고 싶은 사람들에게는 굉장한 뉴스다. 그것은 또한 다양한 혐오운동들에 어쩌면 더 큰 결과를 줄 수 있는 또 다른 요소로 우리를 안내한다. 웹에서 소재지는 단지 관할권 문제가 아니다. 그것은 문화의 문제다.

인터넷은 국경이 없기 때문에 여러 문화의 사회 규범에 소개될 기회가 다른 어떤 미디어의 경우보다 훨씬 크며, 이것은 대체로 디지털 시대의 가장 귀중한 결과 중 하나였다. 그러나 마셜 매클루언Marshall McLuhan이 언젠가 예측했던 위대한 "지구촌"[10]의 이런 끊임없는 문화 유입과 융합으로 온라인 커뮤니티는 윤리와 문화적 가치에 대한 상반된 정의들에 불가

피하게 노출된다. 이 결과의 일반적 사례가 아동 포르노 문제다. 미국의 법률과 문화는 17세 미만의 어린이를 미성년자로 여기며 인터넷을 포함한 모든 플랫폼에서 미성년자가 등장하는 음란물 제작은 불법이며 부도덕하다고 여긴다. 그러나 다른 나라에서는 아동과 성인을 구분하는 연령 기준이 다르고, 따라서 불법 포르노를 구성하는 것에 대한 기준도 다르다. 상호문화적 딜레마는 매우 같은 방식으로, 웹에서의 혐오발언 문제에도 이의를 제기했다.

「인터넷상 미디어 규제Media Regulation on the Internet」라는 분석에서 아이징어는 "일부 중앙유럽 국가에서는 우파 극단주의(네오나치즘)를 반대하는 엄격한 법이 제정되어 있지만 대부분의 다른 나라는 그렇지 않다. 따라서 웹에는 서버가 그것을 제거할 법적 근거가 없는 국가에 있기 때문에 제거될 수 없는 네오나치 사이트들이 있다"[11]라고 언급한다. 극단주의자들이 인터넷의 오픈 서버 안에서 번창할 수 있게끔 이 법안이 가장 들어맞는 나라 중 하나가 미국이다. 미국의 사법 체계는 특정 형태의 혐오발언들을 불법화하는 것을 목표로 한 법들이 있어도 그러한 법령은 법정에서 좁게 정의되고 거의 적용되지 않는다. 이는 미국 땅에서 운영되는 웹 호스트가 인종적 광신자들에게 새로운 안전 장소를 제공하게 만드는데, 그렇지 않았더라면 이들은 독일, 오스트리아, 프랑스, 폴란드, 스페인, 체코공화국같이 혐오발언 형태들을 더욱 엄격하게 금지하는 국가에서는 기소되었을 것이다.[12]

대부분의 사람들에게 인터넷의 상호문화적 환경은 무제한의 범세계적 정보와 다양성에 이르는 귀중한 수단을 제공한다. 그러나 그 밖의 거리낌 없는 인종차별주의자들에게는 다양성 자체에 대한 자신의 분노를 표현하면서 동시에 자신들만의 커뮤니티를 전 세계로 확장할 수 있는 가상의 놀이공원이 된다. 예컨대 2016년 대통령 후보 토론이 진행되는 동안

"라이브 트윗live tweet" 토론들에서 떠오른 백인우월주의 해시태그들의 최근 경향과 같은 새로운 경우들이 발생하더라도, 이런저런 온라인 혐오 사례를 줄이고자 하는 시도들은 있지만 모두가 중요한 문제 하나는 해결하지 못한다.

누가 책임을 져야 하는가?

디지털 세계에서 책임성accountability 문제는 소재지 개념만큼 복잡하다. 사실상 이 둘은 실제로는 동일한 것이다. 그러나 혐오발언의 법적 맥락과 관련하여 웹사이트의 소재지 쟁점은 오직 범죄의 현장만을, 반면 책임성 문제는 위반 당사자를 확정하는 것을 목표로 한다. 또다시 인터넷의 하부구조는 책임성을 확정하는 과제에 대한 도전을 보여준다. 매스 커뮤니케이션이 하나의 산업인 한, 미디어법의 사례에서 잘못을 밝히는 과정은 보통 무엇이든 콘텐츠를 퍼블릭 도메인으로 전달하는 책무를 맡은 개인, 회사 또는 조직의 몫이다. 때로는 한 명 이상의 위반자가 있을 수 있다. 예를 들어, 저작물 속 명예훼손 문제에서 책의 허위 내용이 원고에게 해를 끼친다고 간주되는 경우, 작가와 발행인 모두에게 그 허위 내용에 대한 책임을 물을 수 있다. 좀 더 적절한 예는 불법 히스패닉 이민자에 대한 폭력 행동을 지지하는 정치 잡지일 수 있다. 이 경우, 그 저널 발행인이 불법적 형태의 혐오발언을 퍼뜨린 책임이 있다고 밝혀질 수 있다. 여러 면에서 전통 미디어 아웃렛의 발행인들은 도를 넘은 작품의 저자와 그것을 받았을지도 모르는 퍼블릭 도메인 사이에 있는, 산업계의 자기 규제적 경계다. 그렇지만 인터넷에는 그런 전통적 문지기가 존재하지 않는다. 누구나 발행인이 될 수 있기 때문이다.

인터넷을 상품과 아이디어가 팔리는 거대한 서점으로 간주한다면 그 것은 책꽂이에 어떤 품목들을 비축할지에 대한 재량권이 없다. 요즘 시 대에, 아이디어를 게재하거나 명분에 불을 붙이기 위해 필요한 모든 것은 웹사이트와 그 콘텐츠를 퍼뜨리기 위한 인터넷 서비스 제공자(이하 ISP)다. 대부분의 경우 ISP들은 자신들이 관리하는 콘텐츠를 의식하지 못하는 저 장시설과 같다. 그리고 그렇게 하려는 동기가 없다면 왜 그들이 그것을 의식해야만 하는가? 웹호스팅을 전문으로 하는 ISP의 경우, 그들의 웹사 이트나 블로그 중 하나가 특정 개인이나 집단의 명예를 훼손하는 것을 게 재한다고 해도 그들을 "발행인"으로 간주할 법적인 세분화가 없다. 실즈 Shyles에 따르면, "ISP들이 발행인인지 유통업자인지에 대한 논란이 있었 다. 이 분류가 중요한 이유는 인터넷상에서는 명예훼손적 진술의 발신자 를 추적하는 것이 종종 어렵기 때문이다".13 이것은 인종차별주의적이거 나 급진적인 웹사이트에 좋기도 하고 나쁘기도 한 뉴스다. 한편으로 ISP 는 어느 혐오 기반 조직에게나 웹에 무슨 콘텐츠이건 쉽게 게재할 수 있 게 한다. 왜냐하면 실즈가 더 자세히 설명하듯이, ISP에게는 "발행인으로 서의 법적 책임을 피하기 위하여 모든 종류의 편집 통제나 보호자 심사를 하지 않는 것"이 가장 큰 이익이 되기 때문이다. 반면에, 혐오집단은 사이 트 발행인으로서 미국 수정헌법 제1조로 보호되지 않는, 실행된 모든 형 태의 발언, 즉 명예훼손, 비방, 또는 이러한 목적들에 더 관련 있는 "위협 하거나 괴롭히고 있다"라고 여겨지는 발언에 대해 기술적으로 책임을 지 게 될 수 있다.

그러나 "온라인 발행인"이라는 개념은 인터넷의 하부구조가 점점 더 민주적이 되면서 디지털 세계에서 더욱더 모호해졌다. 한때 콘텐츠로 가 득한 웹사이트들로 구성된 미디어 아웃렛으로 여겨지던 것은 이제 커뮤 니케이션 플랫폼들의 다차원적 채널이 되었다. 동영상 공유에서 오디오 팟캐스트에 이르기까지, 시민 저널리즘에서 공개 토론 포럼, 소셜 네트워크에서 정치 블로그에 이르기까지, 인터넷 발행인이란 개념은 이러한 융합형 미디어의 모든 기능을 망라한다. 그리고 오늘날 혐오운동들은 웹 책임성의 문제가 불명확하게 남아 있는 한 그 모든 것을 이용할 수 있다. 이 명확성의 결여는 온라인 콘텐츠의 무형물들을 다루는 사례의 증가에 반영되어 있다. 이러한 질문들을 보자. CNN.com과 같은 뉴스 웹사이트는 자기네 뉴스 기사에 뒤따르는 독자들의 공격적 논평에 책임을 지는가? 또는, 우리의 목적에 더 적합한 질문은, 반동성애 웹사이트 회원 중 한 명이 LGBT 커뮤니티 회원들의 살해를 요청하는 포럼을 게시하면 반동성애 웹사이트가 책임을 질 수 있을지다. 만약 그들이나 다른 회원 중 한 명이 요청에 따라 행동해야만 한다면 어찌 되는가?

인터넷상 혐오집단들의 말을 모니터링하는 데 가장 큰 어려움 중 하나는 스크린 이름의 프라이버시 뒤에 있는 발행인의 실제 신원을 명시하는 것일 테다. 예를 들어 나는 2013년 구글에서 나의 대학교 프로필을 검색하다가 놀랍게도 백인민족주의 웹사이트인 메타피디아가 나에 대해 쓴 글을 우연히 발견했다. 거기에서, 내가 그들의 가짜 백과사전을 "백인우월주의자" 공동체로 명시한 것에 불쾌했던 익명의 기고자들은 나를 "미국 출신의 유대인우월주의자", "황색 선전가"로 묘사했고, 더 나아가 "조부모가 '홀로코스트 생존자'"라고 알려주고 있었다. 내 사진과 함께, 내 이름 옆에 다윗의 별Star of David이 있었고, 경악스럽게도 이 글은 나의 집 주소도 올려놓았다.[14]

어떤 면에서 이런 사소한 헐뜯기 수사법의 사례는 정보세탁의 작동을 설명하는 데 다시금 도움이 되는데, 왜냐하면 이 글이 아무리 터무니없을지라도 정확한 글들이 차지했을 공간을 공유하면서 구글의 검색엔진을 통해 쉽게 찾아지기 때문이다. 그러나 또한 메타피디아 사례는 인터넷상

조롱적이거나 거짓된 묘사에 관한 냉정한 진실을 보여준다. 그것은 바로 우리가 할 수 있는 일이 거의 없다는 것이다. 메타피디아의 작성자들이나 모든 혐오 웹사이트의 작성자들은 오직 사용자 이름username으로만 알려져 있다. 그들의 익명성은 전 세계에 디지털적으로 흩어진 그들의 위치로 더욱 보호된다. 예를 들어 메타피디아는 스웨덴을 기반으로 한 웹사이트로서, "불법적" 발언을 이루는 표준이 각각 상이한 다른 나라들의 감시로부터 자유롭다.

물론 온라인 익명성은 인터넷의 가장 해방적인 특징 중 하나로, 모든 사용자에게 실제 세계가 제공하지 않는 커뮤니케이션 보안 덮개를 제공한다. 그러나 익명성은 사회에서 인종차별적 마음을 지닌 사람들에게 완전히 다른 것을 의미할 수 있다. 매그도프Magdoff와 루빈Rubin은 인터넷의 심리적 이용에 대한 탐구에서 "넷Net에서 당신은 꼭 컴퓨터를 켰을 때의 본인이 될 필요가 없다"라고 상기시켜 준다.[15] 이런 의미에서 인터넷은 사용자들에게 익명성 이상의 것을 제공한다. 즉, 일제히 그들에게 그들 자신의 다른 버전이 될 수 있게 한다. 시트론Citron은 저서 『사이버 공간에서의 혐오범죄Hate Crimes in Cyberspace』에서 온라인 익명성이 어떻게 사람들의 소심증을 덜어주어 그들이 "외적 제재의 위협을 인식하지 않는 경우 더욱 파괴적으로 행동하게 하는지"[16]를 역설한다. 이 사이버 세상에서 가상의 이름을 가진 인터넷 사용자들은 보통 사회의 금기로 여겨지는 관점과 쟁점들에 빠져들 수 있다. 그들은 2015년 FBI가 그러한 후원을 불법으로 선언했음에도 불구하고 트위터에서 ISIS 같은 테러리스트 집단들의 폭력적인 사상을 "리트윗"할 수 있다.[17] 그들은 심지어 백인우월주의나 인종적 성전聖戰 같은 사상을 조장하는 혐오 커뮤니티에 가입할 수도 있다. 물론, 대부분의 일반 시민들은 이런 제안에 관심이 없지만 익명이라는 웹 문화에서 크게 이득을 본 소수의 사람들은 관심이 있다. 온라인 책임성에 대한 복잡한 질문들은 결국 음란 동영상이 유튜브의 방대한 도메인에서 방송된다면 유튜브가 책임이 있는지의 여부와 같은, 주류 웹사이트에서 기인한 논쟁들에 근거하여 다루어질 것이다. 한편, 이러한 주제들은 여전히 해석의 여지가 있다. 혐오발언의 디지털 작성자들의 경우, 인터넷의 우산은 혐오 웹사이트들이 인터넷의 광범위한 법적 한도 내에서 편안하게 발전하기에 충분한 덮개를 계속 제공하고 있다.

혐오발언의 법률적 지형

마지막으로 온라인 혐오에 중요한 요소가 하나 더 있는데, 그것은 많은 온라인 작가들이 감시에서 벗어나 키보드 뒤에서 안전하게 편협을 계속 분출하게 한다. 그 요소는 바로 혐오발언 그 자체다. 대부분의 미국 법원은 미국 내 모든 발언 형태의 무결성integrity을 보호하기 위해 혐오발언을 매우 광범위하게 정의하고 있다. 그러나 현실적인 측면에서 실제의 혐오발언 구성을 법적으로 정의하는 용어들은, 인종차별주의적이며 급진적인 운동들에 그들의 편협한 가치 체계와 그 밑의 폭력적 의도를 온라인으로 소통할 수 있을 만큼 막대한 허용 범위를 남긴다.

혐오발언은 "미국의 법적 논쟁에서 판도라의 상자"[18]라고 불려왔다. 미국 내 가장 평판이 나쁜 발언도 이념들의 거대 시장에서 헌법적으로 보호되는 반면, 몇몇 고등법원은 언어가 사람이나 집단에 대한 폭력을 조장하기 위해 사용된 특정 표현 형태들에 예외를 도입했다. 채플린스키 대 뉴햄프셔주Chaplinsky vs. New Hampshire 판결에서 법원은 "도발적 언사fighting words"는 사실상 불법적이라고 판결했는데, 도발적 언사는 "(1) '그 발언으로 상처를 입히며' (2) '치안 방해를 즉각 유발하는 경향'"이 있는 말들이다.[19]

지난 세기 동안 그 밖의 사건들은 "명확하고 현존하는 위험", "목전의 무법 행위……를 선동", "야유꾼의 거부heckler's veto"와 같은 용어들을 법령에 대한 장황한 설명에 더 많이 추가한 판결을 내렸다.[20] 보아르네 대 일리노이주Beauharnais vs. Illinois 사건에서는 "어느 인종, 피부색, 신조 또는 종교에 속하건 그런 시민을 경멸, 조롱, 비방하기 위해 광고, 출판, 공연, 전시하는 것"은 불법이라고 선언했다.

주州의 이러한 결정들은 가장 광범위한 해석을 지키는 수정헌법 제1조에 대한 대법원의 최우선적 견해에 결코 도전하지 못했어도 혐오발언에 대한 보다 적극적인 대응을 보여준다. 이 대응은 아마도, 2014년 유고브YouGov 여론조사에 따르면 "확인 가능한 집단에 대한 집단학살이나 혐오를 부추기는 공개적 댓글"을 불법화하는 법령을 더욱 지지하겠다는 미국인의 36%를 나타낼 수도 있다.[21] 그런데 그 똑같은 여론조사는 미국인의 38%가 그러한 법령에 반대할 것이라는 점도 발견했다. 라스무센 보고서Rasmussen Reports가 실시한 또 다른 여론조사에서는 시민의 50%가 "미국에서 혐오가 증가하고 있다"고 믿는 한편, 44%는 "미국에서 라디오, 텔레비전과 인터넷의 극단적인 정치적 수사가 혐오의 증대로 이어진다"[22]고 느끼는 것으로 나타났다.

이러한 여론조사와 지방 법원들의 잘 갖춘 법령은 새로운 미디어와 커뮤니케이션을 배우는 우리에게 이 쟁점에 대해 두 가지를 말해준다. 첫째, 혐오발언을 둘러싼 풀뿌리 논쟁은 전국적으로 상당히 분열되어 있으며, 대체로 이것은 법적으로 정의되어 있든 아니든 실제의 혐오발언을 구성하는 것에 대한 다양한 이해 탓으로 여기는 게 타당하다. 둘째, 이 쟁점은 단지 인종차별주의에 관한 대중의 견해나 법적 견해에 관한 것이 아니라 언어에 관한 것이다. 혐오발언에 작동하는 법적 정의를 특정하려는 대부분의 시도는 그 수사법이 "도발적 언사" 또는 "명확하고 현존하는 위험"같이 폭력적 행위를 조장하는 바로 그 지점에 불법의 선을 긋곤 했다. 그렇지만 우리가 알다시피 언어 자체는 이런 까다로운 용어들이 암시할 것보다 훨씬 더 복잡하고 유능하다. 혐오발언과 관련한 수정헌법 제1조에 대한 연구에서 델가도Delgado와 스테판치치Stefancic는 "멕시코인", "불법" 또는 "유입자"와 같이 겉보기에는 악의 없는 단어들이 "우리가 우리 동료 인간들에 대해 생각하고 이야기하는 방법을 아주 은밀하게 미리 결정하면서, 이전 시대부터 계속 남아 있는 인종차별주의를 암호화"23할 수 있음을 상기시킨다. 『개호각 정치Dog Whistle Politics』에서 이언 헤이니 로페즈Ian Haney López는 이런 종류의 용어를 "암호화된 인종차별주의적 호소"라고 불렀는데, 그것은 일부 정치인들이 편협한 선거구 유권자들의 표를 은밀히 얻으려고 수십 년 동안 사용해 오고 있는 것이다.24 이 맥락에서 "개호각" 개념은 "복지 여왕welfare queen"이나 "푸드 스탬프 대통령food stamp president" 같은 이런 암호화된 호소들이 개처럼 이러한 주파수에 예민한 감각을 지닌, 우리 안의 인종차별주의자들에게만 들릴 수 있음을 암시한다.

분명한 것은 단지 "도발적 언사"를 웹사이트에서 추방한다고 해서 다른 형태의 인종차별주의 목소리들이 반드시 사라지지도 않으며, 그런 일부 장본인들이 다른 사람에게 실제로 해를 끼치는 경우를 막지도 못했다는 것이다. 사실상 많은 혐오집단들은 폭력적인 증오를 내뱉는 말들을 게재하지 *않도록* 주의하면서, 자신들의 편협한 명분을 홍보하는 수사법적 전략은 물론 웹사이트 디자인까지 이용해 이 시대에 적응해 왔다. 이 책의 연구에서 주요 목표 중 하나는 인종차별주의적이며 급진적인 웹사이트의 메시지들이 앞서 열거한 직접적인 불법 어휘의 형태로 표현되지 않고서도 폭력적 행동을 시사하는 방법을 조사하는 것이었다. 이후 장에서 보겠지만, 부제목과 제안을 통해 적대적 의제를 부르짖는 많은 방법들이 있다.

온라인 혐오발언의 실질적인 문제로 돌아가면, 법적이건 공적이건 규제 담당자 대부분의 진짜 걱정은 청소년들young adults이 인터넷의 노골적인 인종차별주의와 혐오에 노출되는 일이 증폭한 것이다. 따라서 인터넷 혐오발언에 대한 보다 최근의 몇몇 쟁점들이 아동을 가장 잘 보호할 수 있는 환경 중 하나인 교육에 초점을 맞추는 것은 놀랍지 않다. 미국 전역의 많은 학교에서 지역 교육위원회는 청운의 뜻을 품은 학생들이 유해한 자료를 접할 수 있는 잠재적 입구를 봉쇄하려는 시도로서 컴퓨터에 "편협 필터들intolerance filters"을 도입하기 시작했다. 인종차별주의에 전념하는 웹사이트를 찾아내는 이러한 필터들은 이미 많은 혐오집단에 알려졌으며, 그들은 "직장이나 학교에서 필터를 우회하는 방법"이나 "학교에서 이 사이트를 차단합니까?"[25]라는 제목의 강습 포럼 같은 자체적인 대응책을 제공하며 대응하고 있다. 그 밖의 교육구들은 인기 동영상 공유 웹사이트인 유튜브에 대한 접근을 학교 안에서 금지할 수 있는 자체 권한을 가지고 있다. 필터를 통과하지 못한 이 미디어 사이트는 넷 세대가 가장 빈번히 방문하는 사이트 중 하나인데, 많은 교사들이 관찰했듯이 그것은 또한 여성 혐오와 동성애 혐오를 표현하는 통속적인 아마추어 콘텐츠의 바이러스성 번식지가 되고 있다. 이런 추세는 마셜 매클루언이 이전에 지구촌에 대해 썼을 때 염두에 두었던 것이 결코 아니다.

현재로는, 규제받지 않는 사이버 공간 환경이 웹을 활용해 다음 세대를 가르치는 교육자와 정보 전문가 모두에게 진정한 도전을 제기한다고 말하는 것으로 충분하다. 그들이 젊은층에게 새로운 기술과 민주적인 커뮤니케이션 방식을 소개하는 것과 마찬가지로, 혐오집단들도 넷 세대를 자기편으로 끌어들이는 경주에서 자신들의 사악한 목적을 위해 그런 동일한 도구들을 사용하고 있는 것처럼 보인다. 그래서 근본적 질문은 여전히 남는다. 그들을 멈추게 하는 것은 무엇인가? 현재는 네오나치 집단이 페이스북이나 아카데미아닷에듀Academia.edu 같은 소셜 네트워크 커뮤니티에 들어오지 못하게 할 법적 근거는 없으며, 매일 정보 수집가들의 검색엔진 세계에 침투하는 여러 종류의 혐오발언에 적절하게 도전할 수 있는 선례도 없다.

분명 언론 자유는 평판이 좋건 아니건 작동하는 모든 민주주의에 필수적 요소다. 맥매스터스는 이 주제에 관해서조차 "혐오발언은 혐오자들을 노출시킨다"[26]라고 적절하게 우리를 일깨워 준다. 온라인에서 수정헌법 제1조를 보호할 다른 이유가 없다면, 누구는 그것이 우리 사회의 위험한 요소를 찾아내고, 추적하고, 공개하고, 알려준다고 주장할 수 있다. 그래서 인터넷 책임이란 개념은 "서비스 이용 약관" 너머로 확대되어야만 한다. 혐오스러운 수사법에 대한 경각심은 분명 개별 인터넷 사용자로 시작하지만, 또한 그들이 방문하는 인기 웹사이트들과 그 사이트들을 세계에 전달하는 ISP들도 포함한다. 시트론은 2014년 저서에서 더 많은 콘텐츠 호스트들에게 그들의 웹사이트 안에 "파괴적인 충동에 대응하기 위한 전략을 채택하라"[27]라고 촉구한다. 그녀는 "네트워크화된 상호작용의 익명성이 우리의 행동에 영향을 미칠 수 있는 것과 마찬가지로, 사이트의 환경도 영향을 미칠 수 있다"라고 말한다. 오늘날에는 공공 담론과 관련해 온라인에 존재하는 취약점을 인식하고 그에 좀 더 비판적이 되는 것이 중요한데, 이는 수정헌법 제1조에 도전하기 위해서가 아니라 이렇게 진화하고 있는 인터넷이 그것의 독특한 프레임워크를 부당하게 이용하려는 사람들의 이익과 기회주의에 어떻게 작용하는지를 정확히 이해하기 위해서다.

온라인 세계의 극단주의: 광신, 인종차별, 분노

결론

여러 면에서, 표현 자유의 스펙트럼이 무제한이라는 예외적인 특성도 인터넷의 치명적인 약점이다. 미성년 사용자들을 특정 디지털 도메인에 못 들어가게 하는 차단기가 없다는 사실은 혐오집단과 개인들을 그 동일한 공간에 못 들어가게 하는 탐지기가 없다는 현실과 맞먹는다. 텔레비전과 라디오 같은 전통 미디어 산업들은 바람직한 콘텐츠는 통과시키고 나머지는 제거하는 문지기들의 확고한 네트워크로 지원되고 여러 면에서 보호되고 있는 반면, 새로운 미디어 암호는 비록 우리가 자주 해를 입더라도 그런 감시로부터의 독립을 우리가 깊이 받아들인다는 것이다. 웹의 법률적 지형은 이런 식으로 무언가 역설을 보여준다.

어떤 면에서 인터넷의 투명한 하부구조는 법 집행기관들이 관심을 두는 커뮤니티들인 테러 조직과 급진적인 정치 집단, 백인파워 운동을 들여다볼 수 있는 열린 창문을 제공한다. 웹사이트를 운영하는 이런 극단주의 조직들 각각에 대해 수많은 민권 단체의 빈틈없는 시선은 말할 것도 없고 일단의 공무원들이 면밀히 모니터하고 있음은 의심의 여지가 없다. 그런데 또 다른 면에서 이 놀라운 유리거울은 환상에 불과하다. 그들이 화면에서 보는 것은 한 곳에서 만들어졌지만 다른 곳에서 게재된 웹사이트다. 그것의 위치는 이 광대한 디지털 우주에서 기껏해야 모호하기에, 디지털 형태로 존재할 그 작성자는 여전히 볼 수 없게 완전히 가려 있다. 인터넷의 프라이버시는 패스워드, 스크린 이름, 아바타, 그리고 젊은 사용자들에게 해방적인 환경을 제공하는 분산형 네트워크로 확보된다. 그 익명성은 부모, 교사, 법 집행기관과 같은 다른 이들에게 일련의 위험한 시나리오로 나타난다.

그렇지만 지금 다루고 있는 인터넷의 심각한 위험들에 대한 대답은 보이는 것만큼 복잡하지 않다. 일부는 웹에 대한 더 많은 규제를 강력히 주장하지만, 어느 장소이건 언론 자유를 줄이는 것은 결코 해결이 아니다. 월드와이드웹의 공공 광장은 개방된 민주적 네트워크의 일부라는 이유만으로 번창한다. 일부 미국의 민권 단체들도 유럽의 많은 국가들이 인종차별주의적 정서의 전파, 출판, 방송을 금지하는 것과 동일한 조치를 채택하여, 혐오발언 자체에 더 많은 제한을 두자고 주장했다. 그러나 이러한 조치들은 유럽에서 인종적 편협과 광범위한 반유대주의라는 현실적인 문제를 사실상 거의 완화시키지 못했다. 결국, 혐오발언 너머의 더 큰 쟁점들은 국내외 사회에 여전히 존재한다. 그렇다면 현실적인 대답은 교육이다. 우리는 나중에 다른 인터넷 자유를 저해할 수 있는 규제와 필터들로 인터넷을 제한하기보다, 이러한 인종차별주의적 요소들의 존재에 대해 더 잘 알아야 하며 또한 웹에서 퍼지는 그 의제에 대해 경계를 게을리하지 않아야 한다. 온라인 편협에 대한 열린 대화는 더 적은 발언이 아니라 *더 많은* 발언을 통해, 디지털 혐오 문화에서 익명성의 베일을 벗기고 이런 커뮤니티 배후의 실제 움직임을 폭로하기 시작할 수 있을 것이다.

주

1   "Facebook Tells Holocaust Survivors Denial Pages Can Stay," last modifies July 28, 2011, http://www.huffingtonpost.com/2011/07/28/holocaust-denial-pages-can-stay-says-facebook_n_912116.html.

2   Donna Tam, "Facebook by the Number: 1.06 Billion Monthly Active Users," last modified January 30, 2013, http://www.cnet.com/news/facebook-by-the-num

온라인 세계의 극단주의: 광신, 인종차별, 분노

bers-1-06-billion-monthly-active-users/.

3 Douglas Macmillan, "Facebook's Holocaust Controversy," *Business Week*, May 12, 2009, accessed October 12, 2015, http://www.businessweek.com/technolo gy/content/may2009/tc20090512_104433.htm.

4 Jan van Dijk, *The Network Society: Social Aspects of New Media*, 2nd ed. (Thousand Oaks, CA: Sage Publications, 2005), p.128.

5 Kurt Einzinger, "Media Regulation on the Internet," accessed October 1, 2015, http://www.osce.org/fom/13846?download=true.

6 Seth Kreimer, "Technologies of Protest: Insurgent Social Movements and the First Amendment in the Era of the Internet," *University of Pennsylvania Law Review*, 150, No.1(2001), pp.119~125.

7 Yaman Akdeniz, "Anonymity, Democracy, and Cyberspace," *Social Research*, 69, No.1(2002), p.224.

8 "Stormfront En Français," last modified October 25, 2007, http://www.stormfro nt.org/forum/forumdisplay.php/stormfront-en-fran-ais-69.html.

9 Shari Steele, "Taking a Byte Out of the First Amendment," *Human Rights: Journal of the Section of Individual Rights & Responsibilities*, 23, No.2(1996), p.14.

10 Marshall McLuhan, *Understanding Media: The Extensions of Man* (Cambridge, MA: MIT Press, 1964).

11 Einzinger, "Media Regulations," p.143.

12 Michael Bazyler, "Holocaust Denial Laws and Other Legislation Criminalizing Promotion of Nazism," accessed August 1, 2009, http://www1.yadvashem.org/ about_yad/departments/audio/Bazyler.pdf.

13 Leonard Shyles, *Deciphering Cyberspace: Making the Most of Digital Communication Technology* (Thousand Oaks, CA: Sage Publications, 2003), p.343.

14 메타피디아는 최근 웹사이트에서 내 프로필 페이지를 삭제했다. 하지만 웹페이지가 그 사이트에서 제거되자마자, 같은 기여자들에 의해 또 다른 백인민족주의 온라인 백과사전에 재등장했다.

15 JoAnn Magdoff and Jeffrey B. Rubin, "Social and Psychological Uses of the Internet," in Leonard Shyles(ed.), *Deciphering Cyberspace: Making the Most of Digital Communication Technology* (Thousand Oaks, CA: Sage Publications, 2003), p.207.

16 Danielle Citron, *Hate Crimes in Cyberspace* (Cambridge, MA: Harvard University Press, 2014), p.58.

17 Ryan Reilly, "FBI: When It Comes To @ISIS Terror, Retweets = Endorsements," last modified August 7, 2015, http://www.huffingtonpost.com/entry/twitter-terrorism-fbi_55b7e25de4b0224d8834466e.

18 Paul J. Becker, Bryan Byers and Arthur Jipson, "The Contentious American Debate: The First Amendment and Internet-based Hate Speech," *International Review of Law Computers*, 14, No.1(2000), pp.33~41.

19 Dale Herbeck, "Chaplinsky v. New Hampshire," in Richard Parker(ed.), *Free Speech on Trial: Communication Perspectives on Landmark Supreme Court Decisions*(Tuscaloosa, AL: University of Alabama Press, 2003), pp.85~99.

20 Paul K. McMasters, "Must a Civil Society Be a Censored Society?" *Human Rights: Journal of the Section of Individual Rights & Responsibilities*, 26, No.4(1999).

21 "America Divided on Hate Speech Laws," accessed August 21, 2015, https://today.yougov.com/news/2014/10/02/america-divided-hate-speech-laws/.

22 "50% Say Hate Is Growing in America," last modified June 23, 2009, http://www.rasmussenreports.com/public_content/lifestyle/general_lifestyle/june_2009/50_say_hate_is_growing_in_america.

23 Richard Delgado and Jean Stefancic, "Southern Dreams and a New Theory of First Amendment Realism," *Emory Law Journal*, 65, No.2(2015), pp.303~358.

24 Ian Haney López, *Dog Whistle Politics: How Coded Racial Appeals have Reinvented Racism & Wrecked the Middle Class*(Oxford: Oxford University Press, 2015).

25 "Does Your School Block This Site?" accessed August 4, 2009, http://www.stormfront.org/forum/sitemap/index.php/t-269822.html.

26 McMasters, "Must a Civil Society."

27 Citron, *Hate Crimes*, p.239.

5장

웹사이트

1990년대 초 인터넷은 아직 태동기이고 세계는 그것이 새로운 정보화 시대를 열기 직전에 있음을 거의 모르고 있을 때 혐오집단들은 문화적 부적절함에 빠져 있었다. 인종차별주의적이고 급진적인 조직들이 스와스티카를 덧댄 완장과 계급장 없는 제복을 바보스럽게 걸치고 작은 마을이나 대학 캠퍼스에 모였던 예전의 미국 사회의 구조에서는 그들을 놓치기 어려웠다. 민권운동 시대에 한때 전국적으로 주목을 받았던 KKK 같은, 재정이 풍부한 단체들조차 케이블 TV 시대에는 거의 별 볼 일 없게 되었다. 비록 케이블 TV에서 인종과 종교에 대해 방영하는 채널을 포함한 특정 관심 프로그램들이 폭발적으로 증가하긴 했지만 이런 네트워크의 문지기들은 쉽게 확인 가능한 편협의 대표자들로부터 공중파를 보호했다. 1990년대 중반 주류 미디어에 관한 한 KKK와 네오나치 스킨헤드 같은

© The Author(s) 2017
A. Klein, *Fanaticism, Racism, and Rage Online*,
DOI 10.1007/978-3-319-51424-6_5

혐오집단들은 〈제리 스프링어 쇼Jerry Springer Show〉와 같은 TV 토크쇼 플랫폼에 풍자적인 초대손님으로 등장하는 반복적인 배역을 거의 체념적으로 받아들이고 있었으며, 청중은 그들의 편견에 찬 견해를 두려워하기보다 오히려 조롱하곤 했다. 그러나 인터넷과 정보화 시대는 모든 이에게 이 모든 것을 변화시킬 것이었다.

글로벌 공동체가 정보화 시대에 들어갔을 때 월드와이드웹의 문은 새로운 미디어에 접근하고 이용할 수 있는 누구에게나 열렸다. 온라인에서 주류 미디어의 전통적 문지기들은 웹의 구조와 문화가 어떻게 발전할지를 결정하는 데 그 자체로 거의 상관없게 될 사람들이었다. 그 대신, 특정 관심 웹사이트나 블로그같이 한정된 대중을 대상으로 하는 다양한 종류의 협송narrowcasting 미디어 콘텐츠가 처음부터 끝까지 인터넷을 구축하는 데 도움을 주었다. 기존의 사회적·정치적 표현 포럼들은 증가한 연결성을 통해, 커뮤니티 개념이 곧바로 무제한의 커뮤니케이션 잠재력을 지닌 글로벌 영역이 된 가상 세계에서 새로운 근거지를 찾았다. 갑자기 모든 사람에게 세계 무대에서 울릴 마이크가 생겼다.

악의에 찬 사회·정치적 표현이라는 고유 형태를 갖춘 조직적인 혐오 발언은 싹트기 시작하는 웹사이트, 토론 게시판, 대화방, 그리고 결국에는 블로그 영역을 통해 웹에 빠르게 출현했다. 특히 백인민족주의 운동이 이동하여 새로운 플랫폼에서 재정립하고, 뒤이어 홀로코스트 부인 집단, 반정부 및 외국인 혐오 민병대, 반동성애 파당, 테러리스트 단체들도 이동하여 디지털 세계에서 자신들의 의제를 꾸준히 설파했다. 사실상 최초의 백인파워 웹사이트인 스톰프런트는 1995년 출범했는데, 20년이나 지난 오늘에 온라인에서 가장 커다란 특정 관심 공동체 중 하나로 성장했다. 이 장에서는 스톰프런트처럼 각각 출현하고 적응하여, 새로 얻은 정당성을 바탕으로 웹에서 번성하기 시작한 25개 혐오 웹사이트들을 살펴

온라인 세계의 극단주의: 광신, 인종차별, 분노

본다.

1997년부터 디지털 테러리즘과 혐오에 관한 연례 보고서an annual Report on Digital Terrorism and Hate를 작성하고 있는 사이먼비젠탈센터Simon Wiesenthal Center에 따르면, 조직적인 혐오 사이트, 포럼, 소셜 미디어의 페이지 수는 전 세계적으로 현재 3만을 넘는다.[1] 무슨 커뮤니티이건 특히 웹에서 그 범위를 고려할 때 3만이 엄청난 수라는 점은 의심의 여지가 없지만, 온라인 혐오 활동의 폭은 인터넷의 이념 시장Internet's marketplace of ideas이라는 더 커다란 전 세계적 맥락에서 이해해야만 한다. 자신의 다양한 조직을 디지털 세계로 이동시킨 그 밖의 문화 공동체 및 사회운동들과 비교할 때, 오늘날의 온라인 혐오 웹사이트의 수는 만만치 않다.

디지털 혐오: 규모와 의의

사이버 공간에서 청중 규모는 TV 시청률이나 영화 매출액과 같이 인기와 팬을 측정 기준으로 하는 여느 매스미디어보다 측정하기가 더 어렵다. 예를 들어 현재 데일리스토머Daily Stormer 웹사이트는 알렉사웹 정보회사Alexa Web Information company 집계로, 세계에서 3만 7840번째로 가장 많이 방문하는 웹사이트다.[2] 그런데 이 숫자는 오늘날 온라인에서 운영되고 있는 9억 7000만 개의 웹사이트와 비교 평가할 때 겨우 반향을 불러일으키기 시작한다.[3] 백인우월주의 공동체인 데일리스토머는 사실상 오늘날 인터넷에서 가장 큰 혐오 사이트 중 하나로, 특히 미국에서는 1만 2082위의 스톰프런트에 이어 2만 1800위다. 1위는 구글이다. 그러나 웹에서 "조직적인 문화 이익집단"이라는 좀 더 구체적인 범주를 고려하기 시작하면, 온라인 혐오의 진짜 규모와 의의가 형태를 갖추기 시작한다.

그림 5.1   2015년 3개월 평균 웹 트래픽 활동 정보

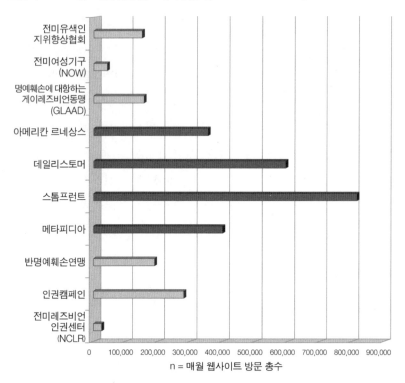

n = 매월 웹사이트 방문 총수

〈그림 5.1〉에는 가장 많이 방문되는 네 개의 혐오 웹사이트와, 세계를 선도하는 몇몇 문화 이익단체들이 비교되어 있다. 이번에 우리는 웹사이트 순위가 아니라 2015년 3개월 동안 시밀러웹 분석SimilarWeb Analytics을 통해 집계한 이런 사이트들의 월평균 방문 횟수를 비교했다.[4] 표본의 의의는 가장 영향력 있는 몇몇 민권 및 사회적 평등 옹호 단체들과 함께 보면 자명해진다. 팔로잉이라는 면에서, 스톰프런트, 메타피디아, 아메리칸 르네상스, 데일리스토머 각각은 상대편 감시 사이트들보다 웹사이트 방문자가 훨씬 더 많다.

스톰프런트는 거의 알려지지 않은 1995년에 시작하여 현재 80만에서

100만 명의 월간 방문자를 거느리고 있는데, 이는 인권캠페인Human Rights Campaign: HRC, 전미유색인지위향상협회National Association for the Advancement of Colored People: NAACP, 주로 인터넷에서 고조되는 혐오의 물결에 대항하는 반명예훼손연맹Anti-Defamation League: ADL과 같은 경쟁 옹호 사이트보다 훨씬 더 많은 수다. 그러나 혐오 웹사이트들이 인터넷만이 제공하는 상호 연결성으로 새로운 팔로어들을 연결하는 경쟁 전략을 계속 추구하는 한, 그들은 승산 없는 싸움을 하는지도 모른다.

결국 디지털 세계에서 규모란 하나의 혐오 공동체를 다른 혐오 공동체와 상호 연결하는 링크와 그 밖의 것들을 추가로 고려할 때 다차원적이다. 예를 들면, 상서롭게 들리는 마틴루터킹닷오아르지MartinLutherKing.org의 방문자는 스톰프런트로 직접 연결될 수 있으며, 거기서 화이트아리안 레지스탕스White Aryan Resistance: WAR 홈페이지로, 그다음에 딜런 루프의 라스트로디지안Last Rhodesian 사이트와 수십 개의 상호 연결된 사이트로 이동할 수 있다. 이는 이같이 매우 활동적인 웹 공동체에서는 전체가 그 부분들의 합보다 얼마나 큰지를 보여준다. 디지털 혐오 문화를 가장 폭넓게 개념화한다면, 그것은 정말 오늘날 전 세계적인 유행병 현상이 되었다. 스웨인Swain과 니엘리Nieli는 2003년 초 연구에서 "누구든 인터넷에서 다양한 백인민족주의와 백인인종차별주의 웹사이트를 몇 시간 검색해 본 사람이라면 이런 조직들의 네트워크가 얼마나 방대해졌는지를 발견할 것이다"[5]라고 밝혔다.

여기서 조사되는 25개 혐오 웹사이트들은 인터넷에서 인종차별적이며 급진적인 활동의 대표적 단면을 반영하기 위해 선택되었다. 그렇기에 각각의 URL을 선택하는 주요 기준 두 개는 월간 방문자 수로 본 해당 웹사이트의 인기와 현대 인터넷 동향에 대한 그것의 대표성이었다. 이 두 지표들이 종종 서로를 보완했다는 것은 놀랍지 않다. 즉, 웹 커뮤니티가 클

표 5.1 평균 웹 트래픽에 따른 혐오 웹사이트 검토

웹사이트	월간 방문자 수(명)[a]	링크하는 웹사이트 수(개)[b]
스톰프런트	810,000	1798
데일리스토머	590,000	1002
메타피디아	400,000	1738
아메리칸 르네상스	350,000	1453
브이데어	260,000	1991
데이비드듀크	110,000	1515
파이널콜	110,000	1180
옥시덴탈옵서버	100,000	1067
보수시민위원회	90,000	575
웨스트버로침례교회	80,000	913
역사비평연구소	75,000	1414
큐클럭스클랜	75,000	247
타이트로프	35,000	106
유대인 감시	30,000	655
화이트아리안 레지스탕스	30,000	343
마틴루터킹	25,000	296
내셔널뱅가드	20,000	320
뱅가드 뉴스네트워크	20,000	259
미국자유당	15,000	389
국가사회주의운동	9,000	149
포드블랑	9,000	94
솔라제너럴	9,000	49
가족연구소	4,000	172
창의력동맹	3,000	66
국민동맹	N/A	165

a. 월간 웹 방문 정보는 시밀러웹 분석 자료.
b. 혐오 웹사이트에 연결된 외부 웹사이트의 총수는 알렉사웹 분석 자료.

온라인 세계의 극단주의: 광신, 인종차별, 분노

수록 기능적이고 상호작용적인 웹사이트를 제공할 가능성이 더 높았고, 이는 오디오 및 동영상 팟캐스트, 소셜 네트워킹 옵션, 뉴스 포럼, 대화방, "리서치" 기록 보관archive과 같은 일반적 특징들뿐만 아니라 커뮤니티 유튜브 채널과 같은 주류 익스텐션들에 대한 링크로 나타났다.

종합적으로, 여기에 제시된 표본은 한때 지하의 차별적인 하위문화로 간주되었을 운동이 활기찬 커뮤니티로 바뀐 놀라운 변신을 보여준다(〈표 5.1〉의 25개 혐오 웹사이트 참조). 과거의 극단주의자들이 어떻게 변해왔는지, 혹은 아마도 더 적절하게는 어떻게 이 새로운 세대에 적응했는지는 결국 그 출처인 웹사이트들 자체로 직접 가서, 인터넷 사용자의 관점에서 그 페이지들을 조사함으로써만 이해될 수 있을 것이다. 우리는 가장 노골적인 웹사이트에서부터 교묘하게 가장한 웹사이트에 이르는 다음과 같은 커뮤니티들을 검토할 것이다.

- 자기 신원을 밝히는 우월주의자(전통적인 혐오)
- 가짜 소셜 네트워크와 포럼(커뮤니티)
- 가짜 뉴스와 조사(정보)
- 주류 정치 조직(정치 활동)

각 범주에서 단일 웹사이트는 더 큰 분야를 대표하기 때문에 더욱 깊이 조사될 것이며, 다른 사이트들은 그 두드러진 속성 때문에 집합적으로 탐구된다. 그리고 나서 이런 페이지들의 주된 목적 중 하나인 회원 모집을 좀 더 자세히 살펴볼 것이다.

자기 신원을 밝히는 우월주의자

첫 번째 부류의 혐오 웹사이트들은 이후 세 범주에서 발견될 동일한 이데올로기들을 집합적으로 망라한다. NSM88.org 같은 웹사이트들의 페이지에서는 네오나치 국가사회주의운동National Socialist Movement의 본거지를 발견할 수 있으며, KKK.com의 도메인은 방문자들을 오늘날의 큐클럭스클랜 세계로 인도하며, Natall.com은 국민동맹National Alliance이라는 가장 광범위하고 자금이 풍부한 백인우월주의 공동체를 대표한다. 그 밖에 이 범주의 유명한 도메인들에는 화이트아리안 레지스탕스, 내셔널뱅가드National Vanguard, 백인파워 팝 문화 사이트인 타이트로프닷시시Tightrope.cc의 디지털 도메인이 있다. 이 무리의 혐오 커뮤니티들은 두 가지 공통점으로 연결되어 있다. 각각은 대체로 인종차별적이고 종교적 성격을 띠는 전통적인 우월주의 이데올로기를 대변하고, 노골적인 의제들을 온라인에 드러낸다는 것이다. 이런 식으로, 우리는 인터넷이 근본적으로 편협의 해묵은 조직들을 되살리고 어떤 경우에는 그 조직들을 통합하는 역할을 해온, 온라인 혐오 문화의 가장 노골적인 모퉁이에서 시작한다.

주류 미디어에서 혐오 활동은 미국 소도시 거리를 행진하는 네오나치 현수막의 이미지에서 흔히 포착되었다. 스와스티카 현수막을 앞세운 네오나치 집회의 갑작스러운 재부상은 사람의 관점에 따라 1930년대 독일의 무서운 보복이나 아니면 관심이 필요한 성난 십 대의 무리로 보일 수 있다. 이런 회고적 운동의 위협에는 파사드façade(옮긴이: 건축물의 출입구가 있는 정면)가 확실히 없는 한편, 그것의 대중 메시지 전파는 1980년대와 1990년대에 걸쳐 크게 축소되어 지하 서적, 지하 음악 그리고 지하 모임으로 이끄는 전단지에 국한되었다. 이것은 온라인 커뮤니티에서 재부상하려는 가장 최근의 노력이 있기 전까지의 모습이다.

사이버 공간의 변두리를 지나는 이 탐색은, 현대사에서 가장 분명한 혐오 분파 중 하나이며 그것의 의제와 메시지 또한 가장 극단적인 네오나치와 함께 시작하는 것이 적절하다. 악명 높은 면에서 선두를 달리는 것은 미국에서 가장 큰 네오나치 집단인 국가사회주의운동 웹사이트인 NSM88.org다. 남부빈곤법률센터SPLC는 네오나치 의제를 그것이 공유하는 "유대인에 대한 혐오 및 아돌프 히틀러와 나치 독일에 대한 사랑"6으로 규정했다. 더 나아가 감시단체 집단은 "[네오나치가 소수자, 동성애자, 심지어 때로는 기독교인들도 증오하지만 '유대인'을 그들의 가장 중요한 적으로 인식하며, 그래서 정부, 금융기관, 미디어를 통제한다고 추정되는 유대인 음모에 대한 사회적 문제를 추적한다"라고 지적한다. 지각된 "음모"라는 이 요소는 NSM88 페이지들에서 발견되는 담론에서 주요 역할을 한다. 그런데 최근 미국의 네오나치들은 반유대주의를 넘어 새롭게 표적이 된 히스패닉 시민을 포함하도록 자신들의 사명을 확대했다. 이 우월주의적 쟁점은 주로 고조되는 이민 논쟁에 중점을 두는데, 이것은 백인 체제를 내부에서 위협하는 "외부인outsider"이라는 친숙한 주제를 네오나치 의제에 보탠다.

NSM88 웹사이트는 디지털 혐오 무대에서의 투명성이라는 이론적 영역의 한쪽 끝을 보여준다. 여기서 우리는 라디오와 광고판이 한때 히틀러의 나치당에 이용된 것과 동일한 방식으로 인터넷이 매체로 이용되는 것을 볼 수 있는데, 이는 나치들이 어둠 속에서 모의하고 있는 유대인을 사악한 만화로 보여주거나 그들을 독일 사회의 해충과 쥐로 나타내기 위해 신문을 이용했던 것을 상기시킨다. NSM 웹사이트의 홈페이지는 네오나치 집합소 말고는 다른 어떤 곳으로 혼동될 수 없을 만큼 백인파워 집회 이미지, 전통적 스와스티카, 그리고 최근에는 백악관으로 곧장 이어지는 다윗의 별 모양의 교차로를 그린 만화로 뒤덮여 있다. 히틀러라는 이름은 홈페이지에 몇 번씩 나타나며, 숫자 88을 포함한 그 사이트의 URL은 여덟 번째 알파벳(H)과의 숫자적 상관관계에서 네오나치가 공통적으로 언급하는 88, 즉 HH, "Heil Hitler(히틀러 만세)"의 의미를 담고 있다. 이런 다양한 숫자적 상징들은 인종차별주의적 의사소통에서 공통적이며, 켈트 십자가처럼 백인우월주의 상징으로 악용된 이미지들과 마찬가지로 NSM 같은 집단들이 그들의 의제를 티셔츠, 음반 상표, 명예 배지들로 온라인 상표화하고 판매할 수 있게 한다.

처음에 대충 훑은 NSM 홈페이지는 익숙한 나치 이미지들과 전반적으로 호전적인 느낌이 깔려 있지만, 이 웹사이트 특징들의 스냅숏은 새로운 세대의 방문자들을 그 국가사회주의운동 명분에 끌어들이려는 그들의 현대화된 전략에 대해 더 많은 것을 보여준다. 여기서 표본이 된 모든 웹사이트와 마찬가지로 NSM88.org는 동시대의 인터넷 동향들을 대표한다. 집회 연설을 특색으로 하는 유튜브 동영상에 대한 링크에서부터 라디오 팟캐스트와 완전하게 기능하는 커뮤니티 블로그, 인종적으로 편향된 뉴스 기사에 이르기까지, NSM 사이트는 그들의 초기 메시지를 새로운 디지털 문화로 포장하는 정교한 능력을 보여준다. 물론 대부분의 일반 시민이 미국의 선도적인 네오나치 집단 중 한 곳의 웹사이트를 우연히 만날 공산은 우리가 의도적으로 도시의 나쁜 곳으로 차를 몰고 가는 것과 같을 것이다. 그러나 현재 NSM88.org 도메인은 위키피디아, CNN.com, 구글, 야후를 비롯한 140개 이상의 웹사이트와 연결되어 있어, 그 공산은 의도적인 의식적 행동이 아니라 어리석은 잘못된 전환의 경우가 되고 있다.

NSM 외에도, 네오나치 및/또는 백인파워 배너 광고와 관련된 그 밖의 주요 웹사이트들은 그들의 홈페이지에서 높은 수준의 기술적 요령과 정교함을 보여준다. 네오나치가 반유대주의를 표방한다고 쉽게 확인할 수 있듯이, KKK는 아마 가장 확인하기 쉬운 백인우월주의 운동일 것이다.

미국 남북전쟁이 끝난 후 얼마 지나지 않아 대열을 형성한 KKK는 오늘날 가장 오래 활동한 혐오 조직 중 하나로, 편견이 심한 강령과 몸을 숨기는 흰색 두건으로 유명하다. 최근 몇 년 동안 인터넷은 KKK.com에 새로운 형태의 익명성을 제공했고, 그들은 여기서 지난 30년 동안 잃었던 상당한 회원과 영향력을 회복하여 인종차별주의 네트워크를 재건할 수 있었다. 새모리스키Samoriski에 따르면 백인민족주의에게 재건 과정은 웹의 주요 기능 중 하나였다.

> 전통적으로 현실 세계에서 시위, 퍼레이드, 전단지 홍보 활동에 관여한 KKK 같은 조직들은 인터넷 퍼블리싱의 용이함과 저렴한 비용이 그들의 홍보 욕구에 이상적으로 적합하다는 것을 발견했다. 그런 조직들은 기존 회원들과 의사소통할 수 있고 새로운 회원에게 훨씬 더 쉽게 접근할 수 있는 웹사이트를 만들고 관리할 수 있다. …… 또한 혐오집단들은 다른 사이트들과 연결하여 인터넷에 혐오 네트워크도 만들 수 있다.7

이런 관찰들은 정기적으로 업데이트되는 지금의 KKK 웹사이트에도 적용된다. 이 전국적인 혐오집단은 사실상 흩어져 있는 모든 지부를 디지털 세계에서 연결하는 가상 온라인 본부를 만들었다. 반명예훼손연맹에 따르면 이 전략은 새 천 년의 KKK를 위해 잘 작동하고 있다. "KKK 활동은 상대적으로 조용했던 기간을 지나 2006년에 눈에 띄게 상승했는데, 이는 클랜 집단들이 동성결혼, 기독교에 대한 지각된 '공격', 범죄와 특히 이민에 대한 미국 내 두려움을 이용하려고 시도했기 때문이다."8

그들 상위 조직의 의제를 인정한다고 알려진 다른 웹사이트 중에서, 국민동맹 홈페이지는 자신의 온라인 커뮤니티에 온 "성격 좋고 적어도 18세 이상인 (비유대인으로 완전한 유럽 혈통인) 모든 백인"을 환영한다. 그 홈페이지는 내셔널뱅가드라는 또 다른 조직적 혐오 커뮤니티와 직접 연결되는데, 이 조직은 아돌프 히틀러의 유산이나 인종 진화의 과학 같은 주제들에 대한 기사를 매일 제공한다. 타이트로프닷시 웹사이트는 모든 백인파워 물건을 판매하는 선도적인 소매 사이트로, 이 범주에서 독특한데, 셔츠와 패치, 깃발과 후드 티, 마우스 패드와 그 밖에 "100% 백인, 100% 프라우드", "백인 생명도 소중하다White Lives Matter"와 같은 메시지를 광고하는 휘장, 스킨헤드 문화의 다양한 상징들을 판매한다. 디지털 세계에서 타이트로프의 성공적 성장은 이러한 인종차별주의적 커뮤니티가 단지 정치와 신념 체계에 관한 것만이 아님을 상기시켜 준다. 오히려 그것들은 하위문화다. 이런 사회적 반란의 상징들에 각인된 장면에 매료되는 더 젊은 청중들, 특히 따돌림받는 남성들에게 분명히 호소하는 하위문화다. 매력적인 별명 레지스트닷컴Resist.com으로 출발한 화이트아리안 레지스탕스 홈페이지는 비디오게임, 만화, 범퍼 스티커, 인종차별적인 음악 다운로드 제공이 젊은 군중에게 호소력이 있음을 잘 알고 있다. 그러나 국제 유대인들에 관한 포럼, 홀로코스트 부인 캠페인에 관한 인터넷 전단지, 아리아인의 이상을 말하는 "우리들에 대한About Us" 성명, 근본적인 네오나치 의제도 이 웹사이트와 이 범주에 속한 다른 웹사이트들의 표면에서 여전히 다루어지고 있다.

인터넷에서 그렇게 공개적으로 우월주의 신념을 표현하면서 이 웹사이트들이 공유하는, 중요하게 인식해야 할 특성이 하나 더 있는데, 그것은 이 웹사이트들이 이 표본에서 가장 적게 방문되는 혐오 커뮤니티에 속한다는 것이다. 〈표 5.1〉에서 분명하게 알 수 있듯이, 이 범주에 속한 웹사이트 중 그 어느 것도 결코 최상위 혐오 사이트들만큼 온라인 방문이 잦지 않다. 예를 들어, 국민동맹 페이지는 25개 목록에서 최하위 순위에 있으며, NSM88 웹사이트는 매월 평균 9000회의 방문을 받는다. 이 수치들은 다음과 같은 의문을 갖게 한다. 사회에서는 가장 유명한 혐오 조직들이 어째서 가상 세계에서는 그만큼 자주 방문되지 않는가? 아마 그 이유는 이 웹사이트들이 잘 알려진 혐오운동들을 너무 공개적으로 보여주고 있어서 오늘날의 인터넷 사용자가 그 공동체와 동질감을 갖는 데 덜 편안하기 *때문*일 것이다. 결국, 이전 장에서 서술했듯이, 디지털 문화는 그것의 익명성과 출입구가 있는 파사드를 통해 번성한다.

가짜 소셜 네트워크와 커뮤니티 포럼

디지털 혐오 문화 영역에서 가장 인기 있는 커뮤니티가 오늘날 인터넷에서 가장 성공한 웹사이트들과 공통된 핵심 특성, 즉 사회적 연결을 공유한다는 것은 놀랄 일이 아니다. 웹 분석 제공자들에 따르면, 스톰프런트가 모든 혐오 사이트 중 가장 크고 가장 자주 방문되는 웹 도메인으로서 매달 평균 73만 명의 순 방문자를 받고 있다.[9] 압도적인 백인민족주의 사이트인 스톰프런트는 현대 혐오 문화가 온라인 플랫폼으로 이행하는 가장 정교하고 완전한 전환 중 하나를 보여준다. 반명예훼손연맹은 이 사이트를 "다양한 형태의 반유대주의와 인종차별주의를 진열대에 쌓아놓은, 진정한 온라인 혐오 슈퍼마켓"으로 묘사했는데, 십 대 자녀 양육, 항목별 광고, 가정과 원예에 이르는 주제에 관한 포럼과 놀랄 만큼 상호적인 채팅 커뮤니티도 포함하고 있다.[10]

가짜 소셜 네트워크와 커뮤니티 포럼Faux-Social Networks and Community Forums이라는 이 좁은 범주에서 스톰프런트와 포드블랑Podblanc 같은 웹사이트들은 강력한 온라인 입지를 확보하는 공식을 발견하고 사회 참여적이며 상호적인 대화형 공간을 제공했는데, 거기서는 대중문화적인 관심이 홈페이지에 올라오며 커뮤니티 정치는 "스크롤을 해야만 볼 수 있는 영역"

어딘가에 존재한다. 스톰프런트 방문자들은, 20년 이상 존재해 왔고 변화하는 시대에 따라 꾸준히 진화해 온 웹 커뮤니티를 찾는다. 스톰프런트의 설립자 돈 블랙은 백인파워 운동의 오랜 학생이었고, 그가 컴퓨터와 인터넷으로 관심을 돌리기 전에는 데이비드 듀크와 함께 조직의 재활을 도왔던 KKK의 이전 멤버였다는 사실은 놀랍지도 않다. 블랙의 웹사이트는 여러 면에서 혐오집단들이 21세기에 겪은 전환을 담고 있다. 이 전환은 이전 범주에서 말한 편협의 배너 광고에서부터 사회적으로 심한 편견을 지닌 오늘날의 가상 이웃에 이르기까지 다양하다.

스톰프런트는 시각적인 면에서 백인민족주의 도메인이라기보다 크레이그리스트Craigslist와 더 비슷해 보이는 다목적 커뮤니티 사이트처럼 구성되어 있다(옮긴이: 크레이그리스트는 미국 최대 온라인 생활 정보 및 광고 사이트다). 스톰프런트의 라디오 팟캐스트, 포럼, 대화방은 자체 보도로 30만 명의 회원을 유치하고 있는데, 통계 자료에 따르면 거의 90만 개의 토론 스레드와 1150만 개의 개별 게시물이 만들어졌다. 스톰프런트에서 가장 번성하는 특집은 역사, 정치, 시, 자연, 과학, 기술, 돈, 건강, 가정관리, 음악, 데이트와 같은 커뮤니티 관심사를 위한 토론 플랫폼을 제공하는 포럼들이다. 그러나 내부적으로 이러한 사용자 친화적인 포럼들은 이 회원 기반 커뮤니티에 가상의 편협 말벌집을 건드리는 소동을 가져온다. 6장에서 오늘날 디지털 혐오의 주요 메시지들을 좀 더 자세히 검토할 것이나, 지금의 맥락에서 스톰프런트의 라운지 포럼 기록에서 발견된 8만 4000개의 스레드 중 몇 사례들을 간략하게 살펴볼 수 있다. 그것들은 "어떻게 침략자를 다룰 것인가", "미국에서 무슬림을 없애도록 돕자", "조지아의 나무에 목 매달린 채 발견된 니그로", "어떻게 나의 미국에서 유대인을 없앨 것인가"와 같은 스레드다.[11]

현재 스톰프런트로 직접 연결되는 1800개의 다른 웹사이트가 있는데,

온라인 세계의 극단주의: 광신, 인종차별, 분노

스톰프런트 회원들은 자신들의 포럼 스레드에 다른 혐오 웹사이트로 가는 링크를 수없이 게시하여 스톰프런트를 디지털 세계에서 혐오 활동의 중심 접점으로 만든다. 그러나 돈 블랙의 웹사이트가 사이버 공간의 사회 문화와 공유 문화를 효과적으로 활용하는 유일한 도메인은 아니다. 포드블랑닷구루Podblanc.guru는 인종차별주의적인 조롱 동영상과 광적인 폭력 행위들을 전 세계에서 업로드하기 쉽게 만든 차세대 혐오 웹사이트로서 감시단체들은 이를 주의 깊게 감시하고 기록해 왔다. 포드블랑은 "백인민족주의 운동을 위한 온라인 기관으로 급속히 커가는 동영상 공유 웹사이트로서…… 유튜브를 모델로 한다"라고 남부빈곤법률센터는 보도한다.12

오늘날 유튜브나 비메오Vimeo 같은 동영상 공유 허브들은, 특히 인터넷에 능숙한 젊은 콘텐츠 제작자들이 온라인으로 대량의 창의적 표현을 공개할 수 있는 첫 번째 포맷이 되었다. 포드블랑은 1000개가 넘는 채널로 이런 젊은이 주도 동향에 접근하는데, 그 채널의 상당수가 인종적 유머와 아마추어 코미디 스케치를 이용한다. 그러나 다른 게시물들에는 "정통 유대인과 비非백인들을 때리고 발로 차고 짓밟는 스킨헤드 몽타주들"을 묘사한 것까지 있다. 희생자들은 지하철을 타거나 거리를 걸어가는 중에 무작위로 선택된 것처럼 보인다".13 포드블랑의 성공은 모든 동영상 공유 웹사이트와 마찬가지로, 매일 동영상을 올리는 수많은 기고자의 활동에 기반하고 있는데, 동영상 대부분은 혐오와 편협의 메시지를 납득시키려고 야유와 풍자를 사용하며 일부는 치명적인 폭력 행위를 기념하는 장면도 유포한다. 새로운 콘텐츠가 매 시간 업로드되고 일부 동영상은 수천 개의 조회 수를 기록함에 따라, 포드블랑이 주류 동영상 웹사이트들을 그렇게 인기 있게 만든 동일한 형태의 사회/창조적 활동으로 이익을 얻고 있다는 강력한 증거가 있다. 물론 유튜브는 모방 동영상 게시의 시대에서 번식하는 것처럼 보이는 폭력적이고 공격적인 자료 제거에 끊임없이 노력하는 반면, 포드블랑은 동일한 바이러스성 현상에서 이익을 얻는 데 중점을 둔다.

창의력동맹Creativity Alliance 웹사이트는 이전의 두 네트워크와 달리 종교라는 주제를 자신들의 인종차별주의적 커뮤니티에 포함시킨다. 창의력운동의 웹사이트는 찰스 다윈의 과학적 연구에 기초한 "종교적 신조"라고 선포하면서 신앙에 기초한 과학과 편협의 혼합을 내놓는다. "타협 없는 백인종의 충성White Racial Loyalty Without Compromise"이라는 슬로건이 특색인 이 홈페이지는 대화방과 포럼, 교회 회원 정보, 또한 자신들의 페이스북과 트위터 페이지로 가는 링크들이 포함된 커뮤니티다. 창의력동맹은 창립자 맷 헤일Matt Hale의 악명으로 전국적 관심을 받았는데, 그는 자신이 믿는 숭고한 백인우월주의를 홍보하는 데 수년을 보냈다. 일리노이 변호사협회로부터 변호사 면허가 거부된 헤일은 그 대신 25세에 창조주교회 Church of the Creator의 "폰티펙스 막시무스Pontifex Maximus"(옮긴이: 최고 제사장 또는 사제)가 되었다. 덧붙여 말하자면 그 폰티펙스 막시무스는 2005년 집 사무실에서 웹사이트를 시작했는데, 그곳은 일리노이주 이스트피오리아 East Peoria에 있는 아버지 집 2층 서재였다.14 그는 현재 유대인 판사를 살해하려 한 혐의로 연방 교도소에 수감되어 있다. 그러나 창의력 운동과 헤일의 웹사이트는 포드블랑 웹사이트의 창립자이자 운영자인 크레이그 콥Craig Cobb과 같은 독실한 추종자들이 함께 전 세계적인 회원을 계속 구축하고 있다.

마지막으로, LGBT 혐오는 특히 미국 전역에서 동성 커플의 결혼권을 확인한 2015년 대법원의 역사적 판결 여파로 미국 문화에서 계속 증가하고 있다. LGBT 시민들의 시민권에 관한 다른 법적 논쟁들이 미국 법정에서 진행됨에 따라 종교적인 반동성애 운동들의 악성 변형이 디지털 세계

온라인 세계의 극단주의: 광신, 인종차별, 분노

에 추악한 존재를 만들어냈다. 아마 가장 악명 높은 사례는 웨스트버로 침례교회Westboro Baptist Church의 웹사이트에서 볼 수 있을 것인데, 그 경멸적인 URL은 이곳에 싣지 않겠다. 웨스트버로침례교회는 1998년 동성애자라는 이유로 두들겨 맞아 죽은 와이오밍주 래러미 출신 십 대 소년 매슈 셰퍼드Matthew Shepherd의 장례식장 밖에서 교회 회원들이 교회 지도자 프레드 펠프스Fred Phelps를 따라 피켓 시위를 벌였을 때 처음으로 전국적 주목을 받았다. 그 당시 그들이 들고 있던 피켓이 보여준 대부분의 신조들은 오늘날 작지만 성장하고 있는 그들의 웹 커뮤니티에서 볼 수 있는 동일한 원칙들에 나타나 있다.

인터넷 사용자가 그 사이트에서 바로 접하게 될 이미지 갤러리 중에는 집회 장면들이 있으며, 눈에 띄는 피켓은 "신은 동성 놈들을 혐오한다"와 "신은 미국의 적이다"라고 선언하고 있다. 일반적으로 그 사이트가 공유하는 공개서한, 블로그, 설교는 LGBT 커뮤니티와 종종 "적그리스도"라고 불리는 오바마 대통령 같은 그 지지자들을 향한 혐오와 비난에 대한 소위 성서적 정당화로 구성된다. 웨스트버로침례교회 사이트는 현재 위키피디아, 레딧, 스톰프런트를 비롯해 900개가 넘는 웹사이트로 링크되어 있으며, 특히 "보는 이들의 열정을 자극하도록 디자인되어 있다"[15]라고 반명예훼손연맹은 주장한다.

폭스먼Foxman과 울프Wolf는 바이러스성 혐오발언에 대한 연구에서 "수정헌법 제1조는 어떤 발언이 일촉즉발의 무법 행위를 선동하거나 낳지 않는 한, 폭력을 옹호하는 그 발언을 보호하기 위해 제정되었다"[16]라고 우리를 상기시킨다. 그래서 웨스트버로침례교회, 포드블랑, 스톰프런트 웹사이트에서 나온 사례들은 어떻게 이러한 커뮤니티들이 법을 어기지 않고도 문화적 폭력 옹호를 교묘하게 촉진하는지를 보여준다. 포드블랑의, 인종적인 공격을 보여주는 회원 주도 동영상 업로드에서부터 스톰프런트의 "미국에서 무슬림을 없애도록 돕자"와 같은 포럼에 이르기까지, 이러한 정서의 숨은 의미를 읽는 데는 각주가 필요 없다. 그것들은 실제의 물리적 폭력 행위를 암시하며, 이런 "사회적" 맥락에서는 그들이 보는 것을 모방하도록 타인을 자극할 수 있으며 또 자극했다.

가짜 정보와 연구 조사

커뮤니티 접근이 스톰프런트 같은 웹사이트들에는 효과적이었지만, 오늘날 인종차별주의적이고 급진적인 조직들에게 그런 사회적 모임 공간은 가장 우세한 사이버 전선이 아니다. 사실상 이 표본에서 가장 큰 집단은 문화적 차이에 대해 자신들의 독자를 교육시키려고 하는 뉴스, 정치, 역사, 심지어 과학의 파사드를 이용하는 웹사이트들이다. 그것은 혐오의 지적 토대를 구축하는 일이다. "내가 두려워하거나 전 세계가 모르기를 바라는 진실은 존재하지 않는다"라고 토머스 제퍼슨Thomas Jefferson은 말했다. 실제로 이 인용구는 아메리칸 르네상스 홈페이지 상단에 눈에 띄게 놓여 있다. 비록 잘못 사용되었더라도 그것은 또한 이 커뮤니티와 다른 많은 백인민족주의 커뮤니티의 근본적 만트라mantra, 眞言로서, 그들의 웹사이트는 세상이 깨우치도록 인종, 민족성, 성별, 인간 생물학에 대한 "진실"을 밝히고 있다는 것이다.

정보로 위장된 혐오발언의 형태는 다양하며, 매년 급진적 집단들은 정보 문화의 풍경과 잘 어울리기 위해 디지털 세계에서 착용할 새 마스크를 찾는 것 같다. 이 표본에서 조사된 웹사이트 중 일부는 자칭 전자 백과사전, 일간 뉴스 사이트, 역사 협회, 과학 커뮤니티를 포함한다. 그러나 현대의 혐오 웹사이트가 채택한 가장 유력한 형태는 문화적 쟁점, 정체성 정치, 인종차별주의적 시각의 완벽한 결합을 제공하는 정치 블로그다.

온라인 세계의 극단주의: 광신, 인종차별, 분노

데일리스토머 웹사이트는 홈페이지에 "여기 데일리스토머에 있는 우리는 폭력에 반대한다. 우리는 대중을 교육함으로써 혁명을 추구한다. 사람들이 정보를 이용할 수 있게 되면 체제 변화는 필연적이고 피할 수 없을 것이다"[17]라고 외치는 고지사항이 있다. 데일리스토머는 사이버 공간에서 스톰프런트 다음으로 가장 많이 찾는 혐오 커뮤니티로 급격히 부상하고 있는데, 매달 약 60만 명이 방문해 차기 대통령 선거, 진보 언론, 할리우드 같은 사회정치 및 문화적 주제를 둘러싼 기사를 읽는다. 그러나 "폭력"을 부인하는 웹사이트라는 것 말고는, 이 블로그는 "유대인 문제"와 "인종 전쟁"이라는 제목의 선동적 사설란을 두드러지게 제공한다. 사실상 데일리스토머는 악명 높은 나치 신문인 ≪데어 슈튀르머≫의 이름을 따서 명명되었고, 사회의 그늘로 슬며시 기어드는 코가 기다란 유대인을 그린 동일한 만화 이미지들이 또한 특색을 이룬다. 오직 이러한 묘사들만 독자들이 베끼고 공유할 수 있는 밈meme으로 표현된다(옮긴이: 밈이란 모방의 형태로 전달되는 문화 요소로서 특정 메시지, 그림, 사진 또는 짧은 영상 등이 있다).

≪로스앤젤레스 타임스≫의 기사는 데일리스토머를 "파시즘과 밀레니얼 세대의 풍조가 결합된 독특한 것"[18]이라고 평했다. 이 웹사이트와 30세의 창립자 앤드루 앵글린Andrew Anglin은 2015년 7월 이후 상당히 주목받으며 알려졌는데, 이때는 찰스턴의 총기난사자 딜런 루프가 데일리스토머를 정기적으로 방문하여 아리안블러드88AryanBlood88이라는 이름으로 댓글을 달고 있었다고 강력하게 의심되는 때다. (루프는 자신의 사이트에서 공유한 똑같은 생각들을 토씨 하나 틀리지 않게 그대로 게시했다.) 그러나 데일리스토머의 인지도는 2013년 공격적인 출시 이후 이미 급증하고 있었다. 2년후, 남부빈곤법률센터는 자체의 혐오감시 시리즈에 앵글린의 웹사이트를 특집으로 다루면서 그것이 도달했던 중요한 이정표에 주목했다.

데일리스토머는 지난 6개월 동안 알렉사 데이터에 근거한 도달률과 페이지 조회 수의 총합 면에서 웹에서 가장 오래되고 가장 큰 혐오 사이트인 스톰프런트보다 종종 높았다. 데일리스토머의 독자들은 스톰프런트보다 이 사이트에서 더 많은 시간을 보내며, 나른한 날에는 1만 이상이 로그인한다. 데일리스토머 역시 젊고 부유한 인구층에 다가간다.[19]

데일리스토머의 기사들은 스톰프런트와 달리 일반적인 커뮤니티가 아니라 앤드루 앵글린과 그 외 몇몇 "언론 소식통"이 작성한다. 인용구들은 대부분의 기사가 혐오 사이트인 브이데어VDARE가 작성하는 기사처럼 절대 전문 언론인의 손에서 작성되지 않는다는 사실을 반영한다. 브이데어는 뒤에 나오는 범주에 속하는 사이트다. 게다가 데일리스토머에서 발견된 몇몇 기사들은 주류 통신원들이 기고한 것처럼 보이는데, 그중 하나는 소문에 따르면 ≪시카고 트리뷴≫이 제공했다는 "블랙 펠론Black Felon"이 범한 폭력적인 범죄 이야기다. 비록 '트리뷴'이 그 이야기를 썼지만, 그들은 앤드루 앵글린에게 그 이야기를 그의 혐오 커뮤니티에 기고한 것처럼 보이게 절대 허가하지 않았다. 여기서 우리는 많은 급진적 웹사이트들의 공통 전략을 본다. 이들은 아프리카계 미국인 폭행범과 같은 인종에 대한 단일 측면을 특집으로 다룬 실제 뉴스 기사들을 택한 다음, 그 기사를 그들의 페이지에 다시 게시하면서, 그것을 이미 확립된 혐오스러운 서사의 구조로 교묘하게 엮는다.

데일리스토머는 교차하는 블로그 영역을 활용해 온 교활한 혐오 사이트 중 하나다. 이 교차하는 블로그 영역에서는 공유된 기사나 훔친 기사들이 웹사이트 사이를 끊임없이 떠다니고 있으며, 이런 정보세탁 과정을 통해 급진적인 생각들이 점차 정당화되고 있다. 이 과정을 돕는 것은 또 다른 혐오 웹사이트로서, 백인민족주의 관점을 가진 최초의 전자 백과사전으로 주조된 사이트다. 메타피디아는 "대안 백과사전"으로 제시된다. 이 웹사이트는 인터넷 사용자에게 인물, 장소, 사건에 이르는 수만 가지 주제에 대한 교육 자료를 제공하도록 고안되었는데, 그런 설명들에 인종차별적인 의견을 넣는다. 언뜻 보기에 메타피디아는 위키피디아와 똑같아 보이며 똑같이 운영되는 것 같다. 그것은 또한 16개의 다른 언어로 제공되며, 각각 빠르게 인기를 끌고 있다. 남부빈곤법률센터는 메타피디아를 백인파워 커뮤니티들이 젊은 학자들에게 다가가려고 시도하는 명백한 조짐이라 밝히며, 그들의 학문적 "주제들이 친숙하게 들리더라도……그들이 내린 정의들은 그렇지 않다"[20]라고 재확인한다.

온라인에서 메타피디아는 데일리스토머 같은 웹사이트를 "미국에 기반을 둔 대안 미디어이며 친유럽 뉴스 웹사이트"[21]로 처음 규정함으로써 그것의 타당성을 지지하는 데 도움을 준다. 그런 호의적인 서술들은 그런 커뮤니티들에 대한 인터넷의 일반적 지식을 희석시키는 데 매우 효과적일 수 있으며, 특히 평범한 온라인 정보 탐색자가 어떤 흔한 검색엔진을 통해서건 "메타피디아 버전의 현실"을 찾을 수 있다는 점을 고려해 보았을 때 더욱 그렇다. 예를 들어 현재 구글에서 "데일리스토머"를 검색하면 결과의 맨 첫 페이지에 메타피디아 내용이 뜬다. 결과적으로, 웹 독자에게는 메타피디아뿐만 아니라 구글도 데일리스토머를 검증한 것이 된다. 그리고 메타피디아의 익숙한 위키wiki 디자인 때문에, 방문자는 더 나아가 그것의 자료를 합법적인 정보로 인증하는 경향이 있을 수 있다(옮긴이: 위키란 불특정 다수가 협업을 통해 직접 내용과 구조를 수정할 수 있는 웹사이트를 말한다). "아돌프 히틀러"에 관한 페이지나 "아프리카계 미국인" 용어 검색과 같이 좀 더 일반적인 주제들은 역사와 당대의 이해를 재정의하려는 메타피디아의 약삭빠른 지침을 드러낸다. 전자의 경우 독자는 히틀러의 전체 전기에서 홀로코스트나 대량학살에 대한 언급은 찾을 수 없을 것이다. 후자의 경우 "아프리카계 미국인"에 대한 검색은 그 제목으로 답하지 않고 "미국에 있는 흑인 아프리카인"에 대한 페이지로 넘어가는데, "현재 미국에 거주하고 있는 흑인종negroid race의 일부다. …… 그들이 잘못 행동했을 때 미디어는 그들을 애송이들Youths이라 부른다"[22]라고 서술되어 있다.

이 더 큰 범주에 속하는 다수의 웹사이트들은 당대의 정체성 정치identity politics 담론에서 빌린 동일한 패턴을 따르며, 나아가 "흑인 대통령의 은밀한 이슬람 신앙" 또는 "유대인이 조종하는 자유주의 미디어" 또는 "불법 히스패닉계 체류자라는 골칫거리"와 같은 담론들에 불을 붙인다. 강경 정치와 인종차별주의적 신념에 걸터앉은 그런 정서들을 통해 편협은 주류 논쟁에서 효과적으로 암시되고 있다. 예를 들어, 매달 35만 번의 방문 트래픽을 보이는 아메리칸 르네상스 웹사이트는 홈페이지에서 인종차별적이거나 선동적인 언어를 거의 사용하지 않는다. 뉴스, 해설, 팟캐스트 부분은 과학 기사, 정치적 대화, 그리고 거의 학문적인 어조로 들리는 해설 기사들을 중심으로 점잖게 구성되어 있다. 대부분이 그렇다. 전체적으로 볼 때, "정치와 백인 의식", "우리는 약탈자를 쏘곤 했다" 그리고 "퍼거슨 폭동을 이해하려면 아프리카를 보라"와 같은 기사들은 방문자들에게 행간을 읽게 하여 인종차별주의적 관점을 찾게 만든다. 당연히 이것이 거기에 방문자가 많은 이유다. 25개 표본에서 아마도 가장 최근의 혐오 사이트인 솔라제너럴Solar General은 오늘날의 심각한 편견과 음모론을 혼합한다. 2014년 출범한 솔라제너럴은 자신들이 "세계에서 가장 논란이 많고, 검열받고, 금지된 웹사이트"라고 주장하는데, 이것은 젊은 청중을 향한 광고일 가능성이 높다. 그 사이트는 신랄한 뉴스 폭로, 동영상 팟캐스트, 전자책, 사진 갤러리, 주로 유대인의 문화적 음모에 관한 가상 도서관을 제공한다. 매력적인 디지털 포맷으로 포장했기에 솔라제너럴은 인

온라인 세계의 극단주의: 광신, 인종차별, 분노

터넷을 둘러보는 대학생들의 시야에 들어가는 길을 잘 찾을 수 있었는데, 이것이 바로 그 커뮤니티를 감시해야 하는 이유다.

어떤 혐오 웹사이트들은 현대화를 목표로 하는 반면, 다른 사이트들은 정보를 제공하는 좀 더 전통적인 분위기를 나타내려고 한다. 옥시덴탈옵 서버Occidental Observer[모토: "백인 정체성, 이해관계와 문화(White Identity, Inter-ests and Culture)"]에서는 "백인성 연구Whiteness Studies"와 같은 주제를 특집 으로 한 계간지와, 학문적인 반유대주의로 가장 잘 묘사될 수 있는 전 캘 리포니아주립대학교 교수 케빈 맥도널드Kevin MacDonald의 인상적인 저서 들도 볼 수 있다. 그런데 백인성 연구란 여러 대학에 있는 학제 간 교육과 연구 분야로서, 헨리 루이스 게이츠 주니어Henry Louis Gates, Jr., 토머스 나카 야마Thomas Nakayama, 주디스 마틴Judith Martin, 헨리 지루Henry Giroux와 같은 저명한 학자들이 중요하게 기여하고 있다는 점을 알아야 한다. 그렇지만 이들 및 다른 진지한 학자들의 연구는 옥시덴탈옵서버와 같은 웹사이트 페이지에서는 찾을 수 없을 것이다. 옥시덴탈옵서버는 백인 이외의 다른 정체성과 문화들을 폄하하는 데 전념하는 만큼이나 실제로 "백인 정체성, 이해관계와 문화"를 탐구하는 데는 흥미가 없다. 「유대인의 영향력 이해 하기Understanding Jewish Influence」를 포함한 맥도널드의 저술들은 유대인 감 시Jew Watch나 데이비드듀크닷컴DavidDuke.com 같은 사이트에서도 공유된 다. 소위 이런 뉴스와 정치 도메인들은 그들의 반유대주의 평판을 유대 인 파워, 거짓말, 음모에 관한 믿을 만한 웹 출처의 지위로 대체하고자 하 는 이해관계에 부합한다. 뱅가드 뉴스네트워크Vanguard News Network 사이 트[모토: "유대인이 없다, 참 좋다(No Jews, Just Right)"]는 유대인을 세계 경제 위기, 월스트리트 스캔들, 외국의 전쟁 갈등, 백악관 결정 등등에 대한 근 본적 원인으로 규명하려는 목적의 뉴스 기사들을 제공한다.

앞서 언급한 사이트들이 유대인의 현대 세계 지배에 대한 "진실을 폭로"하기 위해 노력하고 있다면, 다른 도메인들은 역사적 기록을 겨냥하고 있다. 역사비평연구소Institute for Historical Review는 오늘날 온라인에서 운영되는 몇몇 홀로코스트 부인 단체 중 하나를 대표한다. 이 연구소의 작성자들은 600만 유대인의 집단학살은 유대인 지도자들의 계산으로 저질러진 신화일 뿐임을 밝히기 위해 정기적으로 "학문적인" 글들을 인터넷의 정보 스트림으로 세탁한다. 마틴루터킹닷오아르지MartinLutherKing.org 웹사이트도 이 "연구소"처럼 1999년에 확보한 소중한 URL 이름에 따라 수정주의 역사revisionist history를 사용하여 킹 박사에 대한 "진실"을 가르치고 있다. 2011년 ≪허핑턴 포스트≫ 기사에 따르면, 이 사이트는 스톰프런트 창립자 돈 블랙 작품의 "파생물"로서 젊은 방문자들이 킹 박사에 대해 읽을 수 있는 사이트다. 여기서 킹 박사는 "공산주의자, 아내를 때리는 사람, 표절자, 성적 일탈자, 만능 사기꾼이다. 아이들이 다운로드하고 인쇄해 학교에 가지고 갈 수 있는, 같은 내용의 전단지도 있다".[23] 이 뉴스 기사는 학생들이 독서감상문의 출처로 이 웹사이트를 사용한다고 밝혀진 사례들도 짚는다.

마틴 루터 킹 주니어의 업적이나 홀로코스트의 해악에 관한 지식을 전파하는 경주에서, 킹센터The King Center와 미국 홀로코스트 추모박물관U.S. Holocaust Memorial Museum이라는 합법적인 기념 웹사이트들이 각각 역사비평연구소와 마틴루터킹닷오아르지보다 방문자 수가 더 많다는 사실에 안심은 된다. 그러나 수정주의 사이트들도 방문자가 수년간 증가했으며 인증된 그들의 상대들을 꾸준히 따라잡고 있다. 앞으로 몇 년 동안 번식력이 강한 "지적 혐오" 범주에 속한 이들과 그 밖의 웹사이트를 감시하는 것이 중요할 것인데, 특히 실제 체험을 말해줄 민권 지도자들이 적고 더욱이 홀로코스트 생존자는 훨씬 적기 때문이다. 비판적 역사에 대해 배우도록 요청받는 사람들은 주로 고등학생과 대학생으로, 지금 그 시대를 겪은 세대에서 두 세대 심지어 세 세대나 떨어져 있다. 그들은 도서관이라는 더 커다란 맥락에서 찾게 되는, 문단, 페이지, 장章이 있는 책과 같은 전통적 자료에서 빠르게 벗어나고 있는 세대다. 대신에 그들은 온라인 검색엔진을 통해 질문에 대한 답을 찾고, 종종 저자 없는 웹사이트에서 단편적 형태의 대답을 발견한다. 그렇다면 이로 인해 후세대들은 사실상 잘 만들어진 디지털 선전인 민권 시대에 대한 정보를 인식할 가능성이 적어지는가? 그리고 그것은 소위 홀로코스트는 결코 일어나지 않았다는 증거를 제공하는 베일에 가린 혐오 사이트를 그들이 더 신뢰하도록 만들 것인가? 오직 시간이 말해줄 것이다.

주류 정치 조직

마지막으로 검토하는 웹사이트들은 아마도 이런 극단주의 커뮤니티 목록에 자신들이 오른 것을 두고 논쟁할 가능성이 가장 높다. 그 이유는 어떤 사회 모임에서는 브이데어, 이슬람 국가Nation of Islam: NOI, 보수시민위원회Council of Conservative Citizens와 같은 조직들을 주류로 인정받은 적법한 정치 단체로 보기 때문이다. 예를 들어, 브이데어의 회장 피터 브리멜로Peter Brimelow는 2012년 보수정치행동회의Conservative Political Action Conference에서 특별 연사였다. 미국 상원의원들의 연설에 이은 브리멜로의 패널 회의는 "다문화주의의 실패: 다양성 추구가 어떻게 미국 정체성을 약화시키고 있는가The Failure of Multiculturalism: How the pursuit of diversity is weakening the American Identity"[24]라는 제목이었다. 이슬람 국가의 지도자인 루이 파라칸Louis Farrakhan은 NBC의 〈언론과의 만남Meet the Press〉을 비롯한 여러 뉴스 쇼의 손님으로 나왔는데, 거기에서 유대인의 부정적 영향에 대한 그의 견해가 전국적으로 알려진다.[25] 그리고 보수시민위원회는 그들의 단체 모임에서 연설한 전 미국 상원 공화당 원내총무인 트렌트 롯Trent Lott이나 백인우월주의 혐의로부터 공개적으로 조직을 변호한 앤 콜터Ann Coulter와 같은 저명한 공화당 정치인들과 수많은 유대 관계를 맺어왔다.26

브이데어의 불법이민 금지 옹호이건 이슬람 국가의 블랙 이슬람 공동체에의 헌신이건, 이러한 조직들은 한 면으로는 널리 공유되는 관심과 정치적 관점들을 보여준다. 그러나 디지털 세계에서 이러한 집단의 웹사이트들은 자신들의 편협한 정서를 외부인이 자세히 들여다볼 수 있게 해주었는데, 이 편협한 정서가 그런 조직의 표면 바로 아래에서 들끓고 있다고 많은 감시기구들이 오랫동안 의심해 왔다. 여기서 우리는 시민 토론이라는 정신을 통해서 아니면 혐오라는 동기를 통해서 인종 담론에 참여하는 그런 이해관계들 간의 중요한 이전 구별로 돌아간다. 다음의 웹사이트들을 분석할 때 고려해야 할 핵심적 질문은 그들의 정치적 분노의 근원과 초점이 사실상 정책인지 아니면 민족인지의 여부다.

보수시민위원회는 "미국의 문명, 자유, 정의, 국가 안전"을 지지하는 서약으로 자체 원칙들을 진술하지만, 그것의 웹 콘텐츠와 역사는 전혀 다른 이야기를 말하고 있다.27 표면적으로 보수시민위원회는 존경할 만한 보수 옹호 단체처럼 보이지만, 그것의 계획은 명백히 웹사이트에서 그들이 "기독교의" 그리고 "유럽의" 국가로 정의하는 미국을 위해 고안되었다. 보수시민위원회는 아마도 이 표본에서 가장 중대한 사례 중 하나를 대표할 것이다. 그 부분적 이유는 미시시피 주지사 헤일리 바버Haley Barbour와 같은 공화당의 기성 정치인들과의 연관성 때문이기도 하지만, 이 위원회가 인종차별주의 정서를 주류 보수주의 정책 담론 뒤에 성공적으로 은폐하기 때문이다. 남부빈곤법률센터의 「정보 보고서Intelligence Report」 조사에 따르면, 보수시민위원회 웹사이트에서 유포되는 공동 입장 일부를 검토한 결과 이 연합회는 자신들이 옹호한다고 선언한 어느 특정 정책보다 인종에 더 몰두하고 있음을 발견했다. 남부빈곤법률센터는, 보수시민위원회는 사실상 "흑인들을 늘 '유전적으로 열등하다'고 폄하하고, '유대인 유력 인사들'에 대해 불평하며, 동성애자들을 '음란한 소돔인'이라 부르고, 이민자들이 미국을 '칙칙한 갈색의 질척거리는 무리'로 변하게 했다고 비난하는 혐오단체"[28]라고 결론 내렸다.

매달 약 9만 회의 방문이 있는 보수시민위원회 사이트는 인종과 사회에 대한 여러 화제를 다루는 특집 기사들을 제공하지만 범죄만큼 인기 있는 주제는 없다. 이 사이트는 주로 "백인에 대한 흑인" 범죄 행위를 집중적으로 보고하는데, 찰스턴의 총기난사자 딜런 루프는 구글에서 그런 검색 용어들을 사용하여 보수시민위원회 홈페이지를 발견했다고 알려져 있다. 그러나 미국 내 범죄 행위에 초점을 맞추고 있음에도 불구하고, 보수시민위원회 웹사이트 뉴스 피드는 아프리카계 미국인과 중남미계 미국인들이 저지른 잘못만을 계속 찾아내고 있다. 이 웹사이트는 또한 국가 안전과 애국심이라는 반복되는 주제를 이용해 백인 기독교 사회에 대한 "외부인들"의 위협에 관한 내용을 강화한다. 사실상, 이 공포 전략은 백인민족주의의 가장 오래된 특징 중 하나다.

동일한 주제들을 2010년 출범한 제3 정당인 미국자유당American Freedom Party 홈페이지에서도 찾을 수 있다. 그 정당의 웹사이트는 티파티Tea Party 단체들이 공통으로 외치는 버락 오바마의 대통령직에 대한 우익의 격렬한 분노를 어느 정도 이용했다(옮긴이: 티파티는 2009년 등장한 재정적 보수주의를 주장하는 풀뿌리 보수 운동으로, Tea는 "Taxed Enough Already"의 머리글자이며 보스턴 티파티의 정신을 이어받았다고 한다). 그러나 그들의 플랫폼은 백인우월주의 이상들을 더욱 연상시킨다. 이것은 그들 웹사이트의 강령이 대다수 극우 극단주의자들의 암호화된 전투적 외침인 "미국은 알아볼 수 없게 되었다"[29]를 공유하는 것으로 입증된다. 다른 곳에서 그들은 "미국

자유당은…… 미국 내 유럽인 커뮤니티들의 보존과 계승에 필수적인 이익을 위해 헌신하고 있다"라고 설명한다.

가족연구소Family Research Institute 웹사이트도 보수시민위원회와 미국자유당과 마찬가지로 상당히 인정받는 대중의 지지에 대한 디지털 확장 역할을 한다. 가족연구소 웹사이트는 혐오를 위해 과학을 핑계 삼으며 동성애의 모든 문제와 그것이 사회에 끼치는 해악한 결과들에 대한 "특별 보고서"와 "과학 기사"들을 제공한다. 이 단체의 홈페이지를 장식한 이미지들은 현미경, 인간의 뇌, 그리고 그것이 보존하려는 남, 여, 아이들의 핵가족의 실루엣이다. 그러나 기사들 자체는 기사가 조사한다고 주장하는 주제에 대한 것보다 그 연구소에 대해 훨씬 더 많은 것을 드러낸다. 몇몇 연구들을 살펴보면 "근친상간은 동성애를 초래하는가?", "동성애 교사들은 학생들에게 위험을 주는가?", "동성애의 뇌?", "마약 남용, 매춘, 흡연만큼 해로운 동성애 섹스" 등과 같은 내용이다.[30] 훌륭한 과학 저널이 이런 유형의 가짜 연구들을 발행한다는 것은 상상하기 어려운데, 이런 가짜 연구는 LGBT 시민들을 일탈적이고 인간 이하의 존재로 만들려는 은근한 시도다.

대부분의 기사는 가족연구소의 설립자인 폴 캐머런Paul Cameron 박사와 그의 아들 커크Kirk가 썼다. 한때 인정받는 과학자였던 폴 캐머런은 1983년 미국심리학회에서 추방되었는데, "다른 사람들의 심리학적 연구를 잘못 전달하고 왜곡했으며 그것을 동성애자들에 대한 그의 견해를 선정적으로 다루기 위해 사용"[31]했기 때문이다. 당시 미국심리학회 대변인에 따르면 캐머런의 연구는 "동성애자들이 대량 살인자이고 아동 성추행범임을 보여주고자 하면서 다른 사람들에게 그런 발견의 공적을 돌리려 했다. 그들의 연구를 읽으면, 그들은 결코 그런 주장을 하지 않았다. 우리는 캐머런이 자신들의 연구를 왜곡했다고 말하는 그 연구원들이 보내온 편지들을 가지고 있다". 그런 신뢰도에 대한 흠집은 과학계에서는 의심할 여지 없이 그들의 지위를 손상시킬 것이나, 온라인에서 발표를 위해 필요한 것은 오직 웹사이트 하나라는 사실을 기억하는 것이 중요하다. 일반적인 대학 신입생은 아마도 과학적 연구에는 낯설고 인터넷은 익숙할 것인데, 그들에게 "가족연구소" 같은 공식 웹사이트는 신뢰할 만한 자료처럼 보이고 들릴 것이다. 그러나 내막을 보면 가족연구소 도메인은 동성애 혐오 편견과 피해망상적 결론들에 근거하고 있는데, 둘 중 어느 것도 진정한 과학에서는 설 자리가 없다.

반히스패닉 감정도 반동성애 단체들과 마찬가지로 지난 10년 동안 열렬한 이민 논쟁과 밀접하게 연관되어 놀라운 속도로 증가하고 있다. 이 연구는 시민권 쟁점에 관해 격렬한 반이민 단체들과 무관하며, 반이민 단체들 중에는 목표가 엄격히 쟁점 지향적인 단체들이 많다. 그러나 이러한 적법한 정치 표방들 중 브이데어 재단을 발견하는데, 그것의 웹사이트는 "애국적인 이민 개혁을 위한 최고의 뉴스 아웃렛"32이라고 주장한다. 브이데어의 웹 기고자들에는 팻 뷰캐넌Pat Buchanan, 앤 콜터, 미셸 맬킨Michelle Malkin과 같은 저명한 보수 권위자들뿐만 아니라 재러드 테일러Jared Taylor와 존 필립 러시턴John Philippe Rushton과 같이 유명한 백인우월주의자들이 포함된다. 테일러는 앞서 언급한 아메리칸 르네상스 혐오 사이트의 창시자다. 러시턴은 진화에 기반한 인종차별주의 사례를 만들기 위해 선택적 과학selective science을 사용했던 그의 "찰스다윈연구소Charles Darwin Research Institute"로 유명하다.

누군가는 브이데어닷컴이 광적인 몇몇 언론인의 글로 재단되어서는 안 된다고 주장할지도 모른다. 그러나 이 단체가 따온 이름에 담긴 메시지를 놓치기는 어렵다. 브이데어는 버지니아 데어Virginia Dare의 이름을 따서 지었는데, 그녀는 신대륙에서 태어난 최초의 백인 기독교 아이다. 매달 25만 회의 대규모 방문이 있는 브이데어 사이트의 팔로어들은 현재 비백인 소수자들의 위협으로 포위당한 백인계 미국 사회에 대해 더 많은 자료들을 찾을 수 있다. 그런 기사들은 "복지: 소수자(와 이민자)의 것", "백인 십 대 소녀를 성추행한 혐의로 기소된 흑인 시장", "더 많은 백인 남성의 법적 교수형", "실리콘밸리는 히스패닉 없이 잘나가고 있다"이다.33 정치와 언론계에서 얻은 친구들이 더 엄격한 감시로부터 브이데어를 오랫동안 보호해 오는 동안 그것의 디지털 기록은 점점 더 인종차별적으로 소비되는 외국인 혐오 공동체로서의 성격을 드러내고 있다.

마지막으로, 이슬람 국가는 창립자 워리스 딘 무함마드Warith Deen Muhammad에서 일라이자 무함마드Elijah Muhammad, 말콤 엑스Malcolm X에 이르기까지 다양한 지도자 밑에서 여러 가지 다른 변형을 겪어온 85년 된 종교운동이다. 그러나 그 운동은 1977년 이래 루이 파라칸이 이끌고 있다. 흑인분리주의, 반유대주의, 백인을 "악마" 인종으로 언급한 그의 설교가 이슬람 국가에 상당히 스며들었기 때문에 많은 감시기관들은 이제 이 단체를 인종차별주의 조직으로 간주하고 있다. 반명예훼손연맹은 다음과 같이 말한다.

이 조직은, 이슬람 국가의 지도자로서 30년 이상을 반유대주의와 인종차별주의를 지지해 온 루이 파라칸의 지도하에, 자체 프로그램과 기관들 그리고 언론을 통해 혐오의 메시지를 전파했다. 파라칸은 인종차별주의, 경찰의 만행, 경제적 불균형을 포함하여 아프리카계 미국인 공동체에 영향을 미치는 심각한 쟁점들에 대해 자주 이야기하면서, 이러한 사회적 문제들의 책임을 종종 유대인에게 돌린다.34

이슬람 국가의 공식 웹사이트는 커뮤니티와 정치 활동에서 그 조직이 하는 일에 대해서는 비교적 잘 다듬어 표현한 표지라고 할 수 있다. 그러나 방문자가 훨씬 더 많은 이 단체의 공식 발행 웹사이트인 파이널콜닷컴 finalcall.com은 미국의 파워와 문화에 대해 좀 더 노골적인 이슬람 국가의 관점을 보여준다. 거기에는 "유대인과 돈", "유대인과 할리우드", "유대인과 오바마 대통령"과 같은 주제에 관한 기사들이 있다. 파이널콜이 유대인의 영향에 초점을 두는 것은 브이데어가 "히스패닉 침투"에, 가족연구소가 "동성애 전염병"에 초점을 두는 것과 마찬가지로, 각각 종교적·정치적·과학적 정당성을 지닌다고 주장하는 이러한 웹사이트들의 주장이 본질적으로 틀렸음을 입증한다. 그 대신 이 더 큰 범주에서 각각의 명분 자체는 더 깊은 편견에 의해 어느 정도 추진된다는 것을 드러낸다. 그럼에도 불구하고, 이런 웹사이트들은 편협의 메시지를 가족의 가치나 애국심 같이 좀 더 접근하기 쉬운 주제로 포장하면서 더 많은 청중이 더 쉽게 받아들일 수 있는 새로운 형태의 편견을 보여주었다. 따라서 이 범주에 있는 "주류 도메인" 중 세 개가 표본에서 방문이 가장 많은 웹사이트들에 속한다는 것은 별로 놀랄 일이 아니다.

회원 모집 전략을 향하여

이제껏 보아온 정밀 조사와 폭로에도 불구하고, 현대 혐오 커뮤니티의 전반적 이미지는 오늘날 가장 인기 있는 대다수 웹사이트처럼 신중하게 보이고, 들리며, 심지어 읽히기 시작했다는 것이다. 분명, 한때 백인우월주의 문장紋章과 의복의 형태로 뻔한 편협으로 인지되던 것이 가상 세계의 정보, 정치, 디지털 문화의 동향에 부합하도록 신중하게 수정되었다. 이런 위장僞裝 과정의 결과가 레딧 또는 드러지 리포트Drudge Report와 같이 훨씬 더 효과적으로 보이는 혐오 도메인들의 집합이다.

물론 인종차별주의적이고 급진적인 운동들이 *어째서* 자신들의 메시지를 온라인 정보와 커뮤니티의 주제로 각색하는 데 그렇게 관심이 많은지는 의문의 여지가 없다. 정답은 회원 모집, 특히 대학 청년 모집이다. 창의력동맹의 맷 헤일은 "우리는 특히 젊은이들을 끌어들인다. 사실, 우리 회원 절반이 25세 이하라고 말할 수 있다. 우리는 매우 젊은 층에 기반을 둔 조직이다. …… 우리는 주로 인터넷을 통해 대학생을 끌어들인다"[35] 라고 자랑스럽게 공표했다. 맷 헤일의 회원 모집 성공은 리노 울프Reno Wolf, 돈 블랙, 재러드 테일러, 그리고 이런 디지털 문화와 이를 일군 세대를 이해하려고 오랫동안 노력해 온 다른 혐오 기획자들이 모방했다. 데일리스토머 같은 웹사이트가 사이버 공간에 완전히 기능적이고, 정보적이며, 참여적이고, 사용자 친화적인 모형 커뮤니티를 만들었다고 한다면, 이제 교육받은 백인 인터넷 사용자를 끌어들이는 과정은 회원 모집 전략과 목표 고객의 감수성에 호소할 메시지를 만드는 능력에 크게 의존한다. 한마디로 그것은 모두 정체성에 대한 것이다.

밴듀라Bandura의 사회인지 이론social cognitive theory은 대중 메시지와 청중 반응의 관계를 검토하는 상당수의 미디어 학문에 중요한 토대가 되어왔다.[36] 수십 년 동안 많은 연구원들이 피하주사 이론hypodermic needle theory에 동의했는데, 그 이론은 중재 메시지가 직접 경로로 청중의 마음에 전달된다고 가정한다. 1930년대와 1940년대 나치 선전이 그런 경우처럼 보였다. 그러나 점점 더 학자들은 미디어가 그렇게 뚫고 들어갈 수 있는 방식으로 작동한다고 믿지 않게 되었다. 청중의 반응을 측정하려면 결코 청중 자체를 무시할 수 없을 것이다. 밴듀라의 사회학습 이론을 적용하면서, 연구자들은 보상이나 결과에 대한 전망같이 개인이 미디어에서 본 것을 본받거나 따르도록 이끈 요인들을 탐구하기 시작했다. 다른 요인들 중에서 동일시identification는 개인이 그들 자신의 견해와 경험에 근거해 어

온라인 세계의 극단주의: 광신, 인종차별, 분노

떤 모형이나 메시지에 "강력한 심리적 연결을 느낄" 가능성을 다루었다. 밀러Miller가 나중에 설명했듯이 "그 사람이 어떤 모델과 동일시감을 느낀다면 사회적 학습이 일어날 가능성이 높다".[37]

어떤 면에서, 동일시는 오늘날의 미디어 소비자, 특히 흡수하는 콘텐츠에 대한 자신의 반응에서 자신이 중요한 역할을 한다고 당연히 가정하는 인터넷 사용자들에게는 약간 명백해 보일 수 있다. 그렇지만 이 생각은 많은 이가 미디어의 영향력과 사회학습 과정이 꼭두각시 인형을 조정하는 사람의 끈같이 능수능란한 인과관계의 메커니즘으로 작용한다고 믿었던 시대에는 획기적이었다. 주어진 메시지와 개인적으로 동일시해야만 한다는 생각은, 제2차 세계대전 후에야 나치당의 선전 이데올로기에 속아 넘어갔다고 주장한 1930년대 독일의 일상 시민들과 관련된 뜻깊은 진술이었다. 나치 운동이나 현대의 어느 (혐오) 이데올로기에도 쉽게 영향받는 자들의 경우, 사회학습 이론은 그들이 문화적으로 편협의 메시지와 동일시함으로써 사실상 그들이 자기 자신의 유혹 과정에 적극적인 역할을 한다는 것을 암시한다.

오늘날, 현대의 인터넷 사용자가 미디어에 더 정통한 세대에 속한다는 점은 의심할 여지가 없지만, 같은 동일시 원리들 중 일부는 디지털 세계의 혐오 메시지에도 적용된다. 그러므로 혐오 웹사이트가 자신의 콘텐츠를 온라인 문화의 특정 부분과 효과적으로 정렬하려면, 메시지의 형태와 그 제시 방법에서 똑같은 "강력한 심리적 연결"을 효과적으로 구축해야만 한다.

회원 모집 이론

"백인우월주의 웹사이트에서 사용되는 설득 기법"에 관한 연구에서 웨더비Weatherby와 스크로긴스Scroggins는 백인파워 문화의 온라인 회원 모집 방법들을 설명하기 위해 여러 가지 "자율준수 기법compliance techniques"을 탐구했다.[38] 그들은 조직적인 혐오 웹사이트들에 대한 분석에, 문간에 발 들여놓기 기법foot in the door technique과 낮은 공 기법low ball technique으로 알려진 심리학 이론을 적용했다. 문간에 발 들여놓기 기법의 경우, "만약 어떤 사람이 이전에 관련이 덜한 부탁에 동의했다면 더 관련 있는 부탁에 응할 가능성이 더 높을 것"이라는 내용이다.[39] 낮은 공 기법의 경우, 이들은 한 개인의 "자율준수는 그 사람에게 전체 이야기를 말하지 않음으로써 얻어진다"[40]라고 다시 분명히 한다.

웨더비와 스크로긴스는 백인파워 웹사이트 네 개에 콘텐츠 분석을 적용했을 때, 이 두 전략이 "[그들] 사이트의 메시지가 덜 극단적으로 보이도록" 웹 작성자들이 공통적으로 채택했던 회원 모집 기법임을 발견했다. 사례들은 "겉보기에 학문적으로 보이는 남부연맹League of the South이나 홀로코스트 부인 사이트들과 같은 여러 사이트에 대한 링크를 포함하는데, 실제로 이것은 사람들에게 극단주의 신념을 심어주는 첫걸음이 될 수 있다". 더 나아가 그들은 "한 집단의 평판을 정화하려는 모든 시도는, 그 집단에게 닷오아르지.org 주소가 있건 이해되길 바라는 탄원이 있건 간에, 문간에 발 들여놓기 또는 낮은 공 기법으로 간주되어야[만] 한다"[41]라고 주장한다. 그들의 연구에서, 스톰프런트닷오아르지Stormfront.org는 이러한 상황 전략들에 대한 가장 많은 예를 보여주었다. 우리가 검토한 25개 혐오 사이트를 되살펴 보면 여기서도 문간에 발 들여놓기나 낮은 공 기법이 적용되는 것을 명백히 볼 수 있다. 예를 들어, 애초에 새로운 동영상 공유 네트워크라고 약속하고도 그 대신 일련의 차별적인 콘텐츠를 전하는 포드블랑과 같은 웹사이트들은 사이버 공간의 신뢰할 만한 공유 문화를 이용하여 현대적 형태의 문간에 발 들여놓기 기법을 실행한다. 뱅가드 뉴스네트워크와 메타피디아 웹사이트는 자신들의 페이지에 "뉴스와 정보"를 제공하는 낮은 공 스타일의 콘텐츠로 번창하는데, 독자들에게 사실에 대한 인종차별적 해석을 제시하는 기사가 절반이다.

신입 모집 기법들이 작동한 일반적이고 세련된 적용들은 우리가 조사한 웹사이트들을 통해 볼 수 있다. 좀 더 일반적인 의미에서 혐오 웹사이트들은 그 홈페이지에 많은 주제를 포함하고 있는데, 이는 더 젊은 청중들, 특히 자기와 동일시할 수 있는 대체 공동체를 찾는 이들을 유혹하고자 함이다. 시미Simi와 퓨트렐Futrell은 혐오집단들이 어떻게 청소년들을 의도적으로 유인하는지에 주목했다. 이들 청소년은 자신들의 사회적 환경에서 "박탈감"과 "소외감"을 느끼곤 하고, 그런 상태로 "거기에는 당신같이 생각하는 다른 사람들이 있다"[42]라고 선언하는 웹 커뮤니티에서 피난처를 찾기 위해 인터넷에 의지하곤 하는 젊은이들이다. 여러 연구들은 주로 "정체감과 소속감을 찾아 헤매는 외롭고 소외된 젊은이들"이 또한 혐오집단들의 가장 취약한 표적임을 관찰했다.[43] 그런 이유로 데일리스토머나 솔라제너럴과 같은 웹사이트들은 "검열받고 금지된"과 같이, 사회적 반란과 연계된 도입 메시지들을 구성함으로써 구경꾼에게 말을 건네는 느낌을 키우는 경향이 있다.

그러나 더욱 정교한 회원 모집 전략은 이런 웹사이트 내부 공간들, 즉 포럼, 팟캐스트, 그 밖의 전문화된 콘텐츠 안에 있는 틀에 박힌 편협의 메시지에 분명히 나타난다. 일단 인종차별주의 주제들은 명백히 *인종과* 관련되어 있는데도 여기서 우리가 보았던 주제들은 일상의 청중에게 영향을 미치는 주류 관심사들과 전술적으로 겹친다. 누가 대통령에 당선되어야 하는지, 누가 대학에 입학해야 하는지 그리고 범죄와 같은 관심사들은 각각 정체성 정치, 소수자 우대정책, 흑인 패거리black gangs와 같이 그들에게 더 바람직한 주제들에 반영되는데, 이는 결국 "백인 억압"이라는 숨은 서사에 기반한다.

넷 세대로 돌아가서 주목해야 할 중요한 점은 이런 종류의 회원 모집 전략이나 인종적 편협의 메시지를 접하기 위해 반드시 혐오 웹사이트에 들어갈 필요는 없다는 것이다. 다음 장에서는 오픈 소셜 네트워크와 페이스북이나 유튜브 같은 동영상 공유 사이트에서 증가하는 급진주의의 출현을 조사할 것이다. 페이스북과 유튜브 각각은 설교하고 사교하고 회원을 모집하고자 하는 백인파워 이데올로그와 인종차별주의 단체들에 점차 잠식되고 있다. 그러나 몇몇의 현대 혐오집단들이 수년간 이용하고자 한 젊은 청중을 겨냥한 또 다른 주요 매체가 있는데, 그것은 음악이다.

인터넷의 음악 문화는 넷 세대의 이해관계와 활동에 직접 연결되는 통로다. 이곳도 인종차별주의 집단들은 특히 백인파워 록 음악을 통해 꾸준히 진출해 왔는데, 이 음악의 탄생처는 온라인이 아니다. 1980년대 미국과 유럽에서 백인민족주의가 부활하는 동안, 네오나치와 스킨헤드 문화는 수천 명이 모이는 시끄러운 음악 집회들을 통해 더욱 젊어지고 표현적이 되었다. 수천 명이 온라인에서 수백만 명이 되고 있는 오늘날, 레지스탕스 레코드Resistance Records나 파이널스탠드 레코드Final Stand Records와 같은 백인우월주의 레코드 상표들이 혐오 음악 시장을 두드리고 있는데, 이 시장은 많은 웹사이트보다 훨씬 더 많은 추종자를 얻을 수 있다. 백인파워 음악은 온라인 우월주의자들의 선두적인 영리사업 중 하나이지만, 그 수익은 달러와 센트보다 훨씬 더 가치가 있다. 넷 세대와 음악은 특히 디지털 세계에서는 함께 간다. 백인파워 운동의 경우, 인종차별주의 록 버전은 주로 백인 젊은 남성 대다수에게 인기 있는 메탈스래싱metal-thrashing

멜로디와 매우 흡사하게 들린다. 그러나 물론 그들의 가사는 삶에 대한 불안보다 훨씬 더 많은 것을 전달한다. 코언Cohen은 다음과 같이 설명한다.

소리가 격렬한 음악의 매력은 외로운 십 대들이 가사의 의미를 깨닫기도 전에 그들을 유혹하곤 한다. 때로는 가사 자체가 인기를 끈다. 또래에게 소외감을 느끼는 십 대들이 혐오 록이 보내는 백인종에 대한 연대와 자부심 메시지에 가장 민감하다.[44]

시미와 퓨트렐의 연구는 오늘날의 백인파워 웹사이트들이 어떻게 "MP3 다운로드, CD, 스트리밍 라디오와 비디오"를 제공하는지에 주목했는데, 이것들은 타이트로프, 스톰프런트, 국가사회주의운동NSM88, 화이트아리안 레지스탕스의 웹사이트에서 분명하게 보인다. 백인파워 음악 다운로드 외에도 우월주의 록 밴드들도 유튜브와 같은 주류 기반에 자신들의 노래, 비디오, 하위문화로 침투하여, 거기에서 새로운 추종자들을 지속적으로 구축해 왔다.

궁극적으로, 최근 "인종 전쟁" 온라인 게임들의 제작은 물론 이러한 사이트들에서 모자, 범퍼 스티커, 옷과 같은 물건의 판매와 결부된, 인종차별주의적 록의 인기는 두 가지 면에서 디지털 혐오의 충격적인 동향을 시사한다. 첫째, 이것들은 모두 고도로 정교한 문간에 발 들여놓기 회원 모집 기법의 사례들이다. 디지털 혐오 문화는 앱을 이용해 이동할 수 있는 반항적인 록 음악이나 폭력적 비디오게임들을 제작함으로써 그저 넷 세대에게 문을 열어둔다. 거기서부터, 둘러보던 젊은이들은 인종차별주의적 하위문화의 그다음 층과 더 깊게 이어질 수 있는데, 이 층은 그들이 애당초 노래나 게임에 매료되지 않았더라면 전에는 결코 들어가려고 생각해 보지 않았을 것들이다.

두 번째, 인종차별주의 운동의 온라인 각색의 다음 국면은 어쩌면 그들이 무엇보다 "백인파워"를 전략적으로 브랜딩하는 것에서 보이기 시작할 것이다. 예를 들어, 타이트로프 웹사이트는 "백인 생명도 소중하다"라고 적힌 의류와 현대적 스타일로 재생산된 다른 상품들을 팔기 시작했다. 다른 사이트에서는 컴퓨터 마우스 패드, DVD, 선글라스, 심지어 백인민족주의 엠블럼(배지나 표장)과 테마로 브랜드화된 애완동물복의 판매도 볼 수 있다. 이런 웹사이트들은 스타일, 청년 문화, 정체성, 소속감 간의 연관성에 대한 예리한 이해를 보여준다.

결론

21세기의 인종차별주의적이며 급진적인 커뮤니티들은 이번 장에서 검토한 웹사이트들에 잘 나타나 있다. 닷컴과 닷오아르지의 이런 집합에서 소속은 다양해도 더 큰 커뮤니티로 통합되는, 개조된 편협의 온라인 운동이 증가하고 있음을 분명히 볼 수 있다. 우리가 이런 혐오의 스펙트럼에서 발견한 메시지들은, 정보, 팝 문화, 아니면 정치 등 무엇을 통해 표현되는지에 관계없이 아주 유사하며 "비백인 억압자들"에 맞선다는 비슷한 목적을 향해 나아가는 경향이 있다. "저항"과 "문화적 반란"이라는 일반적 개념들은 정치적으로 민감한 시민뿐만 아니라 대다수의 청소년에게도 매우 매력적이다. 그들의 이상주의와 반항적인 성향이 넷 세대를 혐오단체의 주요 표적으로 만드는데, 공교롭게도 이 단체들은 반정부 또는 반문화적 순응이라는 반체제주의를 상징한다. 스톰프런트의 설립자인 돈 블랙은 다음과 같이 말했다.

내가 언급했듯이, 인터넷 그 자체는 대체 뉴스 미디어다. …… 우리는 우리가 이 사람들과 함께 씨앗을 심고 있다고 느낀다. 씨앗은 자라서 나중에 더욱 실현 가능한 정치 운동의 기반이 될 것이다. 이들은 정부나 기업, 군대, 심지어 뉴스 미디어에도 흔히 있는 사람들이다. 이들은 우리에게 정말 중요한 사람들이다. 나는 순전히 외부로부터는 어떤 종류의 혁명도 일어날 수 있다고 생각하지 않는다.[45]

넷 세대에게 온라인 문화는 단지 정보 추구나 음악 다운로드 그 이상이라는 점을 분명히 명심해야 한다. 그것은 자기표현, 사회성 발달, 심지어 실험의 영역이다. 그것은 정체성을 설계할 수 있는 곳이다. 그러나 디지털 문화는 아메리칸 르네상스, 스톰프런트, 메타피디아와 같은 웹사이트에도 응용 프로그램과 접속점access point들의 합 이상이다. 그것은 다음 세대와의 직접적인 연결고리, 즉 그들 자신의 것이라 할 수 있는 웹 커뮤니티를 찾아 새로운 추종자들을 받아들이는 배달 시스템이다.

주

1 "District Attorney Vance and Rabbi Abraham Cooper Announce the Simon Wiesenthal Center's Report on Digital Terrorism and Hate," last modified May 1, 2014, http://www.wiesenthal.com/site/apps/nlnet/content.aspx?c=lsKWLb PJLnF&b=8776547&ct=13928897.

2 "Daily Stormer," accessed October 2, 2015, http://www.alexa.com/siteinfo/dail ystormer.com.

3 "Total Number of Websites," accessed October 2, 2015, http://www.internetliv estats.com/total-number-of-websites/.

4   시밀러웹 분석으로 얻은 매월 웹사이트 트래픽 데이터. 알렉사웹 정보회사는 각
    사이트에 "연결"하는 웹사이트의 총수를 제공했다.

5   Carol Swain and Russell Nieli, *Contemporary Voices of White Nationalism in
    America*(Cambridge: Cambridge University Press, 2003), p.xiii.

6   "Active U.S. Hate Groups in 2008: Neo-Nazi," accessed June 28, 2009, http://w
    ww.splcenter.org/intel/map/type.jsp?DT=9.

7   Jan Samoriski, *Issues in Cyberspace: Communication, Technology, Law, and
    Society on the Internet Frontier*(Boston, MA: Allyn and Bacon, 2002), p.251.

8   "About the Ku Klux Klan," accessed September 2, 2015, http://archive.adl.org/
    learn/ext_us/kkk/default.html.

9   "Stormfront.org," accessed September 15, 2015, https://www.jumpshot.com/re
    port/stormfront.org/.

10 "Don Black: White Pride World Wide," accessed September 15, 2015, http://w
    ww.adl.org/poisoning_web/black.asp.

11 "Stormfront Forums," accessed September 15, 2015, https://www.stormfront.or
    g/forum/f8/.

12 "Craig Cobb 'Celebrates' Death of Rosa Parks," accessed October 20, 2015, http
    s://www.splcenter.org/fighting-hate/intelligence-report/2009/craig-cobb.

13 같은 글.

14 Angie Cannon and Warren Cohen, "The Church of the Almighty White Man,"
    U.S. News & World Report, July 19, 1999.

15 "Westboro Baptist Church," accessed October 15, 2015, http://archive.adl.org/l
    earn/ext_us/wbc/.

16 Abraham H. Foxman and Christopher Wolf, *Viral Hate: Containing Its Spread
    on the Internet*(New York: Macmillan Publishers, 2013), p.64.

17 "Daily Stormer Homepage," accessed October 12, 2015, http://www.dailystor
    mer.com.

18   Matt Pearce, "What Happens When a Millennial Goes Fascist? He Starts Up a Neo-Nazi Site," *The Los Angeles Times*, accessed June 24, 2015, http://www.la times.com/nation/la-na-daily-stormer-interview-20150624-story.html.

19   Heidi Beirich, "Blog Wars: The Daily Stormer and its Racist Frenemies," last modified March 10, 2015, https://www.splcenter.org/hatewatch/2015/03/11/bl og-wars-daily-stormer-and-its-racist-frenemies.

20   "Aryan Encyclopedia Takes Off," last modified December 1, 2007, http://www. splcenter.org/intel/intelreport/article.jsp?aid=863.

21   "Daily Stormer," accessed October 1, 2015, http://en.metapedia.org/wiki/Daily _Stormer.

22   "Black Africans in the United States," accessed October 1, 2015, http://en.meta pedia.org/wiki/African_Americans.

23   Keith Thomson, "White Supremacist Site MartinLutherKing.org Marks 12th Anniversary," last modified January 16, 2011, http://www.huffingtonpost.com/ keith-thomson/white-supremacist-site-ma_b_809755.html.

24   Leigh Ann Caldwell, "Immigration Speaker Sparks Controversy at CPAC," last modified February 11, 2012, http://www.cbsnews.com/news/immigration-spe aker-sparks-controversy-at-cpac/.

25   "Minister Louis Farrakhan: In His Own Words," accessed October 2, 2015, http: //archive.adl.org/special_reports/farrakhan_own_words/print.html.

26   Mark Potok, "Columnist Ann Coulter Defends White Supremacist Group," last modified February 13, 2009, https://www.splcenter.org/hatewatch/2009/02/13 /columnist-ann-coulter-defends-white-supremacist-group.

27   "Statement of Principles: CofCC," accessed October 14, 2015, http://conservativ e-headlines.com/introduction/statement-of-principles/.

28   "Racist Council of Conservative Citizens Finds Home in Mainstream Politics," last modified March 15, 1999, https://www.splcenter.org/fighting-hate/intellig ence-report/1999/racist-council-conservative-citizens-finds-home-mainstream-p olitics.

29 "The American Freedom Party Mission Statement," accessed October 1, 2015, http://american3rdposition.com/?page_id=195.

30 "Scientific Articles," accessed October 13, 2015, http://www.familyresearchinst.org/category/articles/.

31 Marlene Cimons, "Dannemeyer Hires AIDS Quarantine Advocate," *Los Angeles Times*, August 20, 1985, accessed October 1, 2015, http://articles.latimes.com/1985-08-20/news/mn-1965_1_aids-quarantine-advocate.

32 "VDARE Homepage," accessed October 2, 2015, https://www.vdare.com/circle-of-support.

33 "VDARE Articles," accessed October 2, 2015, http://www.vdare.com/articles.

34 "What Is the Nation of Islam?" *Anti-Defamation League*, last modified September 1, 2015, http://www.adl.org/anti-semitism/united-states/c/what-is-the-nation-of-islam.html?referrer=https://www.google.com/#.WC41ZKIrLeQ.

35 Swain and Nieli, *Contemporary*, p.237.

36 Albert Bandura, "Social Learning through Imitation," in M.R. Jones(ed.), *Nebraska Symposium on Motivation*(Lincoln: University of Nebraska Press, 1962).

37 Katherine Miller, *Communication Theories: Perspectives, Processes, and Contexts*(New York: McGraw-Hill Companies, Inc., 2005), p.224.

38 Georgie Weatherby and Brian Scroggins, "A Content Analysis of Persuasion Techniques Used on White Supremacist Websites," *Journal of Hate Studies*, 4, No.9(2006), p.9.

39 Edgar Schein, Inge Schneier and Curtis H. Barker, *Coercive Pressure* (New York: Norton, 1961).

40 Robert Cialdini, Rodney Bassett and John Cacioppo, "Low-Ball Procedure for Producing Compliance," *Journal of Personality and Social Psychology*, 36, No.5(1978), pp.463~476.

41 Weatherby and Scroggins, "Persuasion Techniques," p.19.

42 Pete Simi and Robert Futrell, "Cyberculture and the Endurance of White Power Activism," *Journal of Political and Military Sociology*, 34, No.1(2006), pp.115~142.

43 "Tactics for Recruiting Young People," accessed September 19, 2015, http://www2.sd35.bc.ca/saverill/OnlineKidz/Violent-Hate_Sites.html.

44 Adam Cohen, "White Power Music Is an Effective Recruiting Tool," in Claire Kreger(ed.), *White Supremacy Groups*(Farmington Hills, MI: Greenhaven Press, 2003), p.37.

45 Swain and Nieli, *Contemporary*, p.161.

6장

공공연한 혐오

2009년 6월 10일: 제임스 본 브런James von Brunn은 패커드 벨 컴퓨터를 끄고 열쇠를 움켜쥐고선 아들의 집인 아나폴리스 아파트 밖으로 성큼성큼 걸어 나갔다. 그는 한 달에 400달러씩 집세를 내며 대부분의 시간을 인터넷을 하며 보내는 그곳에, 2년 전 아들과 장래의 며느리와 함께 이사했다. 워싱턴 D.C.까지는 불과 30분 거리였는데, 88세의 제임스는 자신의 2002년식 붉은 현대Hyundai 차를 수도를 향해 서쪽으로 일부러 천천히 몰았다. 저널리즘 학위를 가진, 한때 광고 카피라이터였던 그는 1990년대에 접어들며 유달리 미디어에 정통했다. 집을 나서기 전 그는 자비 출판 도서를 판매할 목적으로 개설한 웹사이트를 확인한 다음, 자신의 많은 독자들에게 "그들은 그에게서 다시는 소식을 들으리라 기대해서는 안 될 것이다"[1]라는 마지막 이메일을 보냈다. 그는 또한 조수석에 놓여 있던 노

© The Author(s) 2017
A. Klein, *Fanaticism, Racism, and Rage Online*,
DOI 10.1007/978-3-319-51424-6_6

트에도 마지막 몇 마디를 적었다.

그가 외곽 순환도로를 지나 시내로 들어갔을 때 모든 것은 질서 정연해 보였지만 실제로 상황은 아주 좋지 않았다. 제임스는 최초의 흑인 대통령인 버락 오바마를 생각하고 있었는데, 바로 며칠 전 오바마는 이전 나치 수용소에서, 고조되는 홀로코스트 부인자들의 물결을 공개적으로 비난하면서 전 세계의 헤드라인을 장식했다. 조수석에 있던, 본 브런이 갈겨쓴 노트에는 그의 믿음이 요약되어 있었다. 그는 거기에 "홀로코스트는 거짓말이다. 오바마는 유대인들이 만들었다. 오바마는 그의 유대인 주인들이 시키는 대로 한다. 유대인들은 미국의 돈을 빼앗았다. 유대인들이 대중 미디어를 통제한다"[2]라고 적었다.

제임스는 내셔널몰 옆 14번가 남쪽 방향에 차를 이중 주차했다. 그는 오른쪽에 있는 박물관 입구를 오랫동안 단호한 눈빛으로 훑어보았다. 승용차 계기판 시계가 오후 12시 44분을 가리켰다. 그때 그가 운전석 문을 열고 노트 위로 손을 뻗어 0.22구경 소총을 집어 들었다. 그가 미국 홀로코스트 추모박물관의 방문자 입구에 이르렀을 때, 박물관 경비원인 스티븐 타이론 존스Stephen Tyrone Johns가 친절하게 이 노인을 위해 문을 열어주었다. 제임스는 소총을 들어 박물관 경비원으로 6년 동안 일해온 39세의 아프리카계 미국인 존스의 가슴에 곧바로 총을 발사했다.[3] 제임스는 거기에서 시작해 박물관 안에서 총과 자신의 분노를 발사하려 했는데, 그날 그곳에는 방문자들과 몇몇 홀로코스트 생존자들이 있었다. 방금 존스의 가슴을 쐈던 88세의 노인은 다른 경비원들의 대응 사격을 받고 출입구에서 멈췄다. 제임스는 이전에 전처에게 여러 번 말했던 것처럼, "부츠를 신고 출동하는" 중이었다.[4] 오후 1시 직후, 평생토록 백인우월주의자이자 반유대주의자였던 제임스 본 브런은 자신이 방금 쏜 아프리카계 미국인 경비원 옆 추모박물관 바닥에 부상을 입고 쓰러졌다.

온라인 세계의 극단주의: 광신, 인종차별, 분노

2009년 홀로코스트 박물관에서 일어난 이 비극적인 총격은 사우스캐롤라이나의 찰스턴에 있는 이매뉴얼아프리카감리교회에서 일어난 2015년 총격 사건을 여러 면에서 반영한다. 21세의 가해자 딜런 루프가 자신이 아프리카계 미국인 공동체에 대해 증오했던 모든 것을 담고 있던 유서 깊은 흑인 교회를 선택했던 것처럼, 88세의 제임스 본 브런은 미국 홀로코스트 추모박물관을 유대인 음모의 상징으로 여겼다. 그리고 루프가 인종에 대한 자신의 정신 나간 견해를 분출하기 위한 그릇으로 라스트로디지안 웹사이트를 만든 것처럼, 본 브런도 자신의 반유대주의 선전 책자인『최고의 비유대인을 죽여라Kill the Best Gentiles!』를 공개하기 위해 자신의 웹사이트인 신성한 서부제국Holy Western Empire을 이용했다.

그러나 그 밖의 면에서 치명적 혐오범죄를 저지른 각각의 여정에 선행한 디지털 발자국은 상당히 달랐다. 루프는 최근 알게 된 페이스북 커뮤니티를 제외하면 2015년 6월 17일 이전까지는 디지털 세계에서 사실상 무명이었다. 그는 다른 곳에서는 백인민족주의 웹사이트들에 가명으로 댓글을 달아왔고, 그러면서 자신의 페이스북 네트워크와는 공유하지 않기로 한 웹페이지를 구축했다. 이와 대조적으로 제임스 본 브런은 1981년 당시 연방준비제도이사회Federal Reserve Board 전체가 더 큰 유대인 음모의 일부라고 주장하면서 그들을 인질로 잡으려다 실패한 이후 쭉 FBI의 레이더망에 있었다.

그러나 아마 현재의 맥락에서 더 중요한 것은 2008년 유명한 정치 블로그 자유공화국Free Republic에 나타난 본 브런의 온라인 글들일 것이다. 그 당시 이 사이트의 많은 블로거들과 마찬가지로 본 브런은 오바마 대통령은 미국 시민이 아니라고 주장하는 극우파의 음모론인, 부상하는 버서운동Birther Movement에 대한 토론 스레드에 기여하고 있었다(옮긴이: 버서란 버락 오바마 미 대통령이 미국 태생이 아니라고 믿고, 대통령 자격이 없다고 생각하는 사람을 비하하여 일컫는 말이다). 버서 담론에 놓인 암묵적인 함축도 반유대주의에 편리한 빌미를 제공하는 홀로코스트 부인자들의 수사법과 별로 다르지 않은데, 곧 "첫 흑인 대통령은 우리의 일원이 아니다"이다. 2008년에 자유공화국은 이러한 부류의 정체성 정치는 물론 본 브런과 같은 광신도들에게도 안식처가 되었는데, 그는 "오바마는 실종 상태"라는 악명 높은 스레드를 올렸고 거기에는 250개의 댓글이 달렸다.

여기서 시사하는 것은, 우파이건 좌파이건 활기찬 정치 블로그는 본질적으로 과격한 급진주의의 온상이 되리라는 것이 아니다. 제임스 본 브런의 행동은 확실히 그만의 행동이다. 그러나 정치적이 아니라 인종차별적으로 동기 부여된, 똑같은 생각을 가진 다른 "버서들Birthers"과 함께 본 브런이 자유공화국에 출현한 것은 혐오에 찬 수사법이 주류 인터넷에 침투했다는 것을 의미한다. 이번 장에서는 디지털 인종차별주의에 대한 초점을 사이버 공간의 변두리에서 인터넷의 가장 인기 있는 코너들로 옮긴다. 그곳의 페이스북, 유튜브, 레딧과 같은 웹사이트들은 선도적인 정치 블로그와 마찬가지로 혐오의 새로운 항구가 되었다.

주류 속으로

정치를 떠나면 자유공화국은 데일리스토머나 보수시민위원회가 속한 동일 범주에 포함되는 혐오 웹사이트가 아니다. 1996년 개설된 이 블로그는 자신들을 자유공화국 회원인 "프리퍼스Freepers"라고 자랑스럽게 부르던 보수적인 독자와 작가들을 위한 최초의 블로그이자, 수년 동안은 선두 주류 블로그 중 하나였다. 저서 『블로깅 아메리카: 디지털 국가에서의 정치 담론Blogging America: Political Discourse in a Digital Nation』에서 오브라이언

온라인 세계의 극단주의: 광신, 인종차별, 분노

O'Brien은 "프리퍼스들을 사랑하든 싫어하든 그들은 웹에서 부인할 수 없을 만큼 큰 존재다"[5]라고 말한다. 알렉사웹 분석Alexa Web Analytics에 따르면, 오늘날 자유공화국은 매달 200만 회의 방문을 받으며 현재 1662번째로 방문이 많은 "뉴스 및 미디어" 웹사이트에 올라 있다.[6] 그러나 자유공화국에서는 정치·사회 분야의 다른 인기 도메인들처럼 전통 미디어 아웃렛에서는 결코 드러내 보일 수 없는 여러 가지 광신적 관점에 광범위하게 접근할 수 있다.

이번 장에서 탐구할 가장 극단적인 몇몇 경우에서 디지털 세계는 테러 집단들이 트위터나 유튜브와 같은 정보 및 비디오 공유 네트워크를 급습하는 것을 겪었다. 그리고 좀 더 미묘하고 만연한 사례들에서 일부 소셜 네트워크와 인기 블로그들은 커뮤니티나 정치적인 이유에서가 아니라 통렬한 문화적 비난 연설을 풀어놓을 기회를 얻으려고 온 사람들로 가득 차게 되었다. 소셜 미디어, 블로그, 심지어 비디오게임에서도 그와 같은 "트롤링trolling"과 "인종차별주의적 불평"의 발흥과 영향은 미디어 연구에서 점점 더 관심이 집중되는 영역이 되었다[7](옮긴이: 트롤링이란 토론방 등에서 다른 사람의 화를 부추기는 것과 같은, 공격적이며 반사회적인 행동을 지칭한다). 사실상 몇몇 학자들은 블로그 영역에서 확장된 광신적 정서가, 특히 현대의 정치 담론에서 보이는 독설적 수사법의 후속적 확대로 이어졌다고 이론화하기 시작했다. 2010년 "인터넷이 민주주의를 돕는가 아니면 해치는가Does the Internet Help or Hurt Democracy?"라는 주제로 버지니아대학교의 밀러사회문제센터Miller Center for Public Affairs에서 열린 토론에서 기술 칼럼니스트이며 작가인 파하드 만주Farhad Manjoo는 다음과 같이 주장했다.

우리가 점점 더 많이 보고 있는 것은, 곧 과거에는 국민적 토론에 소개될 수도 없던 극단적 견해들이 지금 이런 종류의 진입 메커니즘으로 소개되고 있다는 것이다. …… 사람들이 그것을 블로그에 올리고, 그다음 케이블 뉴스가 그것을 집어 들며, 그런 다음 그것은 국민적 토론이 된다.[8]

이 진술에서 만주는 최근 몇 년간의 공공 담론의 기조 변화를 관찰하는데, 그는 그것이 부분적으로 인터넷의 "진입 메커니즘"에 기인한다고 본다. 내가 정보세탁이라 부른 이 현상은 버서운동에서 잘 드러난다. 우리는 그 기원을 자유공화국처럼 인기 있는 블로그들의 음모 포럼에서 찾을 수 있다. 이는 2008년 당시 상원의원이던 오바마에게 "출생증명서를 공개하라"[9]라고 처음 촉구했던 ≪내셔널 리뷰 온라인≫ 기사로 그 지위가 높아지기 전이다. 거기서부터 시작해 버서운동은 24시간 케이블 뉴스 미디어로 들어갔고, 이곳에서 대통령의 취임 첫해의 지속적인 논란거리가 되었다. 오바마 대통령이 출생 서류를 공개했음에도 불구하고 2011년 실시한 CBS 뉴스/뉴욕타임스 여론조사는 미국 시민의 25%가 오바마 대통령이 미국에서 태어나지 않았다고 믿는 것으로 나타났다.[10]

분명히 대통령의 국적을 불신하거나 그의 종교적 믿음을 공개적으로 의심하는 시도는, 비록 특정 외국인 혐오 사고방식에 호소하는 것을 목표로 한 것일지라도 정치의 한 형태라고 주장할 수 있다. 그러나 이런 차원의 문제 제기에서 가장 중요한 점은 그것이 오늘날 인터넷의 힘을 통해 공공 영역에 얼마나 쉽게 침투할 수 있느냐는 것이며, 이것은 그 외 다른 유형의 담론도 이런 방식으로 주류 미국에 침투할 수 있는가에 대한 더 큰 질문을 제기한다. 이 질문은 급기야 훨씬 더 광범위한 플랫폼에서 표면화된 훨씬 더 불길한 메시지와 메신저에 적용되면서 오늘날 더욱 유의미해졌다.

소셜 미디어에서 ISIS의 부상

이라크와 시리아의 이슬람국가, 즉 ISIS로 알려진 테러 조직의 끔찍한 행위들은 종교라는 망토로 가린 혐오운동 말고는 다른 것으로 분류할 수 없을 것이다. ISIS를 종교 체제 또는 심지어 군대로 분류하는 것은 이런 사악한 사형 집행인 무리에게 그들이 추구하는 바로 그 명성과 지위를 주는 것이다. 그러나 이 지하디스트jihadist 단체의 활동은 기본적으로 편협의 최악의 형태로 고무된 것으로, 콥트 기독교인, 시아파 이슬람교도 및 인지된 이슬람교 배교자, 유대인, 미국인, 시리아인, 이라크인, 터키인, 러시아인, 프랑스 시민들을 겨냥하는 혐오운동이다. 3000년 된 문화유산 유적지의 파괴는 물론, 소름 끼치는 참수와 대량 처형을 통한 민간인 학살은 이 단체 ISIS의 자체 동영상 업로드로 기록되고 세계와 공유되고 있다. 그러한 행위는 ISIS에 "테러리스트"와 "흉악범"이라는 일반적 특징을 부여했지만, 그들의 방식은 그들에게 테러 조직과 거의 관련이 없을 꼬리표도 부여했다. 즉, 소셜 미디어에 정통함이다.

2014년 글로벌 커뮤니티는 ISIS를 그들의 극악무도한 행위로 알게 되었는데, 그 행위들은 주로 유튜브를 통해 온라인에서 스트리밍되다가, 그 다음 주류 뉴스 미디어에서 편집된 형태로 재방송되었다. 이 테러 단체는 처음부터 웹을 진열대로 사용하여 가장 최근의 처형 장면을 올렸는데, 영상은 수십만 번까지 시청되었을 때도 있었다. 영어로 말하는 해설자들을 쓴 ISIS의 결정에서 알 수 있듯이, 언론인, 외국 원조 요원, 그 외 무고한 민간인 살인에 대한 디지털 기록은 서양인의 눈을 향한 것으로 보인다. 소셜 미디어에서 이 단체의 존재는 유튜브에서 트위터로 퍼져나갔고, 그들의 다양한 트위터 계정들에 어떤 때는 팔로어가 5만 명이 될 정도로 커졌다. 트위터 관리자들이 테러 없는terror-free 정보 네트워크로 유지하려고 애쓰며 ISIS 계정들을 정지시키려 하자, 새로운 계정들이 빠르게 등장했다. 테러 분석가 리타 카츠Rita Katz는 다음과 같이 쓰고 있다.

ISIS는 핵심 지도부를 위해 트위터에 12개가 넘는 공식 계정을 가진 조직적이고 잘 조율된 온라인 네트워크를 유지하고 있다. 이들 페이지 중 일부는 집단 지도부의 메시지를 공개하는 데 사용되고, 다른 일부는 회원 모집, 협박, 네트워킹에 초점을 맞추는데, 이들은 수만 명의 팔로어를 확보하고 있다.[11]

ISIS의 온라인 캠페인은 2014년 말 55분짜리 선전 영화를 내놓으면서 절정에 달했는데, 이 영화는 그 이후 다양한 형태로 100만 번 이상 시청되었다. 〈전쟁의 불꽃Flames of War〉이라는 이 영화는 잘 제작된 신입 모집 수단으로, 특히 영어로 해설되었고, 미국에 대항하는 지하디스트 대의명분에 가담하도록 감수성이 예민한 사람들을 고무시키는 것을 목표로 한다. 이 영화에서 이라크전쟁은 ISIS 성전聖戰의 출발점이자 미국 종말의 시작점으로 자리 잡고 있다. 조지 부시George W. Bush 대통령이 이 지역에서의 승리를 확신하는 모습과 뒤이어 이라크 내란이 확대되는 장면 그리고 진행 중인 전투를 준비하는 젊은 ISIS 무장 세력의 모습이 차례로 나온다.[12] 종말론적 배경음악이 깔린 이 영화는 전문적으로 편집되어, 사람들은 〈전쟁의 불꽃〉이 비디오게임에 관심이 많은 청중들을 위해 제작되었다는 인상을 받는다.

ISIS의 소셜 미디어 캠페인 효과는 그것의 주목할 만한 팔로잉 수는 물론, 위협적인 반미 담론과 또한 ISIS가 능숙하게 기획한 미화된 사명에 동참하라는 유혹에 이끌린 전 세계 젊은 남성들의 놀랄 만한 신병 지원 급증에서 볼 수 있다. 이 테러 미디어 현상을 기록한 연구는 거의 없지만,

온라인 세계의 극단주의: 광신, 인종차별, 분노

2015년 CNN의 한 기사는 "테러 방지 관계자들에 따르면, 대략 3400명의 서구인들이 이라크와 시리아에 이슬람국가를 세우기 위해 ISIS에 합류하러 갔다"[13]라고 보도했다.

테러리스트 진영에 입대하는 것은 사실 새로운 현상이 아니다. 그러나 이 소셜 미디어 맥락에서 접근과 익명성이란 요소는 전에 볼 수 없었던 것으로, 분명 폭력적인 극단주의에 침투한 요인들이다. 이와 대조적으로 나치 시대의 선전 도구들은 나치의 영향에 노출되도록 시청자에게 극장을 방문하거나 잡지를 구입하길 요구했다. 그러나 ISIS는 자신의 메시지가 청중에게 도달하기 위해 물리적인 약속이나 인쇄기가 필요하지 않다는 것을 안다. 그들에게 필요한 것은 오직 인터넷 연결과 소셜 네트워크다. 저널리스트 헤이즐 셰필드Hazel Sheffield는 어떻게 ISIS가 페이스북에서 이슬람 십 대들을 겨냥하는 전략이나, 그들의 트위터 피드를 통해 "입소문이 나게" 할 수 있는 밈meme(짤)을 사용하는 전략, 심지어 그들의 고품질 제작물 속 간접 광고 등을 통해 "글로벌 브랜드"를 구축해 왔는지를 조사했다. 그녀는 다음과 같이 말한다.

> 지난여름 시리아와 이라크 점령지의 ISIS 지지자들은 밈이 된 누텔라 병을 들고 소셜 미디어에 등장하기 시작했다. 일부 논평가들은 이 사진들이 해외에서 ISIS의 이미지를 부드럽게 하고 나아가 신입 회원들에게는 합류하더라도 여전히 사치품에 접근할 수 있다는 확신을 줄 것이라고 생각한다.[14]

ISIS는 이런 전술들 외에도 주류 미디어의 관심을 어떻게 이끌어내는지를 잘 이해하고 있기에, 결국 주류 미디어는 선전을 확산시키는 공동 배포자가 되리라는 점도 분명하다. ISIS는, 뉴스 미디어가 부지중에 자신들의 전 세계 유통을 계속 돕도록 하기 위해 단계적으로 선전을 발표하여 뉴스 기자와 자기 청중들의 호기심을 자극하고 차기작에 준비되도록 한다. 예를 들어, ISIS는 〈전쟁의 불꽃〉을 발표하기에 앞서 이 영화의 6분짜리 예고편을 올렸는데, 이 예고편만으로 수십만의 조회 수를 얻었다. 좀 더 최근에는 어떤 기자가 묘사했듯이 "새로운 가학적 살인 방법"을 보여주는 포스터 이미지 한 장을 공유했는데, 이것은 ISIS 무장군들이 말을 타고 포로 집단을 둘러싸고 있는 모습이었다.[15] 이는 테러범들이 그들의 추종자와 미디어, 일반 대중의 입맛을 자극하는 전략으로, 이들은 집단적으로 조종되어 똑같이 질문하게 된다. "다음은 무엇인가?"

주기가 계속 진행되면서 ISIS는 무고한 희생자들을 더 많이 처형하며, 이들의 살인은 그다음에 우리의 인기 있는 소셜 네트워크로 공유되는 더 많은 비디오 업로드로 등장한다. 그 후 그 콘텐츠는 주류 언론사의 뉴스 피드에서 수집되는데, 거기에서 수백만 명에게 더 노출된다. 시청자들은 측정 가능한 무리로 주파수를 맞추고, ISIS는 인터넷에 올릴 대량학살과 파괴 동영상을 더 많이 제작하며 응한다. 물론 관찰자의 압도적 다수는 자신이 보는 것에 혐오감을 느끼고 공포에 질릴 것이다. 그러나 ISIS의 경우, 인터넷을 신입 모집의 도구로 이용하는 것은 숫자의 문제다. 현재의 결과들이 테러리스트 분파에게 보여준 것은 사실상 비율적으로 소수의 시청자만이 동일 이미지를 모험이나 성전의 참전을 요청하는 광고로 여기며 그 캠페인에 긍정적으로 그리고 아마 능동적으로 반응하리라는 것이다.

비록 작은 규모의 효과라도 ISIS의 온라인 운영의 미디어 효과는 비슷한 생각을 하는 다른 집단들을 고취시킬 수 있는 그 능력과 새로운 공공 영역 진입을 위해 중요하다. ISIS가 소셜 미디어 플랫폼에 성공적으로 진출한 이후, 알카에다Al Qaeda는 트위터에서 훨씬 더 활발해졌으며, 테러 단체인 보코하람Boko Haram과 알샤밥Al Shabaab은 ISIS의 캠페인에서 한 페

온라인 세계의 극단주의: 광신, 인종차별, 분노

이지를 떼어내 자신들의 민간인 대량 처형 장면을 전문적으로 편집한 영상을 인터넷상에 공개했다.[16] 동시에, ISIS의 디지털 제작소들은 해외의 새롭고 젊은 청중들에게 전례 없는 접근을 허용했다. 전통적인 테러 방지 노력은 늘 국경과 공항을 테러의 진입에서 최대한 보호해야 하는 곳으로 간주했던 반면, ISIS의 소셜 미디어 침투는 증오에 찬 급진주의가 우리들 가정의 뒷문을 찾아냈다는 점을 분명히 했다. 물론 테러가 전 세계적인 전염병이 되고 있지만, 대다수의 폭력적 극단주의자들이 이미 소셜 미디어에 거주한다는 것도 사실이다.

선언문과 분노의 플랫폼

인터넷은 "기꺼이 듣는 자willing listener"[17]로 불려왔다. 오픈 플랫폼을 찾아 온라인으로 가는 개인에게, 특히 이 디지털 시대에서 성장하여 그것의 수용적 성격에 익숙한 사람에게, 웹은 개인 표출을 위해 비할 데 없이 좋은 출구를 제공한다. 대다수 인터넷 사용자들이 페이스북과 인스타그램과 같은 웹사이트에서 사회적 상호작용을 모색하고, 일부는 유튜브와 같은 콘텐츠 공유 네트워크에서 팔로잉을 활용하려고 하는 반면, 단순히 청중을 원하는 사람들도 있다. 인터넷 출현 이전 인간에게는 생각을 글로 쓰거나 녹음해서 그것을 세상에 효과적으로 보낼 수 있는 잠재력이 없었다. 그러나 웹 2.0 시대에 미디어 공유 사이트와 소셜 네트워크가 창안된 이후, 많은 사람들은 그 동기가 해보이려는 열망이건 명성에 대한 환상이건 마침내 들려줄 기회라는 생각이건 간에, 가상 세계와 연결될 수 있는 잠재력을 발견했다. 그러나 이 디지털 시대의 개방 단계도 남용이 없지 않았으며, 많은 사용자들이 자신의 아이디어나 재능을 수백만 명의 잠재 청중들과 공유하게 되면서 한편에서는 자신의 분노를 공유하게 된 사람들도 있다.

최근 몇 년 동안, 페이스북, 유튜브, 트위터 같은 웹사이트들은 불안정한 시민이 치명적 행동을 저지르기 전에 마지막 열변을 쏟는 선택된 아웃렛이 되면서, 혐오 수사법의 특정한 형태와 기능을 유치하게 되었다. 2001년 이후 미국 문화는 다른 어떤 나라보다 훨씬 더 많이, 학교 운동장, 대학 캠퍼스, 영화관, 종교 센터에서 젊고 외로운 총기난사범들의 치명적 행위로 인한 일련의 총격 사건에 휘둘렸다. 2014년 하버드의 한 연구는 미국의 대량 총기난사 사건 발생 비율이 2011년 이후 세 배로 늘었고,[18] 슬프게도 그 기간에 일어난 이유 없는 대량학살로 투손, 오로라, 뉴타운과 같은 마을을 알게 되었다고 밝혔다. 이러한 비극적 사건들은 거의 몇 달마다 되풀이되는 뉴스 기사가 되었지만, 거의 끊임없이 나오는 부차적 줄거리 하나는 가해자의 치명적 행위가 있기 불과 며칠 또는 몇 시간 전 그들이 게시한 일종의 통렬한 온라인 비난 연설을 나중에 발견했다는 것이다.

2014년 5월, 22세의 엘리엇 로저Elliot Rodger는 캘리포니아대학교 샌타바버라UCSB의 여학우 회관으로 차를 몰고 가서 밖에 서 있던 여학생 세 명에게 총을 발사하여, 그중 둘이 죽었다. 그러고는 총기와 치명적 의도를 지닌 채 아일라비스타Isla Vista 시내로 가서 차에서 길가에 있는 다른 UCSB 학생들을 아무렇지 않은 듯 쏘아 한 젊은이를 죽이고 나서 결국 자신도 자살했다. 경찰은 곧 로저가 자신의 아파트에서 이미 남성 세 명을 찔러 살해했다는 사실을 알게 되었다. 그런데 미국 대중이 "엘리엇 로저"라는 이름을 알게 되어 그 이름을 인터넷으로 검색하기까지는 오래 걸리지 않을 일이었다. 우리 중 많은 사람이 "엘리엇 로저의 보복"이란 제목의 유튜브 동영상을 찾아냈는데, 거기에서 가해자는 다음 날의 한바탕 살인에 대한 동기를 자세히 설명했다. BMW 운전석에서 로저는 수년 동안 자신을 무시했던 여성들과 그의 명백한 "외로움, 거부, 채워지지 않은 욕망"에 대해 카메라를 향해 다음과 같이 선포한다.

자, 이게 내 마지막 비디오인데, 모든 게 이렇게 될 수밖에 없다. 내일은 보복의 날, 내가 인류에 대해, 당신들 모두에 대해 복수를 하는 날이다. ……어째서 너희 여자들이 내게 매력을 못 느끼는지 모르겠지만, 나는 그로 인해 너희 모두를 처벌할 것이다.[19]

로저의 7분짜리 유튜브 고해성사는 뉴스 사이트, 소셜 네트워크, 블로그, 심지어 TMZ와 같은 유명인사의 가십 페이지에도 웹을 통해 빠르게 공유된다. 곧 그것은 발견되어 케이블 TV 뉴스 아웃렛들이 단편들로 방송한다. 그의 말 자체가 수년 동안 쌓였던 깊은 여성혐오증을 분명히 암시했고, 주로 여성을 대상으로 한 혐오범죄로 정점을 찍었다. 슬프게도, 그는 두 가지 주요 목표 모두를 달성했다. 첫째는 치명적 형태의 복수, 둘째는 비록 사후일지라도 그의 행적과 마지막의 살해로 전국적 명성을 얻는 것이다.

살인자가 될 자와 혐오범죄자들이 유튜브와 그 밖의 소셜 미디어를 자신의 선언문manifesto을 띄우는 플랫폼으로 사용하는 것은 이제 일반적 관행이다. 그 밖의 예로는 재러드 러프너Jared Loughner가 있다. 그는 애리조나주 투손에서 열린 한 마을 행사에서 개브리엘 기퍼즈Gabrielle Giffords 하원의원을 저격하고 그녀의 유권자 여섯 명을 살해하기 전에 마이스페이스MySpace 페이지에 일련의 불온한 반정부 비난 글을 게재했다. 또한 아네르스 베링 브레이비크Anders Behring Breivik는 노르웨이의 노동당 청년 캠프에서 어린이 69명을 살해하기 몇 시간 전에 유튜브 동영상으로 이슬람교도들의 살해를 홍보했다. 베스터 플래너건Vester Flanagan은 버지니아 기자 두 명을 총으로 쏘아 죽인 직후 자신의 트위터 계정에 그들을 사살하는 실제 장면을 올리며 패턴을 깼는데, 한 게시물에는 "나는 총격을 촬영했다"라고 자랑스럽게 글을 올렸다.[20] 격분한 개인이 마지막 연설을 공표하기 위해 소셜 네트워크를 이용하지 않을 때라도 똑같은 자료가 개인 블로그에 게시되는 경우가 많다. 이는 자신의 혐오를 세상에 알리고자 하는 동일한 욕구의 징후다. 최근 한 예로, 크리스 하퍼 머서Chris Harper Mercer는 자신의 블로그에 베스터 플래너건에 대해 다음과 같이 썼는데 플래너건이 버지니아 기자들을 살해한 지 불과 한 달이 지나서였다.

나는 많은 사람들이 플래너건같이 모두 외롭고 무명이지만, 그들이 약간의 피를 흘린다면 전 세계가 그들이 누구인지 안다는 것을 알게 되었다. 아무도 몰랐던 사람이 이제 모두에게 알려진다. 그의 얼굴이 모든 화면에 떴고, 그의 이름은 지구상 모든 사람의 입에 하루 안에 퍼졌다. 사람을 많이 죽일수록 더 많이 각광을 받는 것 같다.[21]

며칠 후, 이런 말을 쓴 젊은이는 엄프콰 커뮤니티컬리지Umpqua Community College 영어 수업에서 그의 교수와 동료 학생 여덟 명에게 치명적인 총격을 가했다. 머서의 댓글은 가상 세계로 청중을 얻으려는 외로운 총잡이의 논리를 들여다볼 수 있는 창을 제공한다. 어떤 면에서 우리는 이러한 개인들 사이에서 명성에 대한 익숙한 욕구, 즉 존경받고, 모두 두려워하며, 기억되는 이름이 되고자 하는 욕구를 볼 수 있다. 어쨌든, 이러한 흉악한 행위를 저지르는 사람들은 분노로 가득 찬 자신들의 선언문을 오직 소수의 사람만이 찾을 수 있도록 공책이나 개인 일기장에 쉽게 쓸 수 있었을 것이다. 그러한 생각을 온라인에서 상상의 대중과 공유하기로 한 그들의 선택은, 근사한 명성이 얻어질 것이며 세계가 지켜보고 있다는 그들의 믿음을 보여준다.

두 번째 관점에서, 머서의 말은 같은 생각을 가진, 그런 분노에 찬 개인이 서로를 어떻게 따르고 있는지를 섬뜩하게 보여준다. 로키마운틴 미디어워치Rocky Mountain Media Watch의 폴 클라이트Paul Klite의 설명에 따르면, "모방 폭력copycat violence"이란 "사상과 행동을 퍼뜨릴 수 있는 대중매체의 힘을 보여주는 생생한 증거로, 저널리즘 윤리에 대한 당혹스러운 도전을 보여준다. …… 텔레비전이 모방 범죄를 '야기'하지는 않지만 연약하고 어수선한 마음에 그런 생각들을 심어준다".[22] 어느 것이건 모든 것이 순식간에 유행이 될 수 있는 것처럼 보이는 인터넷이나 디지털 문화도 똑같은 영향력이 있다고 말할 수 있다. 온라인에서 추세를 결정하는 현상은 총 조회 수, "좋아요" 또는 팔로어의 셈으로 받는, 셀 수 있는 결과의 즉각적 충족으로 강화된다. 그래서 크리스 머서나 엘리엇 로저와 같이 마음이 심히 어수선한 개인에게는 모방적 행동을 실행해 보는 사회학습social learning 과정이 있다. 앨버트 밴듀라의 안내 이론guiding theory[23]을 적용하면, 각 사람은 가해자의 통렬한 디지털 비난 연설로 당시 강조되는, 미디어 속 극적인 폭력 행위만 보는 것이 아니다. 그들은 또한 그러한 행동에 대한 보상을 즉각적인 전국적 명성이라는 형태로 배우게 된다.

물론, 이런 전염적인 대량 총기난사를 설명할 수 있는 그 밖의 심리학적·사회학적 요소들이 있다. 그것들은 총기 문화의 영향을 받는 중증 정신 질환부터 우리가 검토하고 있는 오늘날의 광신주의에 이르는데, 이 광신주의는 지금 보는 많은 사례에서 명백하다. 그러나 특히 점점 더 커가는 인터넷과 소셜 미디어의 역할은 개인들이 폭력으로 가는 길에서 그들의 분노를 표출하는 아웃렛으로서 의도치 않은 역할을 하고 있다고 여겨진다. 희망적인 것은 부모, 교육자, 의사, 법 집행기관이 심리적으로 불안정한 이런 시민들이 종국에 이르기 전에 그들의 디지털 발자국을 추적하는 법을 배울 수 있다는 것이다. 한편, 주류 뉴스 아웃렛들은 그러한 사건 이후 대량 총기난사자의 이름을 공개하지 않는, 사회적으로 책임 있는 결정을 내리기 시작했는데, 이는 희생자들에 대한 기억만을 기릴 수 있으며 또한 그다음의 공격자가 비슷한 형태의 영광을 추구하며 공격 대상자를 찾는 일을 단념시킬 수 있다.

적대감이라는 디지털 암류

지금까지 우리는 인터넷 바깥의 상대자에 의해 인터넷으로 옮겨졌거나 아니면 가상 세계에서 나와 폭력이라는 실현된 형태로 발전한 극단주의 사례들을 조사해 왔다. 양쪽 시나리오에서 그 출처를 광신적이거나 위험스러운 것으로 분류하는 작업은 간단한데, 왜냐하면 우리에게는 폭력이 집단이나 개인의 테러 행위 형태로 가능하다는 증거가 있기 때문이다. 다르게 말하면, 나중에 우리가 분석해서 뭔가 배울 수 있는 사건의 전체 타임라인이 우리 앞에 있을 때, "혐오발언"은 구별하기 쉽다. 그러나 매일 온라인에 떠오르지만 아직은 폭력으로 간다고 명확하게 분류할 수 없는, 분노에 찬 언사는 어떠한가? 글로 쓰는 마지막 행위가 없다면, 누군가의 디지털 공격이 뒤이을 테러 행위의 무대 세팅을 하는 때인지를 우리가 정확히 구별할 수 있을지 의문이 남는다. 정말로 우리는 극단주의 사례들을 소셜 네트워크, 뉴스 스레드, 그리고 만약 우리가 찾는다면 대중 문화 포럼에서도 매일 볼 수 있다. 그리고 폭력적 의도의 조짐과 단순히 의사소통에서 호전적이거나 편협한 인터넷 사용자를 구별해 판독할 수 있는 완벽한 공식은 이렇게 빈번하게 방문되는 웹 커뮤니티 안에는 없다.

오늘날 적대적 수사법이 활발히 등장하는 가장 일반적인 영역 중 일부는 드러지 리포트[24] 같은 정치 뉴스 사이트, 인포워즈InfoWars[25] 같은 음모 발표란, 그리고 독자들이 논쟁거리 사안들을 토론할 때 거의 폭도와 같은 사고방식을 취할 수 있는 매일의 뉴스 댓글 섹션들이다. 뒤따르는 스레드들은 보통 공공 생활에서는 그런 생각들을 결코 공유하지 않을, 성인들이 주고받는 인종차별주의적 정서들로 종종 소용돌이칠 수 있다.[26] 러니언스Runions는 2013년 사이버 공격에 대한 연구에서, 적대적인 개인들이 더 빈번하고 치열하게 그리고 습관적으로 감정을 분출할 수 있게 한 어떤 독특한 특징들을 인터넷이 어떻게 제공했는지를 보여주는 모델을 제시한다. 여러 특징 중에서도 그는 자제력에 대한 신호가 거의 없는 환경과 "공격에 대한 책임성"을 줄여주는 "편이한 온라인 익명성"을 꼽는다.[27] 그 결과는 어떤 이들이 인터넷의 탈억제 효과disinhibiting effect라고 부른 것으로, 개인들은 여기서 더 큰 해방감으로 증오에 찬 댓글을 올리거나 전혀 모르는 사람을 모욕할 수 있다.[28] 인터넷은 또한 분노의 방출을 위한 아웃렛도 제공하는데, 이것은 분명한 책임 없이 다른 사람들을 공격하는 전율을 추구하는 욕구를 부채질할 뿐이다. 코왈스키Kowalski는 웹의 불명료 요소에 대해 다음과 같이 말한다.

익명성은 사람들에게 대면 대결에서보다 더 비열해질 수 있는 기회를 준다. 말할 것도 없이, 사이버 괴롭힘 대상자의 감정적 반응을 보지 못하는 상황은 가해자가 자신의 괴롭힘이 언제 너무 지나친지를 판단할 수 없게 만든다.[29]

이 연구 분야의 많은 관심이 청소년들 간의 사이버불링에 초점을 맞춘 반면 분노에 급급한 성인들에 초점을 맞춘 연구는 훨씬 적은데, 성인들은 종종 뉴스 댓글 섹션과 열린 정치 포럼에서 그들 특유의 괴롭힘을 표출할 아웃렛을 발견한다. 2014년에 댓글 포럼들이 다른 사람을 불쾌하게 하고, 자극하고, 화나게 하는 것[트롤링으로 더 잘 알려져 있다] 말고는 아무것도 하지 않는 일군의 개인들에게 길을 내주는 문제가 너무 심각해져서, 많은 뉴스 웹사이트들은 사회적 책임 행위로 해당 기능을 일시 중단하기 시작했다. 댄 그로스Dan Gross는 "단계적으로 폐지되는 온라인 댓글"이라는 기사에서 "댓글 포럼들은 인터넷 트롤들의 피난처로 명성을 얻었다. 댓글을 금지한 몇몇 사이트는 그들의 결정 이유로 무례함을 언급했다"라고 썼다.[30] 그의 회사 웹사이트인 CNN.com은 대부분의 댓글 섹션을 비활성화하기로 선택한 사이트 중 하나다.

뉴스와 정치 말고도 생각지도 못할 대중문화 커뮤니티 안에서도 분노와 편협의 인화점을 발견한다. 레딧은 사용자들의 적대감으로 영광스러운 명성을 얻은, 더욱 악명 높은 팝 포럼 웹사이트 중 하나일 것이다. 이 웹사이트가 종종 비판의 표적이 되는 이유는 그 페이지들에 나타난 불쾌하고 인종차별적인 내용을 일부 줄이기 위해 그들이 거의 아무 일도 하지 않았기 때문이다. 최근에 레딧의 일부 커뮤니티 포럼들에는 "백인 권리White-Rights" 토론 집단, "쿤타운CoonTown", "블랙걸스BlackGirls"가 포함되었다. 이것들은 처음에 레딧의 아프리카계 미국인의 이익에 부응하기 위해 결성되었으나 의도적인 인종차별주의적 댓글의 물결로 점점 넘쳐나게 되었는데, 이는 "브리게이딩brigading"(옮긴이: 특정 활동을 하려고 사람들이 한 무리를 이루는 것으로, 집단 선동으로도 이해할 수 있을 것이다)으로 알려진 관행이다. ≪애틀랜틱≫의 브리짓 토드Bridget Todd는 다음과 같이 썼다. "앞으로 몇 주 동안, 정규 기고자의 게시물에 인종차별적 댓글로 r/blackgirls를 넘쳐나게 하거나, 인종차별주의적 게시물을 쓰거나, 심지어 인종차별주의적인 사적 메시지를 r/blackgirls 사용자에게 보내는 [인종차별주의적] 사용자들은······ [그] 커뮤니티는 실제로 쓸모없게 되었다."[31]

트위터도 최근 몇 년간 자체의 인기로 증폭되었을 자신들의 정보 네트워크에서 사용자 친화적인 환경을 유지하기 위해 고군분투해 왔다. 그런데 트위터가 점차 슈퍼볼, 올림픽, 대통령 토론회와 같은 문화 및 정치 행사 기간 중 실시간 사회적 댓글을 위한 초연 사이트가 되면서 일부 수다쟁이들이 혐오스럽거나 노골적인 적대로 나아가는 경향이 커졌다. 최근 배우 세스 로건Seth Rogen(옮긴이: 유대계 할리우드 배우)이 "당신이 만약 백인에 맞서는 음모가 있다고 생각한다면, 당신은, 장담하건대, 어리석은 백인일 것이다"라고 트위터에 올리자, 그의 신랄한 발언에 반유대주의와 백인민족주의자들이 거세게 반응했다. "비백인 유대인", "유대인의 미디어 통제", 유대인 비하 단어인 "카이크스kikes", "수용소의 유대인들" 같은 내용으로 즉각 쌓인 트윗 더미와 "백인 학살White Genocide"과 같이 알려진 백인우월주의 계정들이 보낸 다른 많은 반응들은 트위터에 저 요소가 얼마나 심각하게 존재하는지를 보여주는 역할을 했다. 충격적이게도 공공 영역에 "백인 학살"의 등장은 일회성이 아닌 일이었다. 2016년 대통령 선거운동 기간 "백인 학살"이란 이름으로 올라간 정치 트윗들은 도널드 트럼프 공화당 후보가 한 번 이상 리트윗하게 된다. 이러한 게시물들이 본성상 정치적이라 해도 백인 학살 프로필은 오직 친아돌프 히틀러 다큐멘터리 링크, "쥬메리카Jewmerica"(옮긴이: 유대인이 지배하는 미국)에 대한 언급, 그 밖의 도발적 자료들이 특색을 이룬다.[32]

도널드 트럼프에 대해 말하자면, 그의 트위터 활동은 점점 더 염려의 대상이 되고 있는데, 특히 현재 그의 청중이 극우를 포함하고 있다는 맥락에서 더욱 그렇다. 선거운동이 한창이던 2016년 트럼프 후보가 미국에서 "흑인에게 살해된 백인"의 수에 대한 거짓 통계를 트위터에 미심쩍게 트윗했을 때 백인민족주의자들은 귀를 기울이고 있었다. 그 증거는 스톰프런트나 데일리스토머 같은 웹사이트에서 뒤따라 쏟아진 축하성 머리기사에서 볼 수 있다.

오늘날 미디어에 정통한 인종차별주의 단체들은 트위터와 레딧 같은 인기 웹사이트들이 그들의 본거지 혐오 사이트의 위성 전초지가 될 가능성을 염두에 두고 있다. 혐오발언은 이러한 믿을 만한 문화 담론 네트워크 안에 주류 댓글들의 단면과 눈에 띄지 않게 섞일 수 있으며, 거기에 이미 모여 있는 그러한 편협한 인물과 공인들로 인해 신입 모집이 더욱 쉬워진다.

가장 인기 있는 온라인 커뮤니티 일부에서 발견할 수 있는 적대감 풍토는, 부분적으로는 모든 형태의 발언이 통행하고 공존하기 위해 가장 넓은 정박지가 주어졌던 무한한 매체에서는 예상되던 것이다. 페이스북은 앞서 언급했듯이 현재 프로필 페이지가 서비스 약관을 위반하지 않는 한, 어떤 집단이 페이스북의 오픈 네트워크에서 사회적으로 섞일 수 있을지에 대한 제한이 거의 없다. 그러므로 뉴블랙팬서당New Black Panther Party과 같은 혐오집단들은 그곳에서 환영받는다. 원래의 블랙팬서Black Panthers가 그들의 유산에 대한 새 집단의 주장을 거부해 왔기에 뉴블랙팬서당은 원래의 블랙팬서와 관련이 없다. 이 새로운 당은 "백인, 유대인, 법 집행관들에 대한 폭력을 조장하는 지도자들을 둔, 지독히 인종차별주의적이고 반유대적인 조직"[33]으로 묘사되어 왔다. 일부 뉴블랙팬서당 회원들은 페이스북을 이용해 경찰관에 대한 폭력 행동을 조장해 왔다.[34] 마찬가지로 아프리카계미국인 방어연맹African American Defense League은 반자동 공격용 소총의 무장을 단체 페이스북 페이지의 환영 머리글로 다룬다. 2016년 아프리카계미국인 방어연맹의 한 회원은 경찰을 죽이기 위해 모이라며 "군대를 소집"하고 "돼지의 피를 뿌릴" 때라고 게시했다.[35] 방문자였던 마이카 하비어 존슨Micah Xavier Johnson은 이 페이지에 "좋아요"를 누른 다음 바로 실행했다. 그는 댈러스 경찰 다섯 명을 총으로 사살하고 평화적인 "흑인 생명도 소중하다Black Lives Matter" 시위에서 민간인들을 다치게 했다. 그 또한 뉴블랙팬서당 페이스북 페이지의 팔로어였다.

이 글을 쓰는 시점에, 페이스북에서 사회적으로 네트워킹하는 그 밖의 급진적 목소리 중에는 존버치 소사이어티John Birch Society, 이슬람 국가Nation of Islam, 브이데어, 데이비드듀크가 있다. 페이스북과 트위터 같은 거대한 웹 커뮤니티들은 분명히 이런 문화적 편협의 합창을 주최하도록 고안되지 않았음에도 커가는 그들의 존재는 인터넷 시대의 험난한 실상을 확실히 보여준다. 즉, 인터넷이 보다 포괄적인 공공 담론을 약속하고 마침내 전달했지만, 그 담론은 본질적으로 더 광신적인 긴장을 나르고 있다.

결론

워너Warner는 인터넷상의 정치극단주의에 대한 연구에서, 온라인 사람들이 현재 어떻게 "자신들이 직면하는 정치 콘텐츠의 이데올로기적 관점을 미리 선택하는 기회를 얻어, 자신들을 좁은 이익집단들로 분열시키며 결국 이데올로기적 노선을 따라 양극화되는지"[36]를 관찰했다. 이런 현상은 클래퍼Klapper의 선택적 노출selective exposure 이론과 더 광범위하게 맞아떨어지는데, 이 이론은 사람들이 어떻게 "공감하지 않는 소재는 피하고 그들의 기존 의견과 이익에 부합하는 대중매체"[37]에 자신들을 습관적으로 노출하곤 하는지를 설명했다. 온라인 미디어를 통한 분열된 정치 참여의 이런 형태는 시민들이 이전에 신문과 같은 미디어를 통해 경험했던 것과는 근본적으로 다른데, 이전 미디어들은 전통적인 보도와 의견 세션을 분리하곤 했다. 지역 TV 방송국들은 보통 당파적 시각을 피하는 반면, 케이블 뉴스 네트워크들은 세 개의 우세한 시장인 우경화, 좌경화, 중도 성향 관점들만을 따라가 제공한다. 그러나 온라인에서 정치 유권자들에게는 스펙트럼의 양 끝에 있는 인물까지 포함하여, 선택할 수 있는 훨씬 더 광범위한 오피니언 리더들이 있다. 그 결과 인터넷 사용자는 반대 측을 절대적으로 폄하하는 한편 자신의 의견을 가장 열렬한 방식으로 지지해 주는, 보다 극단적인 관점에 빠져드는 급한 선택을 내린다고, 워너는 경고한다. 그는 "개인들이 이미 동의하고 있는 사람들과만 접촉한다면, 그들의 의견이 양극화되고 점점 과격해질 위험이 있다"[38]라고 말한다.

현실, 뉴스, 정치에 대한 보다 좁고 극단적인 견해를 수신하려고 온라인에 접속할 가능성이 있는 사람들은, 혐오를 지지하고 편협을 찬양하는 디지털 문화를 마련하려고 동시에 로그온하는 집단들에게 유해한 기회를 신호한다. 이 두 세계가 사이버 공간의 변두리가 아니라 가장 신뢰받는 온라인 커뮤니티에서 지금 만난다는 사실로 인해 문제는 더욱 복잡해진다. 적대감이란 암류가 정치 블로그 공간과 레딧과 트위터 같은 인기 웹사이트 안에 형성되었기에, 만약 우리가 그 적대감이 인터넷 구석구석에 존재한다는 것을 인식하지 못한다면 어떤 효과적인 반대 운동도 디지털 혐오를 해결할 수 없다는 것이 명백해진다. 어쨌든 알려진 혐오 웹사이트 주위에 동그라미를 치며 웹의 그 부분이 문제 있고 감시가 필요한 곳이라고 확인하는 것은 쉽다. 그러나 우리가 좋아하는 정치 포럼, 사회 및 비디오 공유 웹사이트에 침투한 온라인 광신주의가 급성장하는 문제에 효과적으로 대항하는 것은 훨씬 더 어렵다.

ISIS와 보코하람 같은 테러 조직의 경우, 유튜브와 트위터의 다공성 네트워크들은 전 세계 시청자에게 그들의 끔찍한 활동을 보여줄 수 있는 전례 없는 접속을 제공하는 한편, 잠재적 추종자들과 더욱 친밀한 관계도 형성하게 한다. 마찬가지로, 블로그와 소셜 네트워크들은 제임스 본 브런, 애런 로저, 크리스 하퍼 머서에게 뒤따를 실제의 분노를 앞서서 준비시킨 가상의 분노를 부추기는 플랫폼을 제공했다. 웹은 또한 일부 사람

　　　　　　　온라인 세계의 극단주의: 광신, 인종차별, 분노

들이 원했던 잠시의 "각광"도 배달했다. 비록 이러한 개인과 테러 집단들이 온라인과 사회에서 극소수 일부일지라도, 인터넷의 전 세계적 접근성과 바이러스성은 초인적인 묘한 능력이 있어서 이런 광신도들이 실제보다 더 퍼져 있고 우리와 더 가깝게 보이는 방식으로 그들의 메시지와 위상을 증폭시킨다.

우리가 온라인에서 마주치는 적대적이고 인종차별적인 수사법의 압도적 다수가 이어지는 폭력 행위를 예고하지는 않더라도, 일부는 예고한다. 그러나 현실 세계의 폭력으로 분출되는 인터넷 편협의 어떤 단일 사례보다 훨씬 더 공통적인 것은 온라인 혐오발언의 확산이 오늘날 공공 담론에 미치는 장기적인 영향이다. 대니얼스Daniels는 사이버 인종차별에 관한 연구에서 "백인우월주의로 제기된 가장 덜 알려진 ― 그래서 가장 은밀하게 확산되는 ― 위협은 디지털 시대에서의 인종, 인종차별주의, 시민권에 관한 우리의 지식 축적과 생산에 대한 인식론적 위협이다"[39]라고 말한다. 다시 말해, 웹에서의 인종차별주의와 과격한 수사법의 증가는 오늘날 시민 담론의 어조뿐만 아니라 문화 토론도 오염시키기 시작했다. 전통적 혐오집단들의 경우, 이 토착적인 디지털 적대감의 추세는 직접적인 신입 모집에 차선책을 제공할 가능성이 높다.

주

1   Darryl Fears and Marc Fisher, "A Suspect's Long History of Hate, and Signs of Strain," *Washington Post*, June 11, 2009, accessed November 20, 2015, http://www.washingtonpost.com/wp-dyn/content/article/2009/06/10/AR2009061003495.html.

2   Theo Emery and Liz Robbins, "Holocaust Museum Shooter James von Brunn

had History of Hate," *Seattle Times*, June 12, 2009, accessed November 20, 2015, http://seattletimes.nwsource.com/html/nationworld/2009330156_holocaustshooting12.html.

3   "In Memoriam," last modified November 3, 2015, http://www.ushmm.org/information/press/in-memoriam/stephen-tyrone-johns-1969-2009.

4   James G. Meek and Richard Schapiro, "Holocaust Museum Shooter," *Daily News*, accessed June 11, 2009, http://www.nydailynews.com/news/world/holocaust-museum-shooter-neo-nazi-james-von-brunn-ex-wife-vowed-boots-article-1.374005.

5   Barbara O'Brien, *Blogging America: Political Discourse in a Digital Nation* (Portland, OR: William James & Company, 2004), p.18.

6   Alexa: The Web Information Company, "Free Republic," accessed October 2, 2015, http://www.alexa.com/siteinfo/freerepublic.com.

7   Anthony McCosker and Amelia Johns, "Contested Publics: Racist Rants, Bystander Action and Social Media Acts of Citizenship," *Media International Australia*, 151(2014), pp.66~72.

8   "Fahrad Manjoo Speaking at the UVA Debate: Does the Internet Help or Hurt Democracy?" June 10, 2010, accessed October 2, 2015, http://www.pbs.org/newshour/bb/media-jan-june10-miller_06-01/.

9   Jim Geraghty, "Obama Could Debunk Some Rumors by Releasing His Birth Certificate," *National Review Online*, last modified June 9, 2008, http://www.nationalreview.com/campaign-spot/9490/obama-could-debunk-some-rumors-releasing-his-birth-certificate.

10   Stephanie Condon, "Poll: One in Four Americans Think Obama was Not Born in the U.S.," *CBS News*, last modified April 21, 2011, http://www.cbsnews.com/news/poll-one-in-four-americans-think-obama-was-not-born-in-us/.

11   Rita Katz, "Follow ISIS on Twitter: A Special Report on the Use of Social Media by Jihadists," last modified June 26, 2014, http://news.siteintelgroup.com/blog/index.php/entry/192-follow-isis-on-twitter.

12 Pieter Van Ostaeyen, "The Flames of War—The Fighting has Just Begun," last modified September 28, 2015, https://pietervanostaeyen.wordpress.com/2014/09/28/the-flames-of-war-the-fighting-has-just-begun/.

13 Ray Sanchez, "ISIS Exploits Social Media to Make Inroads in U.S.," *CNN*, June 5, 2015, accessed September 15, 2015, http://www.cnn.com/2015/06/04/us/isis-social-media-recruits/.

14 Hazel Sheffield, "ISIS has Built a Global Brand Using Celebrity and Social Media," *Belfast Telegraph Online*, March 9, 2015, accessed October 16, 2015, http://www.lexisnexis.com.rlib.pace.edu/hottopics/lnacademic/?.

15 Corey Charlton, "Have ISIS Found a Sadistic New Way to Kill?" *Daily Mail*, August 25, 2015, accessed October 16, 2015, http://www.dailymail.co.uk/news/article-3210469/ISIS-introducing-new-killing-style-Ominous-warning-terror-group-s-latest-video-depicting-horrific-murder-released-featuring-prisoners-surrounded-Islamists-horseback.html.

16 Mark Clayton, "Terrorist Tweets: How Al Qaeda's Social Media Move Could Cause Problems," *Christian Science Monitor*, February 7, 2013, accessed October 15, 2015, http://www.csmonitor.com/USA/2013/0207/Terrorist-tweets-how-Al-Qaeda-s-social-media-move-could-cause-problems.

17 Rachel Dretzin, *Growing Up Online*, Documentary, directed by Rachel Dretzin and John Maggio (Boston: PBS, 2007). DVD.

18 Amy Cohen, Deborah Azrael and Matthew Miller, "Rate of Mass Shootings has Tripled Since 2011, Harvard Research Shows," *Mother Jones*, October 15, 2015, accessed October 20, 2015, http://www.motherjones.com/politics/2014/10/mass-shootings-increasing-harvard-research.

19 Chris Geo, "Full Video—Elliot Rodger's Retribution Video," last modified May 24, 2014, https://www.youtube.com/watch?v=G-gQ3aAdhIo.

20 Eliot McLaughlin and Catherine Shoichet, "Police: Bryce Williams Fatally Shoots Self after Killing Journalists on Air," *CNN*, August 27, 2015, accessed November 1, 2015, http://www.cnn.com/2015/08/26/us/virginia-shooting-wdbj/.

21   Elliot Hannon, "Here's What We Know So Far About Umpqua School Shooter Chris Harper Mercer," *Slate*, October 1, 2015, accessed November 1, 2015, http ://www.slate.com/blogs/the_slatest/2015/10/01/umpqua_community_college _shooter_chris_harper_mercer_profile.html.

22   Paul Klite, "Media can be Antibiotic for Violence," *Quill*, 88, No.4(2000), p.32.

23   Albert Bandura, "Social Learning through Imitation," in M.R. Jones(ed.), *Nebraska Symposium on Motivation*(Lincoln: University of Nebraska Press, 1962).

24   드러지 리포트는 인종적 이야기를 보여주는 헤드라인들을 정기적으로 게시한다고 알려진 온라인 뉴스 애그리게이터다. 예를 들어, 이 사이트는 미국의 "흑인 범죄", "소수자 인구의 증가", 그리고 그에 따른 "백인 다수의 감소"에 대해 끊임없이 보도한다.

25   인포워즈는 맹렬한 반정부 웹사이트이자 극우 음모론의 인기 있는 공급자다. 이 사이트의 주요 저자이자 음모 이론가인 알렉스 존스(Alex Jones)는 샌디훅(Sandy Hook) 학교 총기난사 사건은 어떤 식으로든 계획된 것이고, 미국 정부도 9·11 테러 공격, 오클라호마시티 폭탄 테러에 관여했으며, 버락 오바마 대통령은 "비밀 이슬람교도"이며 "알카에다 테러리스트의 지지자"라고 주장했다.

26   Kevin Runions, "Toward a Conceptual Model of Motive and Self-Control in Cyber-Aggression: Rage, Revenge, Reward, and Recreation," *Journal of Youth & Adolescence*, 42, No.5(2013), pp.751~771.

27   같은 글, p.753.

28   John Suler, "The Online Disinhibition Effect," *Cyber Psychology & Behavior*, 7, No.3(2004), pp.321~326.

29   Robin Kowalski, "Teasing and Bullying," in Brian Spitzberg and William Cupach(eds.), *The Dark Side of Interpersonal Communication* (Mahwah, NJ: Lawrence Erlbaum Associates, Publishers, 2007), p.190.

30   Doug Gross, "Online Comments are Being Phased Out," *CNN*, November 21, 2014, accessed October 4, 2015, http://www.cnn.com/2014/11/21/tech/web/o nline-comment-sections/.

31   Bridget Todd, "Does Anything Go? The Rise and Fall of a Racist Corner of

Reddit," *The Atlantic*, July 16, 2013, accessed October 4, 2015, http://www.the atlantic.com/technology/archive/2013/07/does-anything-go-the-rise-and-fall-of -a-racist-corner-of-reddit/277585/.

32 Tal Kopan, "Donald Trump Retweets 'White Genocide' Twitter User," *CNN.com*, last modified January 22, 2016, http://www.cnn.com/2016/01/22/politics/don ald-trump-retweet-white-genocide/.

33 "New Black Panthers Party," *Southern Poverty Law Center*, accessed October 5, 2015, https://www.splcenter.org/fighting-hate/extremist-files/group/new-bl ack-panther-party.

34 Anti-Defamation League, "New Black Panther Party Advisor Calls for Killing in Ferguson Aftermath," last modified September 16, 2014, http://blog.adl.org/ex tremism/new-black-panther-party-advisor-calls-for-killing-in-ferguson-aftermath.

35 Drew Griffin, David Fitzpatrick and Curt Devine, "Was Dallas Cop Killer Micah Johnson Radicalized Online?" *CNN.com*, July 11, 2016, accessed September 28, 2016, http://www.cnn.com/2016/07/10/us/micah-johnson-dallas-radicalized-o nline/.

36 Benjamin Warner, "Segmenting the Electorate: The Effects of Exposure to Pol- itical Extremism Online," *Communication Studies*, 61, No.4(2010), p.430.

37 Joseph T. Klapper, *The Effects of Mass Communication* (Glencoe, IL: The Free Press, 1960), pp.19~20.

38 같은 책, p.431.

39 Jessie Daniels, *Cyber Racism: White Supremacy Online and the New Attack on Civil Rights*(Lanham, MD: Rowman & Littlefield Publishers, 2009), p.8.

7장

계획적 기만: 두 부분 분석

처음부터 이 탐구는 언더그라운드 사회에서 디지털 세계로 나아간 혐오 문화를 내적인 궤적을 따라 쫓아갔다. 인쇄와 전자 매체 시대의 전통적 선전에 대한 탐사에서 시작하여, 혐오 커뮤니티들이 규제 없는 가상 세계의 토론 게시판에 처음 등장한 정보화 시대로 돌진했다. 그로부터 검색엔진과 소셜 네트워크의 상호 연결 채널들을 따라 사이버 공간으로 과감히 나아갔다. 그리고 곧 20년간의 웹 발전이 어떻게 혐오 문화를 오로지 기능적인 웹사이트들의 방대한 집합체로 변형시켜, 그 사이트 대다수를 정보, 정치, 사회적 상호작용의 사용자 친화적인 공동체로 재포장했는지를 알게 되었다. 그다음 우리는 웹 2.0의 현시대가 광적인 집단과 개인들에게 그들의 편협과 분노의 메시지를 정박시킬 수 있는 소셜 미디어와 콘텐츠 공유 웹사이트의 주류 주입구를 제공함으로써 어떻게 그들이

© The Author(s) 2017
A. Klein, *Fanaticism, Racism, and Rage Online*,
DOI 10.1007/978-3-319-51424-6_7

디지털 환경에 더욱 깊이 파고 들어갔는지를 관찰했다.

그러나 이제 우리는 이러한 악성 문화에 초점을 맞추며 이런 편협의 작성자들이 그들의 웹 커뮤니티 안에 만들어낸 직접 경험을 더 깊이 파고 들 것이다. 다음의 두 부분 분석은 선도적인 혐오 웹사이트들을 가상의 현미경 아래에 놓고 이런 페이지들 속 디지털 소비자들의 경험을 조사하여 어떻게 그 페이지들이 광신적 회중들이 번성하는 소굴이 되었는지를 밝힌다. 몇 부분의 조사로 확장된 1부는 혐오 웹사이트들, 그 조사가 펼쳐지는 홈페이지와 현대적 특징, 그 뒤에 숨겨진 전략들에 대한 텍스트 분석으로 시작한다. 그런 다음 2부는 "뉴스" 피드와 포럼들을 통해 이런 웹사이트 방문자들에게 유포되거나 어떤 경우에는 그들이 유포하는 두드러진 메시지 일부를 조사할 것이다. 이 접근법에서 프레젠테이션과 메시지에 대한 우리의 이중 조사는 홈페이지부터 댓글 섹션까지 이런 혐오 도메인의 방문자가 경험할 수 있는 똑같은 경로를 따라가며 다음과 같은 질문들을 하게 한다. 이런 웹 커뮤니티의 무대와 특징들은 어떤 주요 기능을 제공하는가? 이들 사이트의 작성자와 회원 모두에 의해 어떤 공통 입장과 기본 의제가 표현되는가? 그리고 혐오발언이라는 특별한 맥락에서, 언어는 공유된 편협의 메시지를 구성하는 데 어떤 역할을 하는가? 인터넷의 이런 통로를 더 많이 밝히기 위해 이러한 기초 질문들이 두 섹션에서 다루어질 것이다.

1부 기만적인 웹 디자인 검토
• 혐오 웹사이트 특징들에 대한 텍스트 분석

2부 인종차별주의적 메시징 시스템 해체
• 인종차별주의적/급진적 웹사이트들이 내놓은 여섯 가지 "사실"

• 토착적인 혐오 수사학과 인종차별주의적 암호문

분석 방법

이 연구는 우선 검토 중인 인종차별주의적이며 급진적인 25개 웹사이트의 명목상 특징과 콘텐츠 제공물을 확인하기 위해 고안한 방법론을 채택했다. 조사의 이 마지막 단계는 인터넷 사용자를 염두에 두며 모든 웹사이트, 홈페이지의 초기 진입 지점에서 시작한다. 우리는 객관적인 방문자로서, 인터넷 사용자의 즉각적인 관심과 흥미를 사로잡는 이런 웹사이트들에 어떤 공통적 특징들이 부각되는지를 묻는다. 우리는 이전에 보로맨Borrowman이 "기술적 기풍techno-ethos"을 "현란한 웹사이트로 입증된 프로그래밍 숙련도에 온라인으로 구축되는 신뢰성 또는 권위"[1]로 정의한 것을 기억한다. 텍스트 분석을 사용한 이 연구는 특정 웹 커뮤니티에게 인지된 신뢰성 분위기를 고조시킬 수 있는 "기술적 기풍"을 제공한 공통 구조를 찾아내는 데 착수했다. 이 기준에 따라 이 연구에서 출현한 범주적 특징들은 강령, 리서치 툴, 뉴스 출처, 웹 링크, 소셜 미디어 링크, 공개 포럼, 상품, 학구적 기표, 어린이 특집들을 포함했다. 두 명의 코더가 이러한 공통 특징들의 유무에 주목하면서 웹사이트들 각각을 검토했다. 일단 두 연구자가 25개 사이트 전체 표본을 별도로 검토한 다음, 스콧의 파이Scott's Pi가 결과들 간의 신뢰도를 결정하기 위한 통계적 수단으로 채택되었다. 이 연구는 처음에 최소 75% 수준의 동의를 목표로 했는데, 이는 슈메이커Shoemaker가 스콧의 파이를 적용하기 "좋음"으로 분류한 수준이다.[2] 사실상 코더 간 신뢰도 테스트는 스콧의 파이 82%를 산출했는데, 이는 "우수함" 수준의 동의로 간주된다.

이 연구는 웹사이트 특징뿐 아니라 몇 달 동안 대다수 웹사이트가 제공한 뉴스 섹션에서 출현한 반복적인 일련의 주제들을 확인하고자 했다. 정기적으로 업데이트되는 뉴스 피드들에서 3개월 동안 출현한 머리기사를 체계적으로 분류하기 위한 방법론으로 프레임 분석이 사용되었다. 처음에 뉴스 프레임들은 주제의 반복을 확정하기 위해 최소한 열 번 이상 나타난 주제들로 목록화되었는데, "유대인의 통제", "LGBT 생활양식의 위협"과 같은 쟁점부터 "아프리카계 미국인이 저지른 범죄" 그리고 "정체성 위협"과 관련된 그 밖의 두드러진 쟁점들에 이른다. 조사 결과, 이것들과 그 밖에 목록화된 스토리라인 중에서 오늘날 인종차별주의적이고 급진적인 웹사이트들이 유포하는 반복적인 여섯 개의 주제, 즉 주장된 사실을 확인했다.

프레임 분석은 어떻게 특정 미디어 아웃렛이 특정 청중에게 정보 콘텐츠를 형성하고, 포장하고, 전달하는지를 보여주는 질적 방법으로 선택되었다. 프레이밍framing 개념의 주창자로 고프먼Goffman이 자주 거론되는데, 그의 사회학적 연구는 사람들이 삶의 경험과 현재 사건들을 "인식하고, 확인하며, 이름 붙이는" 법을 배우는 방식들에 관심이 있었다.3 그다음 엔트먼Entman은 뉴스 미디어에서의 프레이밍에 더욱 초점을 맞춘 연구에서, "대부분의 프레임은 그것들이 포함하는 것뿐만 아니라 누락시키는 것에 의해서도 규정되기에, 청중을 안내하면서 문제에 대한 가능성 있는 정의, 설명, 평가, 권고 사항들을 누락하는 것은 포함하는 것만큼이나 중요할 수 있다"라고 주장했다.4 다시 말해, 미디어 프레임은 주어진 쟁점에 대한 특정 이해를 전달하도록 설계되어 있으며, 인종차별주의적이며 급진적인 조직들은 현실을 제시할 때 어떤 반대 주장이건 편리하게 누락하면서 그들의 사명을 지지하는 이런 개념만 번창하게 한다. 우리는 사이버 공간의 변두리에서 공식화되고 있는 현재 메시지들의 일부를 확인

함으로써 나중에 소위 이런 사실이라는 것들이 주류 정치와 문화 속으로 가는 잠재적 침투를 추적할 수 있을 것이다.

마지막으로, 디지털 혐오 문화의 의사소통적 목표들에 대한 극단주의 입장들이 이러한 공동체들 안에서 어떻게 표현되고 있는지를 파악하는 것도 중요했다. 이 연구 영역은 문간에 발 들여놓기 기법foot-in-the-door technique같이, 앞서 살펴본 메시징 및 신입 모집의 정교한 전략들을 직접 거론한다. 암호문과 이분법적 담론 같은 수사적 개념들은, 혐오 문화가 "인종 전쟁"이라는 노골적 메시지를 "허용할 수 있는 편협"이라는 뉘앙스적 표현으로 전환하는 방식을 이해하는 데 큰 역할을 한다. 이 분석 과정의 핵심은 혐오의 공통 은어들을 밝히는 것이다. 특히 이 연구는 백인파워 문화의 인기 포럼들에서, 보통은 인종차별주의자들의 시위 구호로 인식되지 않을 수 있는 어휘들을 수집했다. "진정한 미국인"이나 "유럽의 가치"와 같이 겉보기에 무해한 용어는 "비백인 억압자"나 "흙탕인mud people"과 같은 암호화된 문구들과 함께 새로운 의미를 지닌다. 인종차별주의적 선전주의자들의 현대 언어를 이해하려면 그들의 말 뒤에 숨은 진정한 의도를 읽어내는 것이 중요하다.

분석 기간

이 책의 4장에서 소개한 25개 웹사이트들은 다음 세 기준을 대표적으로 보여주므로 선택되었다. 이들은 웹 커뮤니티와 인종차별주의적이거나 급진적인 이데올로기 영역의 제휴, 높은 웹 트래픽 수준, 현대 인터넷 동향에 대한 좋은 본보기다. 선택된 웹사이트에 대한 텍스트 및 프레임 분석은 2015년 7월 말부터 11월 초까지 약 13주 동안 이어졌다. 이 웹사이트들의 뉴스 피드와 공개 포럼 대부분은 끊임없이 유동적이었지만 그 홈페이지와 핵심 특징들은 상대적으로 변하지 않았는데, 이는 이러한 변수들에 대해 균형 있고 안정된 분석을 가능하게 했다. 프레임 분석이 이루어진 이 특정 시기는 미국 내 광신적 활동의 부활로 얼룩졌는데, 대학 캠퍼스, 종교 센터, 심지어 TV 생방송에서까지 치명적인 혐오범죄가 자행되어 전국적 언론의 관심을 받았다. 2015년 초여름 사우스캐롤라이나주의 유서 깊은 한 흑인 교회에서 발생한 끔찍한 총격으로 인해 미국의 극단주의 활동과 특히 21세 총기난사범의 선언문이 추적된 인터넷으로 전국적 관심이 쏠렸다. 2015년 여름과 가을은 2016년 대선 시즌의 시작이기도 했는데, 이민, LGBT 평등권, 소수자 우대정책과 같이 정치 사안이 된 문화 쟁점들이 최전면에 나왔다. 이런 쟁점들은 대선 주자와 주류 언론들의 치열한 논쟁 주제였음은 물론, 온라인 혐오 웹사이트들의 선동적인 담론에서도 큰 반향을 일으켰다.

1부 기만적인 웹 디자인 검토

혐오 웹사이트들의 프레젠테이션을 조사할 때 이런 공간 대다수가 지닌 주요 기능을 상기하는 것이 중요하다. 그 주요 기능은 교육받은 젊은 목표 청중을 끌어들이는 것이다. 한 극단주의 웹사이트의 창립자는 다음과 같이 우리를 상기시킨다. "우리는 일반적으로 대학생들이 새로운 아이디어를 더 잘 받아들이고, 더 개방적이며, 기꺼이 우리 교회에 참여하려 한다는 것을 알았다. ...... 보통 젊고 똑똑한 대학생들이 우리가 말하는 것을 가장 잘 받아들인다."[5] 이 연구는 이 소감에 따라 일찍이 이런 사이트들에 만연된 정보적·사회적 특징들에 주목했다. 뉴스 포럼, 소셜 미

온라인 세계의 극단주의: 광신, 인종차별, 분노

디어, 연구 내용, 부분적으로 저 대학생 집단을 염두에 두고 만든 학술적 기표들이 그것들이다.

이 분석에서, 리서치 툴은 어떤 특징이건 정체성과 문화 관련 문제들에 대한 백과사전적 또는 학술적 정보를 제공하는 것으로 구성되었다. 이것들의 예에는 인종 용어들의 데이터베이스, 다운로드 가능한 기사, 게시된 통계가 포함되었다. 뉴스 출처는 당대의 쟁점에 대한 임의의 기사, 보도, 댓글로 간주되었다. 종종 이것들은 실제의 뉴스 항목들에서 또는 사실적 사건의 일부 요소를 포함하는 주류 뉴스에 대한 외부 링크들에서 도출되었기에, 조잇Jowett과 오도널O'Donnell이 칭한 "백색선전white propaganda"[6]으로 분류될 것이다. 다음으로, 네트워크 링크의 제공은 방문자를 전적으로 또 다른 웹사이트, 가장 일반적으로는 또 다른 혐오 사이트로 이끈 모든 부제목 또는 그림 아이콘으로 정의되었다. 네트워크 링크 자체는 정보 제공적인 특징을 나타내지 않을 수 있다. 그러나 그것들은 집합적으로 이러한 인종차별주의적이고 급진적인 운동을 상호 연결되고 실제로 강화된, 이념들의 더 넓은 영역의 일부로 제시하는 데 필수적이다. 또 다른 공통 특징은 주류 소셜 네트워크에 대한 링크의 제시인데, 이러한 링크는 프레젠테이션의 목적상 웹사이트가 사회적으로 연결되어 있다는 느낌을 주었다. 홈페이지에서 전형적으로 발견되는 주류 소셜 링크들은 기존의 웹 커뮤니티와 연결되는 임의의 특징으로 정의되었는데, 유튜브, 페이스북, 트위터가 가장 일반적이다. 또한 이런 도메인들에 공통적으로 나타나는 특징은 이 연구자가 학술적 기표scholarly signifiers라고 부르는, 즉 웹사이트를 학문적으로 합법화하는 것을 목표로 한, 어떤 확인 가능한 문맥이다. 예를 들면 유명 대학 소속, 진짜 또는 조작된 박사 학위 증명서, "찰스 다윈"과 같은 거짓 협회들이다. 이것들과 그 밖의 주요 특징들은 다음에 그것들의 포함 빈도와 그것들이 수행한 고의적인 역할과 관련하여 검토할 것이다.

정보 추세선

조사된 25개 웹사이트들은 잘 지지된 문화적 편협의 단면을 여러 형태로 보여줄 뿐만 아니라 메시지 전략에서 그 작성자들의 집단적 변화도 보여준다. 어떤 특정 운동이 실천한 가장 정교한 형태의 선전으로 보이는 경우, 이 선도적인 혐오 웹사이트들은 자신들의 집단 정체성을 변경하여 디지털 시대의 정보 문화에 섞여 들었다. 〈표 7.1〉에서 보듯, 이러한 공동체를 지식과 사회적 상호작용의 사이트로 위장하는 웹 특징들의 신속한 채택에서 그 위장 과정의 결과를 본다. 최초 방문자의 경우에 그들이 옥시덴탈옵서버Occidental Observer와 같은 홈페이지에 처음 들어왔다면 다른 어느 정치 블로그와 다르지 않다는 느낌을 받을 것이다. 그러므로 웹사이트가 숙련도와 플래시에서 현재 인터넷 표준을 충족시키는 한, 이런 사용자들은 그 공간의 더 깊은 페이지와 콘텐츠에 그들의 지적 호기심을 맡길 수 있을 것이라고 가정하게 된다.

정통 정치 블로그나 정보 네트워크의 가장 인정받는 특징 중 하나는 정기적으로 업데이트되는 뉴스 피드가 있다는 것이다. 집단 표본 중 대다수 웹사이트가 홈페이지에 어떤 형태의 당대 뉴스를 제공했는데, 이것은 독자들에게 현

표 7.1 25개 혐오 도메인들의 집단 표본에서 나타난 웹사이트 특징

웹사이트 특징	포함(%)
뉴스 기사	80
다른 혐오 사이트에 대한 링크	80
리서치 툴	76
학술적 기표	76
주류 사이트에 대한 링크	76
회원 자격	64
공개 포럼	56
상품	56
어린이 특집	32

온라인 세계의 극단주의: 광신, 인종차별, 분노

재 사건 이상의 것을 제공했다. 사실상 이 급진적인 맥락에서 선택된 기사들도 외국인 혐오적이며 인종차별주의적인 서사를 현재 사건에 대한 일반적 지각에 심어, 편협한 반응을 유도하는 촉매 역할을 했다. 2015년 미국인들이 주류 신문에서 읽은 쟁점과 사건 중 일부는 이 25개 웹사이트도 동시에 다루고 있었다. 예를 들어, 퍼거슨, 미주리, 뉴욕시 같은 도시에서 경찰의 잔혹성이 목격된 사례들에 대해, 법 집행기관에 대한 아프리카계 미국인 공동체의 항의가 증가하고 있다는 기사는 사회적 반성을 위해 중요한 쟁점이었다. 그러나 똑같은 기사들이 혐오 웹사이트의 뉴스 주기에서는 재빨리 선동적인 소재가 되었다. 이러한 사이트를 통해 떠도는 수백 개의 이야기 중에 솔라제너럴Solar General의 한 기사는 "백인에 맞서는 흑인의 인종 전쟁"[7]에 대한 글인데, 기사 제목 아래에 "백인 놈을 죽여라Kill Whitey"라는 말을 피로 얼룩진 이미지로 제작하여 올렸다. 임의의 쟁점만이 아니라 사람들 전체에 대한 태도를 형성하기 위해 엄선된 사실, 묘사, 이미지들을 사용하는 "신뢰할 만한 뉴스"의 힘이 곧 이 연구가 이 웹사이트들의 자극적 뉴스 피드를 추가적으로 주목하기로 한 이유다(2부 인종차별주의적/급진적 웹사이트들이 내놓은 여섯 가지 "사실" 참조).

뉴스와 오피니언 특집이 일반 독자의 관심사를 다룬다면, 리서치 툴은 대학생과 같이 좀 더 학구적인 청중에게 특히 유용하다. 웹사이트의 4분의 3 이상에서 다양한 "리서치" 제공이 특징적인데, 소위 과학적 연구부터 온라인 저널, 디지털 도서관, 데이터베이스에 이른다. 자칭 "친유럽 커뮤니티"로, 방문이 많은 메타피디아 웹사이트는 영문판으로 모든 주제에 대해 1만 3000개가 넘는 광범위한 온라인 백과사전을 구축했지만, 인종, 종교, 국적, 섹슈얼리티 주제에 관해서는 편협한 저의가 뚜렷하다. 또 다른 가짜 학술 웹사이트인 역사비평연구소Institute for Historical Review는 언뜻 보기에는 역사와 정치에 대해 소통하는 것처럼 보이는 연구 논문 같은 학술 자료들을 제공한다. 그러나 자세히 분석하면 그들이 행한 조사 보고의 실체가 드러난다. "아우슈비츠 이야기의 새로운 '공식적' 변화New 'Official' Changes to the Auschwitz Story"라는 제목의 ≪역사 리뷰 저널Journal of Historical Review≫의 글은 수많은 다른 "조사 보고서"와 마찬가지로, 수백만 유대인들이 나치 강제수용소에서 가스로 학살당했다는 주장을 뒤엎는 일에 착수한다. 사람들은 사악한 유대인의 음모와 같은 주제들에 대한 다른 정보 섹션들을 함께 보며, 홀로코스트 부인에 전념하는 그 사이트의 작업 뒤에 있는 반유대적 동기를 알게 된다.

신뢰할 만한 정보의 또 다른 중요한 상징은 홈페이지에 학술적 기표들이 있다는 것이다. 이러한 학문적 기량과 위상이 76%의 표본에서 발견되었는데, 여기에는 박사 학위 증명서, 분명하지 않은 대학 소속, 심지어 더 명확하지 않은 지적 협회 같은 자격을 열거하는 웹사이트부터, 다양하다. 예를 들어 창의력동맹Creativity Alliance 사이트는 인종적 진화와 우월성이라는 명분에 찰스 다윈의 이름을 그릇되게 적용했다. 기표들의 다른 예로는 그 공동체의 위상을 높이기 위해 "학계"를 후원하는 것에 대한 언급이 있다. 대부분의 독자들은 프랭크 웰트너Frank Weltner에 대해 들어본 적이 없을지 모르지만, 유대인 감시 웹사이트는 홈페이지 설명에서 그를 "우리의 목표, 초점, 철학에 대한 프랭크 웰트너의 역사적 진술. 프랭크 웰트너, 영어 석사, 유대인 감시 프로젝트의 사서"[8]로 소개한다. 여기에서 웰트너의 실제 신원은 그가 사이트에 가져다준 그런 훌륭한 자격만큼 중요하지가 않다. 웰트너의 영어 석사 학위나 사서라는 위상과 같은 학술적 기표들은 학구적 성향의 방문자들 사이에서 신뢰를 불러일으킬 수 있다.

학술적 기표는 특정 웹사이트의 학문적 신뢰성을 돋보이기 위해 이용되는 반면, 네트워크 링크는 그 사이트가 속한 더 넓은 지식 분야에 대한 인상을 강화하기 위해 만들어진다. 이 샘플에서 5개 웹사이트를 제외한 모든 웹사이트가 문화적 우월주의 커뮤니티를 확대하고 통합하는 형태의 네트워크 링크들을 게시했다. 오직 온라인에서만 가능한 이 하부구조적 요소는 인종차별주의적이고 급진적인 운동에 그들이 정보화 시대 이전에는 결코 갖지 못했던 새로운 이동성과 공유된 위상을 갖게 했다. 사실상 25개 웹사이트의 전체 표본은 거반 서로 연결할 수 있다. 국민동맹National Alliance 홈페이지는 독자들을 뱅가드 뉴스네트워크Vanguard News Network로 직접 데려가며, 미국자유당American Freedom Party은 팔로어들을 옥시덴탈옵 서버로 연결하고, 겉보기에 교육적인 것처럼 보이는 마틴루터킹닷오아르지MartinLutherKing.org는 방문자들을 웹에서 가장 큰 혐오 공동체인 스톰프런트로 데려간다. 매스 커뮤니케이션의 다른 매체에서는 이런 경합하는 백인민족주의와 극단주의 단체 대다수가 같은 지리적 공간을 거의 공유하지 않는다. 미래의 추종자들은 말할 것도 없다. 그러나 온라인에서 이런 커뮤니티들은 전략적으로 겹치며, 따라서 공통 전선 뒤에 정렬하고 있는 것처럼 보인다.

혐오 네트워크들이 백인우월주의자, 반LGBT 집단, 스킨헤드, 네오나치들의 횡단면을 꾸준히 혼합함에 따라, 그 저자들은 보다 전통적인 기존 소셜 미디어에도 동시에 접근하고 있다. 주류 웹 링크라는 특징이 76%의 샘플에서 발견되었는데, 이것은 정보세탁 과정의 기본 요소를 분명히 보여주며 어떻게 혐오 웹사이트들이 CNN, 유튜브, 위키피디아 같은 신뢰할 만한 출처들의 콘텐츠를 빌려 쓸 수 있는지를 보여준다. 주류와의 연계 사례는 국가사회주의운동National Socialist Movement 사이트 같은 홈페이지에서 눈에 띄게 자주 발견되었는데, 이 사이트에는 ≪뉴욕 타임스≫, 폭스 뉴스, ≪런던 타임스≫ 웹사이트들의 뉴스 기사 제목에 대한 링크가 있었고 이를 그 저자들도 모르게 했음은 말할 것도 없다. 그러나 실제 뉴스보다 더 공통적인 것은 라디오 팟캐스트부터 뉴스, 인종차별적 만화, 혐오 록 음악에 이르는 온갖 종류의 콘텐츠를 스트리밍하는 유튜브 동영상의 존재였다. 유튜브 동영상의 유포는 트위터 팔로잉, 페이스북 링크와 함께 상호작용적 환경의 느낌을 구축하는 데 기여했다. 오늘날 웹 여행자들은 전문적인 웹사이트가 그들의 일상 소셜 미디어 도메인과도 연결될 것이라고 기대하게 되었다. 이것들은 정교한 홈페이지의 디지털 지표들일 뿐만 아니라 넷 세대가 소통하는 데 익숙해진 가상 언어다. 유튜브에 이미 익숙한 젊은 인터넷 사용자들의 관점에서, 창의력동맹과 같은 웹사이트에 유튜브와 제휴한 듯한 모습이 보이면 그들의 유튜브 채널인 CA-TV에서 표현된 그런 인종차별적인 정서를 사회적으로 더욱 받아들일 수 있는 것처럼 보이게 만들 뿐이다. 웨스트버로침례교회 사이트에서는 사용자들에게 "트위터에서 우리를 팔로하라"라고 부추기며, 데이비드 듀크의 인기 홈페이지는 방문자들에게 "페이스북에서 우리에게 좋아요를 눌러달라"라고 요청하는데, 이는 오늘날의 혐오집단들이 사회자본의 힘을 어떻게 이해하는지를 명백하게 보여준다.

커뮤니티 구축

온라인 방문자가 정보를 찾건 우정을 찾건 극단주의 웹사이트에 가서 그곳에 머무는 시간이나 다시 올 가능성은 그들이 그 공간의 문화와 동질감을 얼마나 많이 느끼는가에 달려 있다. 이는 팔로잉을 끌어들이기 위해 고안된 대부분의 웹사이트에 해당되는 말이다. 조사한 25개 웹사이트 대다수에는 공개 포럼과 구매 가능한 상품과 같은 공동체적 특징이 있는데, 이는 새로운 방문자들이 그 공간의 문화에 적응할 수 있게 독려한다. 공개 포럼은 사용자들이 자신의 기사, 토론 주제, 댓글을 게시할 수 있는 모든 웹 특징을 명백히 보여준다. 어떤 경우에는 포럼이 커뮤니티의 중심축이 되어 편협한 표현의 온상 역할을 했다. 예를 들어 스톰프런트 웹사이트는 "신학", "시", "과학, 기술, 인종"과 같은 문제에 관심 있는 "학식 있는 방문자"에게 수십 개의 커뮤니티 포럼과 하위 포럼을 제공한다. 스톰프런트는 또한 인종과 무관해 보이는 가족 문제에 대한 토론에 참여하도록 회원들을 부추긴다. 방문자는 "돈이면 다 된다Money Talks" 섹션에서 재정을 논의하거나, "건강과 피트니스"에서 심혈관 질환에 대한 조언을 얻거나, "가정관리"와 "교육과 홈스쿨링"에서 부모들의 조언을 공유할 수 있다. 그런 토론 게시판은 이런 식탁 주제들에 대한 정겨운 농담과 기치 아래 백인파워 명분을 정상화하는 것으로 보인다. 그러나 퍼블릭 도메인 안에서도 노골적으로 편협한 정서로 오래 계속된 토론 스레드들이 발견된다. 웨스트버로침례교회 웹사이트에서 동성애자, 유대인, 이슬람교도, 오바마 대통령을 겨냥한 "공개서한들"은 회원들이 신앙에 기반한 혐오를 분출할 수 있도록 종래 방식의 환경을 제공한다. 다른 웹사이트 포럼들은 기본적인 혐오 의제와 더 직접적으로 연관된다. 현재 내셔널뱅가드National Vanguard 포럼은 "백인 미국인들이 박멸의 대상이 되고 있다"와 "백인에 대한 또 하나의 악랄한 흑인 범죄"[9]에 대한 토론 스레드들이 특징적이다. 이러한 포럼들의 잠재적 문젯거리는 그 안에서 욕설을 퍼붓는 수위뿐만이 아니다. 더욱 문제인 것은 이런 생각을 공유하는 뜻 맞는 사람들이 성난 군중의 정신과 호전성을 집단적으로 배양할 수 있는 곳에 함께 모여 있다는 사실이다.

대다수 웹사이트들은 커뮤니티 포럼을 활용하는 것 외에도 회원의 초대를 통해 들어온 신입 회원들을 세뇌하려고 했다. 대부분의 인터넷 사용자에게 웹사이트 접속을 위해 계정을 만드는 가입 관행은 나중에 고려할 사항으로, 즉 중앙 사이트 제공물로 가는 도중의 잠시간 우회다. 그러나 오늘날 가장 정기적인 사용자들조차, 웹사이트에서 이 계정을 만드는 옵션이 이메일, 개인 정보, 그리고 때로는 돈을 받는 배달 시스템이라는 것을 깨닫지 못한다. 백인파워 사이트의 경우, 그 동일 특징들은 동료 우월주의자 사이에 적극적인 지원 시스템과 커뮤니티 봉사활동을 구축하는 데 도움을 주었다. 대부분의 경우 여기에서 조사한 웹사이트들은 커뮤니티에 접속하기 위한 초기 로그인 페이지가 필요하지 않았다. 오히려 회원 옵션으로 비공개 포럼과 같은 특정 특집에 대한 접근을 허용했다. 이 짧은 교환 후에 때때로 기부 요청이나 다가오는 모임들에 대한 정보가 있었다. KKK 홈페이지에서는 방문자들에게 전국 행사에 참석하거나 자체 지역 캠페인을 시작하여 "참여"하기를 권장한다.[10] 이런 식으로 회원/가입 기능은 디지털 커뮤니티를 넘어 전통적 형태의 오프라인 커뮤니티로 향하는 첫 단계로 볼 수 있다. 대부분의 방문자가 단지 로그인으로 그 단계를 밟는다는 것을 깨닫지 못하지만, 실제로 그들은 언젠가 새로운 사용자와의 보다 실질적인 것으로 실현될 관계 형성을 향한 "문간에 발 들여놓기"를 혐오집단에게 허용한 것이다.

상품 판매도 회원 가입과 마찬가지로 극단주의 웹사이트가 팔로어를 *통해* 그리고 디지털 영역을 넘어 그들의 문화를 전달할 수 있게 해준다. 상품화 계획 특징은 주최 조직이나 그 회원들이 판매하거나 공유하는 모든 상품으로 명시된다. 25개 혐오 사이트 중 절반 이상이 인종차별적이거나 과격한 상품을 제공했는데, 명백히 그중 대다수는 젊은 소비자들을 겨냥했다. 마우스 패드, 티셔츠, 화이트아리안 레지스탕스 음악 CD, 배낭, 기타 문화 자료와 같은 아이템들은 총괄적으로 이런 온라인 시장에서 교환되고 있는 "백인 프라이드" 상품이 번성하는 장면을 보여주었다. 스톰프런트와 같은 웹사이트들은 회원이 다른 방문자들에게 "정통 히틀러 유겐트 나이프"나 "생존/전술/무기/화기/기타"와 같은 다양한 물품을 판

온라인 세계의 극단주의: 광신, 인종차별, 분노

매할 수 있는 안내광고를 제공한다. 비백인종의 위협과 증가하는 백인 폭동에 대한 논의를 둘러싼 맥락에서, 그러한 상품들은 놀라운 의미를 지닌다.

이런 웹사이트에서 발견되는 대부분의 상품은 착용되거나, 걸려 있거나, 재생된다는 것을 의미한다. 그런 상품들은 단지 이윤을 남기기 위해서가 아니라 명분을 중심으로 "근사한cool" 청년 문화를 보여주기 위해서 팔린다. 엄청 잘나가는 소매 웹사이트 타이트로프닷시시Tightrope.cc의 백인 프라이드 용품 판매는 다른 사람들이 볼 것이며 아마 몇몇의 이목을 집중시킬 것이다. 여기에서 신입 모집의 목표는 백인파워 룩과 사운드가 젊은 세대에게 제공하는 브랜드와 매력을 통해 모색되고 있다. 그러므로 이 웹사이트들은 단지 티셔츠를 파는 게 결코 아니다. 그들은 그 운동을 효과적으로 팔고 있다.

마지막으로 그리고 아마 가장 문제인 것은 이러한 주요 혐오 사이트 중 거의 3분의 1이 명백히 청소년 청중을 겨냥한 애플리케이션을 제공했다는 것이다. 어린이 인기물을 포함한 것은 꽤 쉽게 알아볼 수 있었는데, 게임, 퍼즐, 만화, 록 음악과 같은 재밋거리는 그들 말고 또 누구를 겨냥하겠는가? 청소년 기반 플랫폼의 지표에는 "아이들", "청소년단", "십 대", "학생"들을 위해 간단히 요약된 저명한 포럼과 그런 연재물들이 포함되어 있다. 청소년 방문자는 마틴 루터의 유산을 더럽히기 위해 특별히 개설된 가짜 전기 웹사이트 마틴루터킹닷오아르지에서 "MLK(마틴 루터 킹) 팝 퀴즈"와 "전단지를 다운로드해서 학교에서 나눠주세요"[11]라는 문구를 발견한다. 이러한 사악한 전술은 청소년 신입 모집 전략이 놀랍게 작동하고 있음을 보여주며, 1930년대 독일의 히틀러 청소년단Hitler Youth(히틀러 유겐트)을 기억나게 한다. 오늘날의 새로운 청소년단은 자체의 기사당 청소년조합Knights Party Youth Corporation을 만든 KKK.com이나 바이킹 청소년조합Viking Youth Corp을 위해 현재 포럼을 제공하는 국가사회주의운동과 같은 웹사이트에서 홍보되고 있다. 다른 웹사이트들은 심지어 젊은 방문자들의 관심을 끌기 위해 상호작용적인 인기물을 더 많이 제공했는데, 퍼즐, 만화, 백인 전사 슈퍼히어로들을 묘사한 풍자만화 같은 것들이다. 십대들에게 화이트아리안 레지스탕스 사이트에 있는 "동성애 놈들을 쏘아라Shoot the fags", "우르르 꽝Kaboom—아랍 훈련 게임" 같은 비디오게임들은 가벼운 기분으로 하는 오락거리를 의미한다. 국가사회주의운동의 NSM88 Records와 같은 그 밖의 사이트들은, 특정 청중에게 호소하는 성난 록 음악의 인기 언어로 말한다. 코언Cohen이 연구에서 제시했듯이 "또래에게 소외감을 느끼는 십 대들이 혐오 록이 보내는 백인종에 대한 연대와 자부심 메시지에 가장 민감하다".12

결국 모든 음악, 게임, 포럼, 소셜 미디어, 상품 아래에서 이러한 웹사이트 제공물들은 이중 기능을 수행한다. 그들의 공통 목적은 웹사이트를 위한 커뮤니티 구축과 개인을 위한 정체성 구축이다. 비록 그들이 디지털 원주민의 기술 지향적 감각을 넌지시 만족시키는 이러한 특징을 활용하거나, 가족 가치, 애국심, 종교적 영감과 같이 통합적인 사회적 주제들을 이용한다 해도, 프레젠테이션에 깔린 가장 중요한 메시지는 여전히 편협, 인종적 분노, 때로는 폭력적 권고 중 하나다. 2부에서 우리는 장막을 들어 올려 화려한 커튼 뒤를 자세히 살펴봄으로써 디지털 혐오 커뮤니티의 실제 메시지, 언어, 암묵적 의제를 탐구할 것이다.

2부 인종차별주의적 메시징 시스템 해체

뉴스 피드, 회원, 유튜브 링크의 목적이 극단주의 커뮤니티를 정당화하는 것이라면, 이러한 프레젠테이션 특징들의 기초가 되는 공통 담론도 주된 목표에 기여한다. 그것은 특정 목적을 위해 커뮤니티를 동원하는 것이다. 이 25개 웹사이트뿐만 아니라 수천 개의 다른 혐오 웹사이트에서 발견되는 수사법이, 편협의 감정을 불러일으키고 온라인 청중들을 인종차별주의적 반란으로 결집하려고 만들어진다는 것은 별로 놀랄 일이 아니다. 오늘날 인종차별적이고 급진적인 웹사이트에서 발견되는 담론은 국가 안보 위기나 지역 범죄의 급증이라는 적법한 시기에 들리곤 하는 경보 언어와 다르지 않게, 경고, 공포, 분노, 저항, 행동과 비슷한 어조를 실어 나른다. 단지 이러한 반향이 더 큰 선을 위태롭게 하는 국가나 지역의 위협적인 거리 갱단을 향하지 않을 뿐이다. 그 반향은 우리의 한가운데서 그리고 내부로부터 우리 문화를 침략한다고 추정되는 모든 사람, 즉 "비백인 억압자"를 향한다.

인종차별적인 정서들이 잘 포장된 선전 캠페인이 되었을 때 역사가 보여주듯이, 그것들은 때때로 문화적 편집증을 지닌 소수의 호출을, 다수를 소집하는 미친 듯한 호출로 바꿀 수 있다. 그런데 오늘날의 혐오 웹사이트에서 이러한 메시지들을 어떻게 확인할 수 있을까? 우리가 이미 살펴보았듯이 그것들은 종종 신뢰할 만한 정보의 아웃렛으로 가장하고 있다. 이 질문에 답하기 위해 우리는 디지털 혐오 문화의 마지막 층을 벗겨내고 소위 사실이라는 것들, 음모 이론, 그리고 현대의 인종차별주의적 메시징 시스템인 암호문의 고속도로에 진입할 것이다.

「백인우월주의자, 대항문화, 월드와이드웹White Supremacists, Oppositional Culture and the World Wide Web」이라는 연구에서 애덤스Adams와 로시뉴Roscigno는, 백인파워 캠페인 성공의 대부분이 반복되는 주제들을 능숙하게 퍼뜨린 데 기인한다고 말했다. 그 하나가 비백인종들의 "악한 음모"에 대항하는 백인들의 "의로운 십자군"이다.[13] 이들은 "십자군과 음모를 나란히 놓은 것이 많은 백인우월주의 단체들에게 유력한 신입 모집 프레임과 정체성을 제공했다"라고 주장했다. 음모와 십자군의 이 결합은 또한 여기서 조사 중인 웹사이트들에서 발견되는 공통 스레드로서, 비백인종에 대한 공포와 혐오에 관해 보다 구체적인 서사들을 주입시켰다. 그러나 이런 혐오 도메인들이 유포하는 "뉴스 콘텐츠"의 프레임 분석에서 나온 또 다른 중요한 주제가 있는데, 그것은 포위 공격을 받고 있는 억압받는 백인 소수자라는 이미지다.

방어적 반란defensive-uprising 프레임은 이러한 공통 메시지들을 조사하는 다음 글에서 중심 초점이 될 것인데, 이 메시지들은 모두 백인종이 사실상 예속된 새로운 문화적 소수이며 억압적인 비백인 다수에 맞서 스스로를 방어해야 한다고 주장한다. 이러한 표현은 이런 도메인들에서 다양한 형태를 취하는데, 전형적으로 방어적 반란 프레임은 인종차별주의적인 개인은 물론 일부 정치 지향적인 시민, 반정부 단체, 여러 젊은이의 반항적 성격에 호소하는 문화적 반란의 기본 감정을 일깨운다. 아프리카계 미국인 아홉 명을 살해한 딜런 루프는 어떻게 처음으로 백인민족주의 관점을 깨달았는지를 자신의 선언문에 기록했다. 구글 검색에 "백인에 대한 흑인 범죄"를 입력한 그는 곧바로 우리가 탐색하고 있는 도메인으로 연결되었다. 일단 인종차별주의적인 변두리 속으로 들어가면, 다음에 이어지는 맨 앞의 서사들이 그는 물론 수많은 사람들이 발견할 것들이다.

인종차별주의적/급진적 웹사이트들이 내놓은 여섯 가지 "사실"

오늘날 갱신된 혐오 커뮤니티 대다수에서 발견할 수 있는 수사법적 모델은 미국의 인종, 문화, 정체성에 대한 "진실 말하기truth-telling" 메시지다. 흔한 말로 "주류 사회는 어리석게도 특정 집단에 대한 위험한 진실을

　온라인 세계의 극단주의: 광신, 인종차별, 분노

모르고 있지만, 이/ 웹사이트는 결국 이 문화의 현실을 폭로할 것이다"라는 뜻이다. 인종적 우월성과 분노의 함축이라는 반복적 주제들이 이런 웹사이트를 통해 퍼지면서, 비백인의 미국에 대한, 소위 "사실"이라고 말하는 것들의 구체적인 프레이밍이 출현하기 시작한다. 우리가 지금 이런 사이트의 방문자로서 그곳의 전문 디자인을 통해 그들의 정당성을 부분적으로 확신하고 있다고 생각한다면, 다음 주제들은 그곳에서 제공하는 뉴스와 댓글들을 더 깊이 읽을 때 우리가 직면할지도 모를 것들이다. 다음의 "사실들"은 여기서 지정한 맥락에서는 명백한 허구처럼 읽히겠지만, 각각의 사실은 상호 연결된 디지털 혐오 문화를 통해 매일매일 순환하는 광범위한 오보misinformation의 구조에서 도출되었다는 점을 주목해야 한다. 그리고 기술 분야 작가인 파하드 만주가 독창적인 저서『참이기에 충분한True Enough』(옮긴이: 한국에서는『이기적 진실』로 번역되었다)에서 요약했듯이, 온라인 세계에서 사람들은 자신만의 사실을 선택한다.14

1. 백인들은 미국 흑인의 치명적인 위협으로 포위당했다

2015년 10월 기준으로 보수시민위원회Council of Conservative Citizens 웹사이트를 방문하면 홈페이지에서 미국 생활의 단편들로 추정되는 30편의 뉴스 기사 모음을 볼 수 있다. 그것은 사우스캐롤라이나 여성이 "인종적인 혐오범죄로 거의 죽을 뻔했다", "인종적 혐오범죄가 판치는 루이빌 피자 배달", "인디애나폴리스에서 또 다른 인종적 혐오범죄 살인 발생", 이어서 세인트루이스, 리치먼드, 터코마, 뉴욕, 앵커리지 등에서 일어난 인종 범죄에 대한 비슷한 기사들을 모은 것이다.15 이 폭력의 콜라주에 있는 모든 사건에서 두 개의 상수는 피해자와 가해자의 신원이다. 백인 미국인이 흑인 미국인에게 잔인하게 희생되었다는 이야기는 매일 보수시민위원회 웹사이트의 뉴스 피드를 통해 퍼지는 압도적인 주제일 뿐만 아니라, 오늘날 인종차별주의 웹 커뮤니티들에서 발견되는 가장 흔한 서사일 것이다. 특히 백인종이 포위당했다는 주장은 아프리카계 미국인 가해자들의 손에 당한 백인 남성·여성·어린이에 대한 강도, 폭행, 살인의 보고에서 거의 의기양양하게 그려진다. 사실상 그러한 지역 이야기들은 종종 진짜 사건들에 기초하고 있기에, 이런 사이트들의 정기 방문자라면 누구든 대부분의 흑인 남성들은 백인종을 해코지하려 한다는 논리적 결론을 내리도록 놔두는 것이 된다.

그런데 이런 이야기들이 흑인 가해자들이 저지른 살인을 묘사한다 해도, 백인에 대한 조직적인 대량학살이라는 개념은 이러한 사건들을 유행병으로 그리고 우리 집 뒷마당에서 일어나는 일로 프레임하려는 웹사이트 작성자가 만들어낸 순수한 창작물이다. "대부분의 프레임은 그것들이 포함하는 것뿐만 아니라 누락시키는 것에 의해서도 규정된다"라는 엔트먼의 이전 설명을 상기하면, 이 특정 뉴스 프레임에서 압도적으로 누락된 것은 가해자가 사실상 흑인이 아닌 다른 범죄 이야기들이다. 2012년 미국 법무부 통계국은 전국의 "모든 강력 범죄 60%에서 백인 남성과 여성이 체포되었다"라고 보고했다.[16] 같은 연간 보고서에 따르면, 흑인 남성들은 주로 다른 흑인 남성들에 대한 살인을 더 많이 저질렀는데, 이는 전국 평균의 45.6%에 해당하는 5095건의 살인이다. 그러나 백인 남성은 국가 살인율의 41.5%에 해당하는 4631건의 중죄에 책임이 있었다. 이 수치들은 대략 수십 년 동안 지속된 추세를 반영하며, 대표하는 수천 명이 어느 인종이건 다른 남성과 여성을 죽이고 있는 상황에서 어떤 인구통계학적 수치도 "결정타"가 아니다.

그런데 이 설명에서 흑인 강력범의 수도 많고 또한 백인 가해자의 비율도 높은데도, 이런 혐오 웹사이트들이 제공하는 뉴스 기사 중에 백인 가해자가 저지른 단일 폭력 행위에 초점을 맞춘 것은 거의 없다. 하나만

온라인 세계의 극단주의: 광신, 인종차별, 분노

예외다. 보수시민위원회 웹사이트를 정기적으로 드나들던 21세 딜런 루프가 저지른 치명적 총기난사는 몇몇 웹사이트에서 다루었다.

그러나 이 특별한 뉴스 기사는 "진보적 미디어가 부풀린 흑인에 대한 백인 범죄"라는 유례없는 사례로 가장 자주 프레임되었다. 실제로, 보수시민위원회 웹사이트에서 받은 영감을 인용한 루프의 선언문을 접하고 해당 웹 커뮤니티는 뉴스 미디어에 다음과 같은 성명을 발표했다.

> [그런] 범죄들에 대한 [우리] 사회의 침묵은 —"인종차별로 물든" 행위들에 백인들이 엄청난 관심을 기울였음에도 불구하고— 오직 딜런과 같은 사람들의 분노를 증가시킬 뿐이다. 이 이중 잣대는 *오직 살인적 좌절감에서 오는 행위들을 더 가능성 있게 만든다*[협회 강조]. 선언문에서 루프는 많은 백인들이 느낀 또 다른 불만들을 말한다. 다시 말하지만, 우리는 루프의 비열한 살인을 전적으로 비난한다. 그러나 그것은 루프가 표출한 일부 입장들에 대한 정당성을 조금도 손상시키지 않는다.[17]

보수시민위원회 대변인의 말은 미국 흑인의 위험성에 대한 주류 미디어의 인식이 충분하지 않다는 백인민족주의 웹사이트들의 근본적인 서사를 반영한다. 역설적이게도 표본에 있는 일부 웹사이트들은 자신들이 주류 출처에서 얻은 아프리카계 미국인 가해자들에 관한 뉴스 기사를 게시하는데, 빌려온 머리기사들을 "보강 증거"로 홈페이지에 내놓는다. 표본에서, 방문이 많은 아메리칸 르네상스 웹사이트는 "구타로 죽음에 이른 우등생"과 "아마추어 동영상에 포착된 구타 치사"와 같은 제목의 기사들을 전략적으로 재게시했다. 이런 이야기들은 전통적인 뉴스 아웃렛에서 보고된 것인데, 이 인기 있는 백인민족주의 사이트에서는 서로 가까이 재배치되었다. 이러한 뉴스 사건들이 함께 결합되면 자주 오는 독자들의 마음에 공포와 인종에 기반한 분노를 효과적으로 불러일으킬 수 있는데, 이것이 바로 그들의 의도다.

2. 히스패닉계 이민자들이 미국의 백인 유산과 생계를 파괴하고 있다

20세기의 많은 부분을 규정했던 인종차별주의와 지금의 천 년기에 들어선 인종차별주의 사이에 한 가지 차이점이 있다면, 그것은 아이러니하게도 현대적인 편협의 초점이 상당히 다양해졌다는 것이다. 한때 아프리카계 미국인 공동체만 저격했고 미국 사회의 저변에서 아직도 불타고 있는 편견은 최근 몇 년 동안 눈에 띄게 확대되어 다른 인종들을 포함시켰는데, 히스패닉계 혈통의 인종만큼 불붙은 인종은 없다. 2010년 인구조사에 따르면, 히스패닉계 미국인들이 미국에서 가장 빠르게 성장하고 가장 많은 인구학적 소수민족이 되면서, 미디어 구석구석에 라틴 문화의 진출이 증가했다. 그러나 커가는 히스패닉의 대표성을 전혀 반기지 않는 특별한 구석의 한가운데에 백인민족주의 분노가 자리 잡고 있다.

히스패닉계 미국인들을 둘러싼 담론은 총체적으로 그들의 인구구조를 분노와 공포로 질주하는 두 전선으로 프레임했다. 첫 번째로, 합법적이건 불법적이건 히스패닉 이민자들을 광범위한 범죄성의 징조로 제시했다. 그리고 두 번째로, 결정적인 주제는 한 걸음 더 나아가, 중남미계Latino 문화를 미국적인 생활방식을 침범하고 추월하는 것으로 특징지었다. 미국자유당은 "2000년 이후 인구 증가의 75%가 이민으로, 2065년까지 1억 명 더"[18]라는 헤드라인을 실었다. 옥시덴탈옵서버는 "백인의 경제적 지위 하락"[19]에 대해 보고했으며, 브이데어는 "히스패닉계 미국인이 백인 미국인보다 복지 혜택을 받을 가능성이 세 배 더 높다"[20]라고 독자들에게 경고했다.

소위 말하는, 이민에 대한 또 다른 사실들은 주로 불법이민자로 제시된 히스패닉계 미국인들이 그들의 중남미계 문화로 미국 교육 시스템, 영어, 지역 공동체 상점들을 체계적으로 해체하고 있다는 주장을 포함했다. 그러나 실제로 이런 진술들은 이민보다 피부색에 대한 근본적 우려와 더 크게 관련된다. 뱅가드 뉴스네트워크 기사는 보다 명확하게 기술했다. "저 갈색 피부의 침략자들은 우리나라에 남아 있는 것을 망치는 데 큰 역할을 할 것이다."[21] 히스패닉계가 미국의 일자리와 문화에 침투한다는 주장 밑에 있는 핵심 주제는 "백인 몰아내기"라는 생각이다. 이것은 유럽계 미국인들의 생계, 재산, 자랑스러운 역사를 자신들이 빼앗기고 있다는 두려움이며, 그들의 팔로어들을 계속 분노케 하고 경계심을 유지시키기 위해 인종적 광신도들이 사용하는 필수적인 수사적 도구다. 이민쟁점은 극단주의라는 브랜드를 주류 정치 담론에 병합하려고 애쓰는 혐오 웹사이트에 인종차별주의와 외국인 혐오증을 애국적 민족주의로 위장시켜 주는 완벽한 속임수를 제공한다. 이것이 백인우월주의자들의 새로운 전략은 아니지만, 그 주변에서 떠오르는 담론은 현재 대다수의 백인을 멸종 위기에 처한 종으로 프레임하는 방식에서 독특하다.

3. 유대인은 실제로 미국의 문제들 뒤에 있으며, 우리 기관들을 통제하려는 음모를 꾸미고 있다

중남미계 사람들은 미국의 문화를 빼앗으려 하고 아프리카계 미국인들은 백인종을 몰살하겠다고 서서히 위협하고 있다면, 유대인들은 이들 뒤에, 그리고 자신들의 개인적 이익을 위해 사회를 약화시키려고 고안한 그 밖의 모든 국가적 병폐 뒤에 존재한다. 이런 주장은 인종차별주의적 운동의 웹페이지에서건 급진적 운동의 웹페이지에서건 비슷하다. 웨스트버로침례교회, 뉴블랙팬서, 아메리칸 르네상스 웹사이트들은 각각 종교적 극단주의에서 좌익 급진주의, 우익 인종차별주의에 이르기까지 매우 다른 형태의 혐오 문화를 대표하지만, 그럼에도 각각은 하나의 공통 스레드에 묶여 있다. 즉, 그들의 악의적인 반유대주의다.

사회를 통제하려고 또는 전 세계 지배를 추구하려고 대규모의 음모를 꾸미는 유대인이라는 주제는 여러 시대에 걸친 반유대주의 선전에 깊이 뿌리박고 있다. 실제로 이런 메시지 전략의 증거는 일찍이 러시아의 『시온 장로 의정서』 조작에서 그리고 그 후 1930년대와 1940년대 독일 나치즘의 서사들에서 보였다. 두 사례 모두에서 음모 혐의가 출현했던 나라들은 경제적 혼란에 직면해 있었고, 나라의 지도자들은 국가의 문제를 해결하기 위해 유대인을 희생양으로 삼았다. 마찬가지로 오늘날도 미국이 직면하고 있는 경제 위기 상황에서 증가하는 미국 문화의 다양성과 맞물려, "그 모든 것 뒤에 있는 유대인의 음모"라는 근거 없는 외침이 또다시 떠오르고 있다.

프레임 분석은 유대 민족이 비난을 받아야 한다고 주장하는 전 세계적이고 국가적인 장황한 문제들을 밝혔는데, 테러 집단 ISIS의 부상, 중동의 내전들, 세계경제 대참사를 비롯하여 미국 국내에서는 민권운동인 "흑인 생명도 소중하다", 이른바 크리스마스 전쟁war on Christmas, 범죄율, 정치적 부정부패, 그리고 아이러니하게도 인종차별주의 그 자체에 이른다. "BBC에 대한 유대교와 시오니스트의 영향력",22 "[시리아] 침공 '환영 전선'의 유대인들",23 "이웃[중동]의 무정부 상태를 조장하는 유대인우월주의자들",24 "유대인, 다문화주의, 자유 언론과의 전쟁"25과 같은 기사 제목들은 총체적으로 현대 문명을 안으로부터 해체하려는 음모를 꾸미는 자들로 유대 민족을 묘사하는 광범위한 시도를 보여준다. 그러나 그들은 또한 자신들이 인지한 미디어, 정치, 금융, 학계 같은 기관들에 대한 마키아벨리적인 영향력으로 시작하는, 유대인의 지배 이면에 있는 방법론도 암시한다. 이러한 사회의 기둥들은 종종 유대인 음모자들에 "돌파당한 기관들"로

온라인 세계의 극단주의: 광신, 인종차별, 분노

제시된다.

유대인의 음모 프레임 최전선에는 옥시덴탈옵서버, 데일리스토머, 유대인 감시와 같은 웹사이트들이 있는데, 이들은 소위 작동하고 있는 유대인의 음모라고 하는 것들을 수백 개 열거하고 있다. 그것들은 "유대인의 은행 및 금융 조작"에서부터 "[유대인] 협회들의 군림", 미국을 세뇌시키기 위한 "유대인의 할리우드 기계"에 이른다.26 혐오 커뮤니티들의 뉴스 피드들을 순환하는, 소위 또 다른 음모로 알려진 것은 유대인들이 "다문화주의"를 백인의 기독교계 미국을 전복시키기 위한 비밀 무기로 사용한다고 주장한다. 예를 들어, 백악관에 있는 오바마 대통령의 유대인 조언자들과 관련된 일련의 이야기들이 있는데, 유대인들이 아프리카계 미국인 대통령을 이용해 미국을 약화시키려고 계획적으로 치명적인 다양성 기획을 추진하고 있다는 주장이다.

음모 프레임의 마지막 요소 하나는 유대 민족이 세계의 환심을 사기위한 수단으로 홀로코스트라는 "거짓말"을 이용하고 있다는 내용이다. 홀로코스트 부인은 백인파워 근거지에서는 일종의 강박관념이며, 이 맥락에서 수백만 명의 집단학살은 유대 민족이 펼치는 정치적 협상 카드로 전락한다. 현대의 혐오 문화에서 교활한 유대인 거짓말쟁이와 계략가라는 꾸준한 서사는 "열등한 인종들"이 어떻게 사회에서 여전히 번성할 수 있는지를 설명하는 공통분모를 극단주의자들이 손쉽게 제공하도록 해준다. 그들의 주장으로는 사회 기관들을 장악하고, 여론을 조작하며, 가장 교묘하게는 다문화 운동들을 이용하여 사회를 악화시키고 있는 자들이 바로 유대인이다.

4. LGBT 커뮤니티는 미국 가정을 타락시키고 종교의 자유를 위협할 것이다

2015년 6월 26일 미국 대법원은 5 대 4의 결정으로 모든 동성 커플의 결혼할 권리를 전국적으로 합법화했고, 이는 게이와 레즈비언 공동체에게는 역사적인 승리였다. 그러나 그 결정 직후 광적인 반LGBT 운동은 월드와이드웹을 통해 독설적인 수사를 쏟아냈다. 아메리칸 르네상스의 "동성애자의 권리, 시민권, 어떻게 자유가 죽어가는가Gay Rights, Civil Rights, and How Freedom Dies"와 같은 기사들은 현재 어떻게 이런 편협 커뮤니티들이 LGBT 평등을 위한 중요한 순간을 미국의 자유를 위협하는 위험한 한계점으로 프레임하고 있는지를 압축하고 있다.[27] 미국적 생활방식에 대한 집단적 위협이라는 주제는 급진적 우파에서 동성애 혐오에 대한 새로운 강조점이 되었고, LGBT 커뮤니티에 대한 해묵은 악마화와 함께 사회적 질병으로 뭉쳐졌다. 그러나 2015년 판결이 통과된 이후 반동성애 목소리는 LGBT 시민과 그 지지자들에 대한 혐오를 드러내는 데 훨씬 더 격렬해졌는데, 이는 어쩌면 줄어드는 사회적 적합성을 보상받으려는 듯이 보인다. 데일리스토머의 한 기사는 오바마 대통령은 "동성애의 자유Gay Freedom를 종교적 자유보다 더 중요"하게 본다는 날조된 머리기사를 퍼뜨렸는데, 이는 지금 자신의 권리가 위기에 봉착해 있다고 여기는 종교적인 독자들의 방어 태세를 자연스럽게 불러일으킬 내용이었다.

가족연구소와 웨스트버로침례교회 같은 웹사이트들의 수사법은 공통적으로 LGBT 커뮤니티가 자연적이지 않고 심지어 현대 가족에 해로운 것으로 특징짓는데, LGBT 시민들은 그들의 성적 지향을 다른 사람에게 옮길 수 있다는, 즉 동성애도 바이러스처럼 전염성이 있고 치료 가능하다는 오래된 주장들을 이용한다. 그러나 진정한 과학은 그런 증거를 발견하지 못했고 대부분의 미국 대중문화도 현재 그 사실을 인정한다. 가족연구소 웹사이트는 전략적인 대조를 취하면서 동성애자들이 이성애자들보다 모든 면에서 건강하지 않음을 입증하는 "리서치"를 제공하는데, 포함하는 질환들은 비만, 우울증, 심장병, 알코올중독, 흡연 등이다.[28] 물론 이러한 주장들을 뒷받침할 진정한 과학적 자료가 없기 때문에 가족연구소 같은 단체들은 그들 홈페이지에 구축된 학술적 기표들에 크게 의존하여 학문적 정당성이 있는 것처럼 나타낸다. "동성애 질병" 프레임도 LGBT 활동이 미국 청소년들에게 영향을 주거나 감염시킬 수 있는 "질환"이라는 것을 암시하기 위한 것이다. 예를 들어 가족연구소 사이트는 "동성애 교사가 학생에게 위험을 끼치는가Do Homosexual Teachers Pose a Risk to Pupils?"29 와 같은 기사들에서 동성애가 미국의 학교를 침범한 것으로 제시한다. 다른 한편, 종교적으로 극단주의적인 웨스트버로침례교회는 동성애를 미국 생활에서 "완전히 폐지해야" 하는 "역병plague"으로 취급했다. 이 광적인 반동성애 반대 교회는 선언문에서 미국 "군인들이 동성애와 그 밖의 다른 미국의 죄 때문에 죽어가고 있다. 신은 이제 미국의 적이다"30라고 주장했다.

LGBT 권리의 지지자들도 할리우드 커뮤니티 대다수가 그랬듯이 동성애자 권리의 사회적 수용이 늘고 있음에 대한 설명을 날조하려는 급진적 집단들의 빈번한 표적이 되었다. 결국, 게이나 레즈비언 시민에게 결함이 있다고 가정한다면, 어떻게 그렇게 많은 사람들이 사업, 학계, 의학, 예술과 같은 분야에서 선도적 인물이 되었냐고 물을 수 있다. 편협한 진영들은 이러한 명백한 예외에 맞서기 위해 그들의 좌절감을 제도권 언론 기관이나 정치적 올바름 같은 사회적 관행 탓으로 돌리면서, 이들 각각을 LGBT 커뮤니티를 위한 사회적 지원 시스템으로 제시한다. 데일리스토머의 한 뉴스 기사에는 "역겨운 유대 미디어는 정부와 남성 동성애 놈들에게 저항하는 사람들을 겁쟁이라 부른다Sickening Jew Media Calls Man a Coward for Standing Up Against the Government and Faggots"31라는 제목이 붙었다. 이러한 담론 모형이 많은 혐오 문화 서사들 사이에서 공유되어 왔기에, 편협한 관점이 증거로 지지되지 않을 때마다 급진적 집단들은 그것을 해명하기 위해 음모 미디어 이론에 의지한다.

동일한 편협 커뮤니티들이 웹사이트를 이용해 LGBT 평등이 이성애자 다수에게 위협이 된다는 새로운 주문을 주입하는 것을 우리가 목격할수록, 한편으로 극단주의자들은 의사, 군인, 헌신적인 아버지와 어머니로 대표되는 LGBT 커뮤니티의 증거와 씨름할 수밖에 없다. 그런 긍정적인 문화적 공헌들에 직면해, 스톰프런트, 데일리스토머, 가족연구소와 같은 웹사이트들은 동성 문화를 전국적인 "적색 공포red scare" 운동으로 바꾸기 시작했으며, 미국 시민들은 이에 맞서 피해망상적인 자경단원이 되어야만 했다(옮긴이: 자경단(自警團)이란 비상시에 민간인이 스스로를 지키기 위해 조직한 경비 단체를 말한다). 그러한 수사법은 문화적으로 편협할 뿐만 아니라 최근 반LGBT 혐오범죄의 급증이 보여주듯이 위험하기도 하다.

5. 강력한 백인 봉기가 미국과 해외에서 구체화되고 있다

수십 년 동안, 인종차별주의 기획자들은 전국적인 사회적 쟁점을 그들 고유의 정치 브랜드에 접목하려고 해왔는데, 이것은 이러한 주류 논쟁 주변에 조성된 대중의 반대를 이용하려는 시도다. 학교의 인종차별 폐지에서 소수자 우대정책, 이민에서 동일 임금, 동성 결혼에서 투표권에 이르기까지, 인종차별주의 이데올로기와 현재의 쟁점 및 당대의 사건들을 연계시키는 전략은 혐오 문화를 정당화하는 데 기여한다. 이러한 약삭빠른 메시지 행위는 25개 대표 웹사이트에서 노골적인 인종차별주의보다 더 널리 행해졌는데, 왜냐하면 이러한 정치적 하위 문맥들은 혐오의 기반에 실제적 명분을 주면서 돕기에 이에 근거해 사람들을 비난하면 뻔한 극단주의자로 보이지도 *않고* 불법적인 혐오발언의 선을 밟지도 *않기 때문이다*. 점점 더 전통적인 미국 정치는 현대 극단주의의 새로운 번식지가 되고 있으며, 각각의 쟁점 뒤에서 프레임되고 있는 공통 메시지는 새로운

온라인 세계의 극단주의: 광신, 인종차별, 분노

백인 봉기로서 오늘날의 달갑지 않은 사회 변화에 대응해 꾸준히 형성되고 있다.

여러 면에서 특히 백인파워 기반은 오늘날 정치 싸움의 중심에서 자신을 바라본다. 예를 들어, 아메리칸 르네상스 같은 웹사이트 안에서 "보통 노동자"의 경제적 투쟁은 "아시아인들은 여전히 다른 어떤 인종 집단보다 더 많이 벌고 있다", "인디언에게 더 많은 지원금 제공" 같은 이야기들에 있는 유색인종의 성공과 직접적으로 연관되며 이를 트집 잡는다(옮긴이: 인디언은 아메리카 대륙 원주민의 속칭이다). 그런데 백인의 박탈white dis-possession에 관한 이야기 모음을 뒷받침하는 것은 증가하는 백인 반란의 메시지다. 인기 있는 데이비드듀크 웹사이트에는 "남부연합 참전 용사의 아들들은 우리의 유적을 위해서뿐만 아니라 우리 국민들의 생존을 위해 싸워야 한다" 그리고 "듀크 박사는 루이지애나주립대학교의 유산, 남부와 미국을 방어하기 위해 지금 당장 루이지애나주립대학교의 학생과 친구들을 지원한다!"32와 같은 이야기들이 있다. 이러한 시사적 쟁점과 사건들에 싸여 있는 것은 백인종의 "반격"이라는 메시지다. 이것은 대중들에게 쉽게 호소할 수 있는 대중 영합주의적인 구호다.

문화적 반란이란 주제에 장단 맞추는 것은 이러한 사이트 대다수의 뉴스 초점으로, 그것은 "변화하는 미국"에 대한 당대의 개념들이 편리하게 돌아가는 한 개인에게 중점을 둔다. 최초의 흑인 미국 대통령 지명은 백인민족주의 운동에 여러 면에서 궁극적인 홍보 선물이었다. 버락 오바마의 대통령직은 백인우월주의자들에게 미국의 인종차별주의에 불을 지피고 또한 이른바 국가를 개조하려는 계획을 지닌 흑인, "무슬림", "아프리카 태생", "급진주의자"의 인지된 정권 탈취에 반대하는 통일된 저항을 고무할 수 있는, 상당히 회복된 플랫폼을 주었다. 사실 버락 오바마는 평생 기독교인으로 살아온 흑인과 백인 부모의 아들로서 하와이에서 태어났지만, 앞서 언급한 음모론의 숨은 문맥은 단지 "그는 우리 중 하나가 아니다"이다. 그러나 온라인 혐오 커뮤니티들이 이런 생각들을 디지털 주류로 계속 퍼뜨리는 한, 그들은 이 대통령을 흑인 대 백인이라는 자신들의 핵심적 서사의 상징으로 만들 수 있다.

대부분의 웹사이트가, 예를 들어 미국에 침투하는 "멕시코 전염병"으로 소개된 H1N1 "돼지" 독감 혹은 유대인 음모의 증거인 이스라엘에 대한 미국의 군사원조 기록같이, 주류 사건과 정치 쟁점 안에 자신들의 편협함을 효과적으로 포장했지만, 몇몇 웹사이트는 멸종 위기에 처한 백인 사회를 제시하는 데 더욱 노골적이었다. 예를 들어 데일리스토머에는 "인종 전쟁"을 주제로 한 섹션이 있으며, 화이트아리안 레지스탕스 웹사이트에는 "전쟁 선포", "경제 전쟁", "피와 토양" 같은 포럼들에 인종적 보복의 메시지를 부드럽게 하는 겉치레도 거의 없다. 뉴스 피드 외에도 이런 웹사이트 대다수에서 화면을 스크롤해서 볼 수 있는 공통 이미지는 작은 마을의 보도에서 피켓 시위를 하거나 백인 봉기의 메시지를 표현하는 구호판을 들고 있는 백인 미국인들의 장면이다. 미국자유당 웹사이트에는 "백인 생명도 소중하다"와 "다양성=백인 학살"33이라는 피켓을 든 시위 사진들이 실려 있다.

인종차별주의적이고 급진적인 하위문화의 변두리 세계에서는 팔로어들과의 관련성을 유지하는 것이 가장 중요하며, 이것이 달성되는 가장 좋은 방법 중 하나는 반문화적 세력들의 끝없는 담론을 통해 편집중과 저항의 상태를 이끌어내는 것이다. 현대 정치는 오늘날의 혐오 웹사이트들에게 활용할 수 있고 또한 모든 면에서 백인 억압이 출현하고 있다는 추가적 증거로 재구성할 수 있는 갈등을 무한하게 공급한다. 아프리카계 미국인 독재자가 키를 잡은 순수한 정권 탈취로 지금 프레임되고 있는 문화적 폭정에서 그 해결책은 반란이다. 최근 국가사회주의운동 웹사이트의 뉴스 게시판 하나에는 "말이 아니라 행동!"이라고 쓰여 있다.

6. 백인종이 생물학적으로 우월하다는 것을 증명할 수 있는 증거는 풍부하다

앞서 언급한 모든 "사실들"의 핵심에는 수세기 동안 편협한 광신자들에게 동기를 주었던 단 하나의 신념, 즉 인종적 우월 콤플렉스가 있다. 이 근본적인 신념은 인종과 종교, 성, 성별과 관련된 맥락들에서 발견될 수 있으며, 스톰프런트 같은 웹사이트들과 창의력동맹 같은 단체들이 백인의 우월성 주장을 입증하려고 새로운 전략들을 모색하는 인터넷에서 새로운 생명을 부여받았다. 그중 으뜸은 생물학적 프레임으로, 과학이 인종적 우월성은 물론 열등성의 존재에 대해 최종 결정을 내렸다는 주장이다.

우월성/열등성 프레임에 필수적인 것은 이러한 웹사이트 전반에 걸쳐 이분법적 담론을 왕성하게 사용하는 것인데, 이는 특정 메시지를 약함과 강함, 유죄와 무죄, 흑인과 백인, 우월과 열등과 같은 대립 용어에 따라 제시하는 과정이다. 코에Coe와 공동 저자들에 따르면 이분법적 담론은 한쪽에게 상대를 능가하는 "도덕적 힘"이 부여된 대립 입장을 저자가 만들 수 있게 한다.[34] 임의의 쟁점을 별개인 두 선택으로 가르는 바로 그 행위는 선동가들에게는 당연히 영리한 전략인데, 왜냐하면 그것은 얽히고설킨 복합 문화들을 적대적인 입장들로 단순화시켜서 궁극적으로 독자들에게 반드시 특정한 한쪽 아니면 다른 쪽을 지지해야 함을 암시하기 때문이다. 인종차별주의적 선동가들에게, 진보된 인종 편을 들든지 아니면 열등한 인종 편을 들든지 할 수 있다고 잠재적인 추종자들에게 제안하는 것보다 더 효과적인 양극화 형태는 없을 것이다.

스톰프런트에서 방문이 많은 "과학과 기술" 포럼에서 인종적 우월감은 "(사람들이 한) 성 선택 결과로서의 백인종", "백인 DNA와 흑인 DNA의 차이", "백인 민족들의 IQ", "인간의 진화 — 어떤 인종들은 마치 퇴화한 것처럼 보인다"와 같은 주제들에 자리 잡고 있다. 마찬가지로 솔라제너럴 웹사이트는 백인 진화White Evolution에 관한 영구적 섹션을 제공하는데, 거기에는 윌리엄 피어스 박사의 코카서스 인종의 유전적 우월성에 관한 기사들이 있다. 메타피디아도 "유대인의 집단 진화 전략"과 같은 주제들에 대한 자체 백과사전 페이지를 제공하는데, 그 전략은 "특히 케빈 맥도널드가 가장 현저하게 발전시킨 이론들을 언급하며, 논의되는 유대인의 몇몇 특성들, 유대인의 영향력과 그것을 유대인들이 어떻게 사용해 왔는지에 대한 진화론적 설명들이 있다고 주장하는 내용이다"[35]라고 설명하고 있다.

문화적 우월성/열등성의 숨은 의미와 함께 백인우월주의 정체성은 비백인들과 과학적으로 대비되며, 문화적 대립에 대한 겉보기에 논리적인 정당화를 통해 위험한 분열을 만들어낸다. 벌릿Berlet과 비소츠키Vysotsky는 백인우월주의 공동체의 이런 억지 관점을 이원론dualism이라고 불렀다.

> 이원론은 세계가 중간 지대가 없는 선과 악의 세력으로 나뉘어 있다는 생각이다. …… 백인우월주의 운동은 세계를 백인, 이성애자, (대부분) 기독교도 남성과 여성인 영웅적 전사들이 비백인종, 유대인, 동성애자 등의 수많은 "타자들"과 끊임없이 싸우고 있는 곳으로 제시한다.[36]

창의력동맹 웹사이트는 인종차별주의적 위계질서에 대한 자신들의 주장에 종교를 주입함으로써 이분법의 메시지에서 한 단계 더 나아가서, "인종은 우리의 종교로서…… 백인종이 자연에서 가장 훌륭하다고 우리는 믿는다"라고 말한다. 편협, 과학, 종교의 결합은 위험한 책모인데, 왜냐하면 인종차별주의적 우월성에 대한 "천부적인" 권리를 믿기로 선택한 그런 추종자들에게 신성한 면허가 부여된다는 의미이기 때문이다. 이 특정 웹사이트의 강령은 행동 방침의 제안에 훨씬 더 문제가 있다. "기독교는 당신의 원수를 사랑하고 동족을 혐오하라고 가르치지만, 우리는 정확히 정반대, 즉 원수를 말살하고 동족을 사랑하라고 가르친다."37

물론 이런 말들은 이 혐오 사이트들이 제공하는 모든 "사실들"과 마찬가지로 단지 웹페이지상의 생각들이지만, 그것들은 때때로 문자 그대로의 해석을 불러일으키는 설득력 있는 교훈을 어떤 사람들에게 줄 수 있다. 창의력동맹은 이러한 심각한 가능성에 대해 낯설지 않은데, 왜냐하면 2002년 자체 회원 중 한 명인 벤저민 스미스가 그 말들을 행동으로 옮겼기 때문이다. 그는 인종적으로 열등하다고 인지한 아프리카계 미국인 한 명과 한국계 미국인 한 명을 사살하고 다른 아홉 명의 시민에게 부상을 입힌 3일간의 총기난사 난동의 주범이었다. 물론, 창의력동맹은 그러한 행위에 대해 아무런 책임도 지지 않았다. 그러나 오늘날까지, 그들의 사이트는 다음과 같은 진술로 끝나는 일련의 핵심 신념들을 계속 지지하고 있다. "유대인이 부추긴 진흙빛 인종들의 인구 폭발로 인해, 우리는 이 세대 안에 전 세계적인 백인종의 성전Holy War을 사느냐 죽느냐의 문제로 반드시 시작해야 할 뿐만 아니라 반드시 승리해야 한다."38

토착적인 혐오 수사학과 인종차별주의적 암호문

혐오 웹사이트들이 때때로 그들의 커뮤니티에 "규칙"이나 "서비스 이용 약관"을 게시한다고 해도, 이러한 인위적 조치들은 익명의 플랫폼을 개인적 혹평을 발설하는 공명판으로 사용하는 방문자들의 광적인 정서를 억제하는 데 거의 도움이 되지 않는다. 열린 포럼에서는 종종 폭언과 대응의 지속적인 교환으로 요동치는 인종차별주의, 문화적 분노, 적대감의 가장 원시적 형태들을 관찰할 수 있다. 반란의 메시지는 주저 없이 다음과 같은 댓글을 공유하는 회원들의 무삭제 표현을 통해 충분히 분명해진다. "이슬람교를 금지하고 무슬림을 몰살하라. 그렇다, 그들은 유대인을 몰살할 수도 있다. 그러나 누가 그들의 다음 목표가 될 것인가?"[39]와 "모든 인종 배반자들 중 가장 나쁜 자는 비백인과 섞인 자들이며…… 백인종을 더럽힌 자들은 되돌아갈 길이 없다"[40] 그리고 "인종 전쟁이 빨리 시작될수록, 북아메리카는 인종적 경계를 따라 분할될 것이다".[41] 이러한 발췌문에서 입증되었듯이 디지털 혐오 문화의 적대감 수준은 공개 포럼에서 가장 클 것이다. 토론 스레드, 공개편지, 동영상 게시 같은 곳에서 핵심적으로 노출된 편협이 아마 가장 진짜일 것이다. 이 마지막 글에서는 극단주의 이데올로기들이 온라인에서 의례화되고 암호화된 언어로 포장되는 방식을 조사하기 위해 풀뿌리 인종차별주의를 파헤친다. 이전에는 이런 사이트의 작성자와 기획자들이 제공한 콘텐츠를 강조했다면, 여기서는 그것들을 사용하는 방문자들의 언어 규범을 고찰한다.

공개 포럼: 그들이 "소유하게" 하라

공개 포럼의 실행은 이론적 관점에서 볼 때 전통적 선동가들의 의사소통 전략의 전환을 나타낸다. 웹 이전에 극단주의 집단들은 자신의 메시징 캠페인을 통해 추종자를 만들어냈지만, 이제 온라인 포럼들은 자발적인 풀뿌리 담론들이 땅에서 올라와 꽃을 피울 수 있는 기회를 제공한다. 물론, 이러한 웹사이트의 기획자들은 토론 게시판에 "과학, 기술, 인종", "수정주의", "백인의 자유"와 같은 촉매적 주제를 제공함으로써 혐오를 부추기는 과정에 도움을 준다. 이러한 실제 부제목들은 회원들 사이에서 훨씬 더 어두운 대화를 촉진하는 대화의 씨앗일 뿐이다. 그 뒤에 이어지는 거리낌 없는 논의는 오늘날의 편협에 대한 가장 적나라한 정서를 여러 면으로 반영한다.

온라인 세계의 극단주의: 광신, 인종차별, 분노

스톰프런트 회원들은 미국의 인종에 대한 자신들의 진짜 관점을 보여준다. 돈이면 다 된다에서 방문자는 "내 생각에 유대인은 중산층이 필요하지 않을 것이다. …… 그들은 모든 백인을 뿌리 뽑고 영원히 다스릴 것이다"라고 말한다. 청년Youth에는 이런 글이 있다. "우리 학교에는 흑인이 열 명 정도 있는데 내 영어 수업에는 단지 백인만 있다. 그런데 학교는 우리에게 흑인 문화를 배우게 하는 것이 적절하다고 본다. 그뿐만 아니다. 우리는 백인 문화에 대해 구체적인 어떤 것도 전혀 읽지 않는다. 우리는 *우리의* 유럽 유산에 대해 하나도 배우지 않는다." 이러한 인종차별주의적 불평이 한 개인의 분노 표출일 수도 있지만, 모든 진술에는 수많은 반응이 뒤따른다. 그래서 눈덩이처럼 불어나는 격론의 효과를 형성할 수 있는 단일 게시물의 잠재력이 커뮤니티 표준이다.

공개 포럼의 증가는 혐오 웹사이트가 두 핵심적 영역에서 회원 모집 전략을 실행하는 데 중요하다. 첫째로, 포럼은 넷 세대의 선호도를 반영한다. 넷 세대는 적극적으로 디지털 커뮤니티의 일부가 되기 원하는 자들로서, 그들은 커뮤니티에 의해 형성된다는 느낌보다 커뮤니티를 형성해 가기 원한다. 따라서 토론 게시판, 채팅방, 동영상 게시 기회를 포함하는 것은 이 표적 청중들이 사용하는 새로운 언어를 인정하는 것이다. 조율된 이러한 대화 공간들은 방문자들이 본질적으로 논쟁을 "소유"할 수 있게 해주며, 이것은 그들이 더 강한 작성자 의식으로 어떤 특정 이데올로기를 믿을 가능성이 높아질 것임을 의미한다. 이 여정은 방문자에서 회원이 된 자들이 자신들의 광적인 토론 포럼을 만들면서, 그 명분의 새로운 리더들이 되었을 때 완성된다.

둘째로, 포럼에는 본질적으로 혐오발언의 오명을 수용 가능한 공동 플랫폼으로 바꾸는 사회적 측면이 있다. 그것은 교실, 직장, 스포츠 분야, 주식시장, 대중문화와 같은 주제에 대해 겉보기에는 온화한 논쟁의 범위

안에서 자신들의 편협한 생각을 표현하는 웹 사용자로부터 시작한다. 그런데 그 과정의 두 번째 단계는 학교에서의 좌절이나 음악 취향과 같은 감정이 특정인에 대한 인종차별주의적 공격이나 고정관념적인 목격들과 섞이는 대화에서 발생한다. 스노Snow와 공동 저자들은 이러한 의사소통 스타일을 프레임브리징frame bridging(의미틀 중개)이라고 불렀는데, 기명자는 관련 없는 쟁점을 핵심 갈등이나 명분의 서사에 맞추어 정렬한다.[42] 이러한 정렬을 통해 제출된 자료는 일방적 지지 또는 이 경우에 한 집단에 대한 공동 반대라는 허상을 제시할 수 있다.

혐오발언의 사교적 어조는 더 젊은 커뮤니티 포럼에서 흔히 볼 수 있는데, 거기에서는 고등학생 패거리, 스타일, 랩 음악과 같은 토론 게시판 주제가 유색 인종에 대한 고정관념적인 목격으로 수월하게 확장될 수 있다. 곧이어 프레임브리징 과정은 예를 들면 흑인이나 히스패닉 또는 아시아 문화에 대한 포럼 전체의 비난으로 완전히 진화하여, 사실상 사회적 경험으로 시작한 것이 순식간에 울화를 터뜨리는 모습으로 변해버린다. 스톰프런트 웹사이트에는 "풋볼"이라는 부제목을 단 포럼이 있다. 그곳의 최초 게시물들은 "풋볼 팬이 누구 또 있나요!? 나는 우리 대학에 대한 애교심이 크며 내셔널 풋볼 리그NFL도 조금 봅니다"로 차분하다. 그러나 얼마 지나지 않아 댓글들은 인종차별적인 쟁점들로 이탈하는데, 예를 들면 "이게 지금 백인의 스포츠인가?" 또는 "니그로 악당들 리그Negro Felon League"와 같은 댓글들이다. 풋볼과 인종 개념들이 맥락적으로 서로 연결됨에 따라, 그것들은 스톰프런트 커뮤니티의 더 큰 주제와 목적을 충족시킨다. 마지막 댓글 중 하나는 다음과 같다. "그래서 당신은 니그로 떼들이 뛰어다니고 점프하는 것을 보기 위해 그리고 그들의 대학 등록금과 수백만 달러짜리 프로 계약을 돕기 위해 당신 돈을 쓰게 될 것이다. …… 당신들은 백인 배반자들이다."[43] 우리는 이 경박한 생각들의 시장에 있는

온라인 세계의 극단주의: 광신, 인종차별, 분노

이런 종류의 흔한 대화들을 조사함으로써 디지털 혐오 문화에 대해 많은 것을 배울 수 있다. 인종차별주의의 이런 온라인 번식지에서 흘러나오는 수사와 격언들은 속어, 빈정거림, 상징적 암호를 통해 회원끼리 공유되는, 잘 확립된 자기네 말을 곧 드러낼 것이다.

혐오의 암호문

라호와Rahowa! 이것은 클랜스맨(KKK 회원)과 네오나치들이 공유하는 백인파워 운동의 비밀스러운 주문이다. 그리고 라호와라는 단어도 온라인 커뮤니티의 겉면만 보여주는 혐오 사이트 홈페이지와 마찬가지로, 훨씬 더 어두운 명분에 대한 눈가림일 뿐이다. 라호와는 인종적 성전racial holy war을 뜻하는 인종차별주의자의 전투 구호로, 혐오운동이 종교적 소명으로 제시되든 애국적 외관으로 제시되든 그 사이트의 강령이나 공개 포럼에 새겨진 "라호와"가 그것의 진짜 목적을 분명히 보여준다. 창의력동맹 웹사이트의 "16계명"에는 "우리 창설자들은 우리의 삶, 우리의 신성한 명예, 우리의 종교적 열정을 영원히 맹세한다. 라호와!"[44]라고 나와 있다. 그 밖의 광신적인 시책들도 인종 전쟁을 부르는 격앙된 외침과 마찬가지로 사실상 교묘한 경향이 있는 이 온라인 문화에 공통적인 체제 전복적 언어로 조심스럽게 암호화되었다. 암호문을 왕성하게 사용하는 한 가지 이유는 혐오발언의 특정 형태들이 불법이기 때문이며, 그래서 인종차별주의적이고 급진적인 담론을 다반사로 행하는 그런 개인들은 좀 더 교활한 의사소통을 통해 말을 조심스럽게 고쳐 쓰는 법을 배웠다. 편협의 새로운 어휘를 입력하는 것이다.

백인파워 무대의 암호문은 보통 겉보기에 그저 무해할 수 있다. 편협의 메시지는 정치 담론에서 보이는 동일 용어들을 일부 채택함으로써 이제 사회적으로 허용 가능한 수사법의 망토 아래 가려지고 있다. 예를 들어, "반미국인anti-American"이라는 보통 표현은 겉보기에는 미국과 그 국민들의 가치에 반대되는 견해를 가진 누군가를 나타낸다. 그러나 혐오집단의 세계에서 "반미국인"은 다문화 사회를 지지하는 모든 시민을 가리킨다. 이 용어는 극우 웹사이트의 맥락에서 자주 발견되는데, 이는 "진정한 미국real America"의 일부라고 주장하는 어떤 단체와도 동질감을 느낄 애국자들의 심금을 울릴 것이다. 그러나 물론 "진정한 미국"이란 용어도 하나의 암호다. 그것은 의도적으로 정통이 아닌 미국이 있다는 것을 동시에 암시함으로써 배제의 언어를 구사한다.

은어는 더 정감 있고 악의 없는 용어들을 통해 혐오의 메시지를 부드럽게 하는 목적으로도 사용된다. 예를 들어, 보수시민위원회 포럼들에는 "보수적 마인드를 가진 유럽계 미국인들"이라는 기술어가 정기적으로 등장하는데, 이것은 실제로 "백인"으로 번역된다. 정치권에서 더 높은 지위를 가지기를 열망하는 보수시민위원회 웹사이트는 "백인파워"처럼 노골적인 인종차별주의적 정서로는 소통할 수 없기에, 이런 유도적인 완곡어법을 사용한다. 그것의 뉴스 피드를 보면, 국가, 정부, 정치, 심지어 대학 캠퍼스에서의 "다문화주의" 실패에 대한 뒷이야기를 찾을 수 있다. 판독된 "다문화주의"는 실제로는 "인종 혼합"을 내포하며, 미국 대중에게 해로운 것으로 제시된다. 암호화된 언어의 다른 예로는 "백인 단결", "기독교 사회", "미국주의Americanism"와 같은 용어들이 있다. 얼핏 보기에 이러한 단어들은 동질감을 가질 인종적, 종교적, 우국적 공동체들을 암시할 수도 있지만, 이 맥락에서 그것들 각각은 문화적 우월주의라는 이데올로기적 경계를 그으며 텃세를 부리고 있다.

시오니즘Zionism은 혐오 문화의 반유대주의 구석에서 자주 발견되는, 흔하고 겉보기에 정치적인 또 하나의 단어다. 문자 그대로 정의하면 시오니즘은 이스라엘에서 "유대 민족의 국가 부흥과 독립을 위한 운동"이다.[45] 그러나 오늘날 혐오 웹사이트 담벼락에서 시오니즘과 시온주의자들은 오직 한 가지, 적 유대인Jewish enemy만을 의미한다. 이 의도된 의미의 융합은 한 민족을 직접 연루시키기보다 그들의 민족성과 밀접히 연관된 운동을 연루시키는, 정치적으로 옳은 언어를 사용하는 아주 좋은 예다. 일부 영역에서는 한 집단으로서의 시온주의자들을 폄하하는 것을 "페어 플레이"로 간주하는데, 왜냐하면 그 단어와 그것이 진짜로 가리키는 사람들 사이에 놓인 정치적 맥락이 있기 때문이다. 따라서 백인민족주의자 같은 집단들이 "시온주의자"는 공격하지만 유대인은 공격하지 않을 때, "이민자"는 공격하지만 중남미계 사람은 공격하지 않을 때, 또는 "비유럽인"은 공격해도 아프리카계 미국인을 공격하지 않을 때, 그들이 논쟁의 스펙트럼 범위 안에 안전하게 머물고 있다고 많은 이들이 추정할 수도 있다.

암호화된 인종차별주의는 혐오발언을 효과적으로 정치화하는 역할 외에도 커뮤니티 포럼에서 혐오발언의 영향력을 널리 퍼뜨리는 사회적 기능도 있다. 언어는 단순한 표현 양식 그 이상으로 종종 사람 간의 문화적 유대 역할을 할 수 있는데, 예를 들어 청소년 문화에서는 속어의 공유가 소위 "융합convergence"이라는 집단 제휴의 한 형태를 시사한다. 애들러Adler와 공동 저자들은 언어적 융합이 특히 디지털 문화에서 흔하다고 언급했다. "온라인 커뮤니티 회원들은 보통 공유 언어와 대화 스타일을 개발하는데", 이것은 그들의 제휴를 보여주기 위한 것이다.[46] 백인파워 하위문화의 암호화된 속어도 집단에서 자신의 정체성을 강조하는 역할을 한다. 그러므로 암호 말들은 클럽에 속한 그 회원들의 비밀스러운 악수와 공통 이해를 나타낸다.

가장 눈에 띄는 암호 중에는 "라호와" 같은 유명한 약어도 있지만 ZOG와 WPWW도 있다. 약어 ZOG는 미국 정부가 전반적으로 유대인의 영향력이나 유대인 공모자들로 들끓고 있음을 묘사하는 데 사용되는, 시온주의가 점령한 정부Zionist-Occupied Government를 의미한다. 스톰프런트 포럼에서 사용되는 이 수사법의 예로는 "ZOG는 거대한 것 하나보다 작은 목표 다수를 무너뜨리는 게 쉬울 것이다"와 "ZOG에게 죽음을!"이 있다.[47] 여기에서도 다른 언급에서와 마찬가지로 유대인은 정권 같은 위협regime-like threat, 아주 위험한 전 세계의 적으로 제시된다. 다른 쓰임새는 미국 경제를 "Zog 기계zog machine"의 일부라고 묘사하듯 어떤 제도를 특징지을 수 있다. 이러한 세력에 대한 반대를 나타내는 흔한 약어 WPWW는 "전 세계적인 백인 프라이드White Pride World Wide"를 고취시킨다. 이 구절은 포드블랑이나 국가사회주의운동 같은 백인파워 도메인들에서 되풀이되는 집회 구호다. 백인 단결 주제는 종종 회원 포럼에서 "아리안 암호는 강하며 우리는 빼앗기지 않을 것이다 ─ WPWW!"와 같은 마무리 인사로 사용된다.

말로 나타낸 약어 사용보다 훨씬 더 널리 퍼진 것은 숫자 기호의 사용이다. 숫자 14, 88, 100, 4/20, 311은 스크린 이름, 즉 Kevin14나 Rahowa 420에서와 같이 일반적인 확장자로 쓰인다. 숫자 14는 "우리는 우리 민족의 존재와 백인 어린이들의 미래를 안전하게 지켜야 한다We must secure the existence of our people and a future for white children"[48]라는 "14단어"로 표현된 백인파워 운동의 지하 좌우명을 가리킨다. 반명예훼손연맹에 따르면, 100 또는 100% 숫자는 "개인의 순수한 아리안족 또는 백인의 뿌리"를 의미하고, 4/20은 아돌프 히틀러의 생일 4월 20일을 기념하는 것이다. 311은 알파벳의 11번째 문자인 세 개의 K를 의미하므로 KKK를 나타내며, 마찬가지로 88은 8번째 알파벳 H를 히틀러 만세Heil Hitler를 의미하는 HH에 상응하여 나타낸 것으로 국가사회주의운동의 URL인 NSM88.org에서 사용된다. 이것들과 그 밖의 숫자들은 웹 포럼에서 오가는 가벼운 조롱에서 갱단의 색깔인 양 과시되는데, 보편적인 은어, 사용자 이름, 아이콘, 심지어 구두점으로도 등장한다. 그러나 인종차별주의의 은밀한 언어가 그것을 말하는 구성원들 사이의 상호 유대를 효과적으로 확립하는 동안, 그 의미는 독성 있는 편협의 지침으로 전환된다. 디지털 혐오 문화의 아이러니는 기본적으로 반사회적 성격이 매우 짙은 이러한 활달한 온라인 교류에서 잘 드러난다.

결론

혐오 웹사이트를 일종의 공공 구조물로 생각한다면, 그 디자인의 디지털 건축은 대부분의 집이나 작업 공간의 배치와 유사한 기능을 수행한다. 사실상 스톰프런트나 데일리스토머 같은 웹사이트는 그들의 페이지에 거주하며 그 포럼 안에서 콘텐츠를 생산하는 방문자들에게는 집이자 작업장이라고 주장할 수도 있다. 그런데 이러한 극단주의 웹사이트들은 구조적으로 대부분의 모형 시설과 다르지 않게 지어진다. 방문자는 밖에서 홈페이지의 완전한 앵글과 특징, 제공물, 그리고 상호 연결된 복도들을 본다. 그들이 그 사이트로 더 깊이 들어감에 따라, 주요 페이지들은 양식적으로도 매력적이고 톤도 적당히 전문적이라 공개적으로 받아들여질 만하다. 그러나 이러한 웹사이트 상당수에는 대부분의 퍼블릭 도메인과 마찬가지로, 비공식적인 허물없는 상호작용들을 위해 따로 마련된 공간이 있다. 홈페이지의 믿을 만한 겉모습과 특징들 아래에서 이러한 디지털 문화의 기반 역할을 하는 게 공개 포럼들이다. 디지털 문화는 항상 이러한 사이트의 내부 활동으로 번창한다. 그리고 우리가 이 온라인 커뮤니티의 가장 진짜인 본성과 성격을 발견할 곳이 바로 이러한 공개적 공간들 안이다.

이러한 선도적인 웹사이트들을 통해 소통되는 공통 관점들은, 그들의 문화가 백인 정체성에 대한 소극적인 자축보다는 증오에 찬 공격을 고무하는 데 훨씬 더 관심이 있다는 것을 보여준다. 백인파워 운동의 "인종적 성전"에 대한 집착과 "백인 저항"에 대한 끊임없는 언급은 여기에서 상당수의 담론을 형성하는 한편, 자신들이 정말로 골리앗과 맞설 준비를 하고 있는 다윗이라는 공동체 의식을 회원들에게 불어넣는다. 이 온라인 운동에 동기를 부여하고 집결시킬 수 있는 능력을 지닌 것은 "우리 대 그들" 그리고 "백인 대 나머지"라고 꾸준히 주고받는 빈정거림이다. 다행히도 마지막 장에서 알게 되겠지만, 디지털 혐오의 확산과 싸우기 위해 노력하는 다른 운동과 단체들이 있다.

주

1   Shane Borrowman, "Critical Surfing: Holocaust Deniability and Credibility on the Web," *College Teaching*, 47, No. 2(1999), p. 45.

2   Pamela Shoemaker, "Intercoder Reliability," November 20, 2003, accessed June 10, 2009, http://web.syr.edu/~snowshoe/content_analysis/Intercoder_reliability.doc.

3   Erving Goffman, *Frame Analysis: An Essay on the Organizational of Experience*(London: Harper and Row, 1974).

4   Robert Entman, "Framing: Towards Clarification of a Fractured Paradigm," *Journal of Communication*, 43(1993), p. 54.

5   Carol Swain and Russell Nieli, *Contemporary Voices of White Nationalism in America*(Cambridge: Cambridge University Press, 2003), p. 238.

6   Garth S. Jowett and Victoria O'Donnell, *Propaganda and Persuasion* (Thousand Oaks, CA: Sage Publications, 1999), p.16.

7   Paul Sheehan, "The Racial War of Black against White," last modified July 24, 2013, http://solargeneral.org/the-race-war-of-black-against-white/.

8   JewWatch Homepage, accessed August 26, 2015, http://jewwatch.com.

9   National Vanguard Forums, accessed August 30, 2015, http://whitebiocentrism.com/search.php?search_id=active_topics.

10 Ku Klux Klan Homepage, accessed August 30, 2015, http://www.kkk.com/.

11 MartinLutherKing.org Homepage, accessed September 1, 2015, http://www.martinlutherking.org/.

12 Adam Cohen, "White Power Music Is an Effective Recruiting Tool," in Claire Kreger (ed.), *White Supremacy Groups* (Farmington Hills, MI: Greenhaven Press, 2003), p.37.

13 Josh Adams and Vincent J. Roscigno, "White Supremacists, Oppositional Culture and the World Wide Web," *Social Forces*, 84, No.2(2005), p.761.

14 Farhad Manjoo, *True Enough: Learning to Live in a Post-Fact Society* (Hoboken, NJ: John Wiley & Sons, 2011).

15 Council of Conservative Citizens Headlines, accessed October 1, 2015, http://conservative-headlines.com/.

16 Jon Greenberg, "Sally Kohn: 'White Men Account for 69% of Those Arrested for Violent Crimes'," *Politifact*, April 2, 2015, accessed November 2, 2015, http://www.politifact.com/punditfact/statements/2015/apr/02/sally-kohn/sally-kohn-white-men-69-percent-arrested-violent/national/main5309836.shtml.

17 Allie Gross, "White Nationalist Group Defends Dylann Roof's 'Legitimate Grievances'," *Mother Jones*, June 21, 2015, accessed August 16, 2015, http://www.motherjones.com/politics/2015/06/council-conservative-citizens-dylann-roof.

18 Paul Bedard, "75% of Population Growth Since 2000 from Immigration, 100 Million More by 2065," *American Freedom Party*, last modified October 29,

2015, http://american3rdposition.com/?p=14858.

19 Kevin MacDonald, "Decline of the Economic Position of Whites," *Occidental Observer*, last modified July 30, 2013, http://www.theoccidentalobserver.net/?s=hispanic+immigration&x=15&y=14.

20 Washington Watcher, "Hispanic Americans Three Times More Likely to be on Welfare than White Americans," *VDARE*, last modified September 4, 2015, http://www.vdare.com/articles/hispanic-immigrants-three-times-likely-to-be-on-welfare-than-american-whites.

21 "Illegal Immigrant Accused of Killing Homecoming Queen," *Vanguard News Network*, last modified April 13, 2009, http://www.vanguardnewsnetwork.com/2009/04/illegal-immigrant-accused-of-murdering-homecoming-queen/.

22 Karl Radl, "Jewish and Zionist Influence at the BBC," *Daily Stormer*, last modified October 10, 2015, http://www.dailystormer.com/jewish-and-zionist-influence-at-the-bbc/.

23 Headlines from the Occidental Observer news page.

24 같은 글.

25 같은 글.

26 JewWatch Headlines, accessed October 1, 2015, http://jewwatch.com.

27 Pat Buchanan, "Gay Rights, Civil Rights, and How Freedom Dies," *American Renaissance*, last modified February 24, 2014, http://www.amren.com/news/2014/02/gay-rights-civil-rights-and-how-freedom-dies/.

28 Family Research Institute, "Scientific Articles," accessed November 3, 2015, http://www.familyresearchinst.org/category/articles/.

29 같은 글.

30 "Marine Funeral Picketing Event," *Westboro Baptist Church*, accessed November 3, 2015, http://www.godhatesfags.com/.

31 Andrew Anglin, "Sickening Jew Media Calls Man a Coward for Standing Up Against the Government and Faggots," *Daily Stormer*, last modified March 29,

2015, http://www.dailystormer.com/sickening-jew-media-calls-man-a-coward-for-standing-up-against-the-government-and-faggots/.

32 Headlines from the David Duke News Page, accessed November 3, 2015, http://davidduke.com/.

33 Images from the American Freedom Party Homepage, accessed November 3, 2015, http://american3rdposition.com/.

34 Kevin Coe, David Domke, Erica S. Graham, Sue L. John and Victor W. Pickard, "No Shades of Gray: The Binary Discourse of George W. Bush and an Echoing Press," *Journal of Communication*, 54, No.2(2004), p.237.

35 Metapedia, "Jewish Group Evolution Strategy," accessed November 5, 2015, http://en.metapedia.org/wiki/Jewish_group_evolutionary_strategy.

36 Chip Berlet and Stanislav Vysotsky, "Overview of U.S. White Supremacists Groups," *Journal of Political and Military Sociology*, 34, No.1(2006), p.13.

37 "Mission Statement," *The Creativity Alliance*, accessed November 2, 2015, http://www.creativityalliance.com/index.html.

38 같은 글.

39 Posted by Islamophobe in Stormfront's forum thread, "Islam," accessed October 16, 2015, https://www.stormfront.org/forum/showpost.php?p=5978486&postcount=245.

40 Posted by Werewolfblood in Stormfront's forum thread, "If/When the Race War Happens," accessed October 16, 2015, https://www.stormfront.org/forum/showpost.php?p=5085628&postcount=65.

41 Posted by 14 Words Now in Stormfront's forum thread, "On the Verge of Civil War in America?" accessed October 16, 2015, http://www.stormfront.org/forum/showthread.php?t=626602.

42 David A. Snow, E. Burke Rochford, Jr., Steven K. Worden and Robert D. Benford, "Frame Alignment Processes, Micromobilization, and Movement Participation," *American Sociological Review*, 51, No.4(1986), p.467.

43 The Stormfront 'Sports Forum', accessed October 16, 2015, http://www.stormfr ont.org/forum/forumdisplay.php?f=169.

44 "Sixteen Commandments," *Creativity Alliance*, accessed October 20, 2015, http: //creativityalliance.com/home/16commandments/.

45 Susan Rolef, *Political Dictionary of the State of Israel* (Jerusalem: The Jerusalem Publishing House Ltd., 1993), p.3.

46 Ronald Adler, George Rodman and Athena du Pré, *Understanding Human Communication* (Oxford: Oxford University Press, 2014), p.112.

47 The Stormfront 'Politics and Activism' Forum, accessed October 20, 2015, https: //www.stormfront.org/forum/f91/.

48 "Hate on Display: 14 Words," *Anti-Defamation League*, accessed November 15, 2015, http://www.adl.org/combating-hate/hate-on-display/c/14-words.html#.V liwIN-rTeQ.

8장

디지털 영역 지키기

이 글을 쓰는 시점에 월드와이드웹을 점유하는 웹사이트는 10억 개가 넘는데, 마지막 몇 초 만에도 5개의 새로운 URL이 개설되었다.[1] 무한하고 전 세계적으로 다양한 커뮤니케이션 환경에서, 각각 서로 다른 목소리와 목적을 표방하는 몇만 개의 혐오 웹사이트들이 과연 10억 개의 웹 주소들로 이루어진 미디어에 무슨 영향을 미칠 수 있냐고 정식으로 물을 수도 있을 것이다. 그러나 문화적 트렌드, 밈, 비디오 공유, 정치 블로그 활동이 행해지는 디지털 세계에서는 가장 많은 웹 장르가 항상 가장 영향력이 있는 것이 아니라 오히려 가장 눈길을 끌고 선동적인 것이 영향력이 있다. 케이블 뉴스와 같은 다른 형태의 미디어에도 동일한 원칙이 적용되는데, 케이블 뉴스에서는 다른 많은 기사에도 불구하고 충돌, 스캔들 또는 폭력 범죄가 뉴스에 포함될 때마다 시장과 시청률이 급등하곤 한다.

A. Klein, *Fanaticism, Racism, and Rage Online*,
DOI 10.1007/978-3-319-51424-6_8

정치에서도 마찬가지로 535명의 의원들로 구성된 의회는 보통 의원들보다 가장 호전적으로 외치는 소수의 대표들을 주목할 것이다. 달리 말하면 청중들은 말로 우리를 놀라게 하고 방해할 수 있는 이야기와 인물들을 알아차리곤 하는데, 오늘날 편협의 저자들은 그 잠재력을 잘 이해하고 이를 기반으로 번성한다. 증가하고 있는 인종차별주의적이고 급진적인 웹사이트들의 움직임은 아직은 단지 웹의 일부이지만, 그들이 집단적으로 온건한 추종자들을 끌어들였다는 사실, 그리고 훨씬 더 중요하게는 사이버 공간의 정보·정치·문화 영역에까지 진출했다는 사실은 사소한 업적이 아닐 것이다.

우리에게 가장 인기 있는 콘텐츠 공유 및 소셜 네트워킹 사이트 일부에서 혐오에 찬 수사법이 표면에 떠오른 것은 공개 담론이 이 민주적 영역에서 발전하는 방식에 광범위한 영향을 미친다. 그것은 가장 개방된 커뮤니케이션 플랫폼에서 편협이 점진적으로 정상화됨을 시사할 것이다. 디지털 추세가 사회적 담론이 더 증가한다는 것을 알려준다면, 편협의 눈금판이 온라인에서 "정상"에 더 가까이 다가갈 때마다 대중들 사이에서는 혐오발언에 대한 관용이 더 높아지게 된다. 정치적 논쟁과 문화적 광신주의 사이의 경계는 점점 흐려지는데, 이는 정보와 의견의 흐름이 우리가 혐오 웹사이트와 일상 정치 블로그들에서 목격해 온 인종차별주의적 기류에 의해 변질되기 때문이다. 시간이 지남에 따라, 그리고 대책이 없다면 이러한 편협한 표현들은 어느새 일상어의 또 다른 한 부분으로 받아들여질 수 있다.

인종차별적이고 급진적인 웹사이트들이 온라인 기반시설에 계속 접속하여 넷 세대, 정치 블로그, 정보 기반들 사이에서 새로운 회원 모집 네트워크를 구축함에 따라, 새로운 모토는 이러한 플랫폼과 그것들을 사용하는 세대들에게 앞으로의 길을 강조해야만 한다. 그것은 사회적 책임이다.

온라인 세계의 극단주의: 광신, 인종차별, 분노

공공 이익public interests이 디지털 시대에 적합하도록 프라이버시, 경제, 심지어 관계라는 그 이전 개념들을 수정해야만 했듯이, 지금의 시대 역시 온라인에서 번성한 악성 세력들에 대항하기 위해 사회적 책임을 실천하는 업데이트된 접근법이 필요하다. 이런 의미에서 우리는 단지 "정치적 올바름"에 관한 갱신된 초점을 말하고 있는 것이 아니다. 결국 정치적 올바름은 그저 언어의 교정일 뿐이며, 그 실천이 기본적으로 선의로 행해져도 문화적 편협이라는 근본 문제에 대한 해결책은 아니다. 그래서 이다음 세대는 새로운 미디어 지형의 의미론에 초점을 맞추는 대신, 혐오발언이 최고로 번식하고자 하는 바로 그런 장소에서 혐오발언을 반격하기 위해 움직여야만 한다. 그 장소들은 우리의 웹 커뮤니티, 주류 미디어와 정치 그리고 우리 젊은이들 속이다. 우리가 탐구해 온 취약하고 때로는 과실조차 있는 웹의 부문들, 미디어와 정치 전문가들의 메아리 방, 그리고 아마도 특히 넷 세대는 오늘의 시대에서 호스팅, 방송, 문화적 의견 공유에 따르는 새로운 종류의 책임을 인정해야만 한다. 이 마지막 장에서 우리는 이러한 사회의 세 부문을 검토할 것인데, 디지털 혐오 문화의 부상을 그저 무시하기보다는 반대하면서 각각이 해야 할 역할을 탐구할 것이다.

그러나 우선, 모든 전선에서 극단주의를 폭로하고 이와 싸우기 위해 노력하는 고등교육기관과 강력한 감시기관들 뒤에서 이미 펼쳐지고 있는 대화와 집단행동을 인식하면서 시작하는 것이 중요하다. 법 집행기관이 혐오범죄자와 극단주의자들의 활동을 조사하고 기소하는 영역에서 수행하는 필수적인 일을 과소평가하지는 않지만, 교육자와 비영리 단체들은 이러한 쟁점들의 근원에 집중하는 반혐오 활동을 대표한다. 이들 각각의 행위자는 온라인과 우리 가운데 있는 인종차별주의적이며 급진적인 집단들을 폭로하기 위해 중요한 조치들을 취해왔으며, 동시에 대중을 교육하고 문화적 이해로서의 대항운동을 촉진하기 위해 일해왔다.

새로운 경계심

인종차별주의와 혐오발언이라는 주제는 학생들은 물론 교사들에게도 결코 쉬운 수업 주제가 아니었다. 테이텀Tatum은 "인종에 대해 말하기, 인종차별주의에 대해 배우기"에 관한 연구에서, 문화적 차이와 편협이라는 주제가 많은 교실에서 여전히 "금기시되는 토론 주제"로 간주되며 학생들 사이에서 종종 불안, 죄책감 또는 두려움의 불편한 감정을 자극하는데, 특히 "여러 인종이 섞여 있는 환경"에서 그렇다는 것을 인정한다. 내가 가르치는 '문화 간 커뮤니케이션', '미디어', '문화와 사회', 그리고 심지어 바로 이 주제를 다루는 '커뮤니케이션의 어두운 측면'과 같은 수업에서, 미디어와 관련하여 인종 및 민족적 고정관념이란 주제나 정치에서 외국인 혐오와 동성애 혐오 수사법에 대한 주제를 꺼낼 때, 교실에 깔리는 침묵을 본다. 그러나 최근 몇 년 동안, 특히 고등교육을 담당하는 학교들은 극단주의를 차단하는 철학에서 벗어나 극단주의가 사회에 미치는 영향력을 인정하고 프로그램과 커리큘럼을 통해 이러한 쟁점들에 공개적으로 대처하기 위해 더 많은 것을 하는 쪽으로 탁월한 전환을 시작했다.

스틸Steele은 웹상의 혐오를 불법화함에 관한 글에서 "혐오발언에 대한 가장 좋은 해결책은 더 많은 발언"이라고 주장한다.[2] 달리 말하면, 편견이 심한 표현을 처벌하기 위해 법을 사용하는 것은 혐오스러운 신념 체계와 활동의 확산을 억제하는 데 거의 도움이 되지 않았다. 사실상 홀로코스트 부인과 나치즘이 오스트리아, 벨기에, 프랑스, 폴란드, 독일, 그리고 그 밖의 나라들에서 금지되는 것과 같이, 많은 유럽 국가들은 미국의 관행보다 훨씬 더 엄격한 반혐오 법안을 가지고 있다. 그럼에도 불구하고 반유대주의는 여전히 대륙 전역을 휘감고 있으며, 연간 여론조사에 따르면 대륙 주민의 4분의 1 이상이 반유대주의적 태도를 품고 있다.[3] 따라서

온라인 세계의 극단주의: 광신, 인종차별, 분노

이러한 사실은 우리를 교육으로 되돌아오게 하며, 혐오의 역사, 동기, 이데올로기에 대한 *더 많은 발언*과 연구야말로 어떤 형태로든 항상 존재할 수 있는 이러한 세력들에 대항할 범세계적 자각을 가장 잘 불러일으킬 수 있음을 다시 깨닫게 한다.

대학 차원에서는 젊은 성인들에게 극단주의를 가르치고 그들이 소비하는 미디어에 대해 더욱 비판적으로 생각하게 하는 학제 간 접근법이 다양한 방식으로 구체화되었다. 선두적인 학교 중 곤자가대학교Gonzaga University에는 현재 혐오학연구소Institute for Hate Studies가 있는데, 이 연구소는 학회, ≪혐오학 저널Journal of Hate Studies≫, 그리고 가장 중요하게는 커뮤니케이션, 형사행정학, 역사, 미디어, 정치학, 심리학, 사회학과 같은 전공에서의 학제 간 연구를 통해 급성장하는 이 분야를 발전시키고 있다. 마찬가지로, 레스터대학교University of Leicester의 혐오학센터Centre for Hate Studies는 동성애 혐오증, 이슬람 혐오증, 반유대주의, 성전환자에 대한 혐오범죄와 같은 쟁점들을 다루는 연구, 교육 미디어, 훈련 세미나들을 제공한다. 전 세계적으로 대학 커리큘럼은 캘리포니아주립대학교의 혐오범죄와 극단주의Hate Crimes and Extremism부터 텍사스주립대학교의 극단주의의 정치학Politics of Extremism, 캔자스대학교의 온 문화에 걸친 고정관념과 편견Stereotyping and Prejudice Across Cultures, 곤자가대학교의 사람들은 왜 혐오하는가Why People Hate, 페이스대학교Pace University의 커뮤니케이션의 어두운 측면Dark Side of Communication에 이르기까지 다양한 과목을 통해 문화적 편협성을 탐구하고 있다.[4] 이 수업들은 우리의 정치, 소셜 네트워크, 기술에 야금야금 끼어드는 그러한 극단주의 이데올로기들에 학생들을 노출시키고 교육하는 대화를 점점 더 많이 나누고 있다. 물론 그러한 토론은 어떤 형태로든 항상 존재할 급진적인 생각들에 대한 해독제가 아니라 오히려 그 생각들에 대한 인식적 저항을 제공한다. 윌리엄 맥과이어William McGuire

의 접종 이론Inoculation theory은 비슷한 과정을 묘사했는데, 개인이 실물을 접하기 전에 설득적인 메시지를 먼저 알게 되면 실물과 대면할 때에는 그것을 인식하고 거부하게 된다.[5] 정치인들은 종종 이 전략을 이용해, 반대편이 자신들을 상대로 쓰려고 하는 일종의 수사법을 자신의 추종자들에게 전송한다. 그러나 접종 이론은 혐오운동을 폭로하기 위해 교육에서 꼭 필요한 전략으로서, 학생들은 혐오운동의 많은 변장과 숨은 의미, 진전들을 확인하는 법을 배울 것이다.

혐오에 대한 연구를 진전시키는 것 외에도, 특히 인터넷 사용과 관련된 미디어 해독력에 계속 초점을 맞추는 것은 새로운 미디어 환경에 대한 비판적 사고를 촉진하는 강력한 학문적 솔선이다. 포터Potter는 미디어 해독력을 "우리가 우리 자신을 미디어에 노출시키고 우리가 접하는 메시지의 의미를 해석하는, 일련의 관점들"[6]로 규정한다. 고등학교와 대학 단계의 교육자들은 학생들에게 그들이 특히 웹에서 쉽게 흡수하는 자료에 대해 더 깊게 질문할 수 있게 고안된, 미디어 해독력 커리큘럼과 텍스트를 소개하고 있다. 질문은 "이 웹사이트의 작성자는 누구이며, 그들의 목표는 무엇인가?" 또는 "이 메시지의 본질은 무엇인가? 정보적인가 혹은 이데올로기적인가?" 그리고 "이 사진에서 빠진 것은 무엇인가?", "내가 그걸 믿어야 하나?" 등이다. 디지털 미디어 해독력은 주류 웹사이트와 블로그에서 극단주의적 담론의 침투를 폭로하는 데 중요한 역할을 할 것인데, 거기에 침투한 작성자의 목표는 사회적 논쟁의 물결에 독을 뿌리고 그 명분에 새로운 회원들을 잠재적으로 얻는 것이다. 전국 미디어해독력 교육협회National Association for Media Literacy Education는 "편견을 조장하는 혐오 사이트"에 대한 노출을 디지털 시대의 주요 "콘텐츠 위험 요소" 중 하나로 인용한 "실행 계획" 연구를 공유했다. 나아가 이 단체는 일찍이 초등학교 때부터 독자적으로 온라인에 접속하는 오늘날의 세대를 위해 더 저학년

학습 수준에서의 미디어 교육 확립을 옹호한다.7 전국 미디어해독력 교육협회와 같은 교육 파트너들의 일은 극단주의에 대항하는 그다음의 주요 전선을 대표한다.

학계의 벽을 넘어서 강력한 비영리 감시기관들의 영향력 있는 작업이 새로운 미디어 시대에서 더 큰 사회적 책임과 새로운 경계심을 고취시키는 데 가장 중요했다. 이 글에서 우리는 몇몇 감시기관의 작업을 참고했는데, 그들의 교육 자료와 문헌은 수천 개의 혐오 웹사이트를 확인하고, 그들의 언어를 해독하고, 그들의 온라인 동향을 일 년 내내 감시하는 데 도움을 주었다. 급진적 문화와 관련하여 이러한 대항 단체들은 민주적 영역의 정반대 끝에 존재한다. 거기에서 온라인 가이드로서 역할하며 디지털 환경의 위험을 지적하고, 나아가 교육 파트너로서 자신들이 면밀히 모니터하는 혐오의 형태들에 대해 교사와 학생들을 훈련시킨다. 반명예훼손연맹, 남부빈곤법률센터, 사이먼비젠탈센터, 인권캠페인Human Rights Campaign, 명예훼손에 대항하는 게이레즈비언동맹Gay & Lesbian Alliance Against Defamation과 그 밖의 단체들은 정보화 시대에서 대항적인 시민의 잠재력을 거론한다.

반명예훼손연맹은 혐오집단들이 뭉쳐서 다른 사람을 모집할 수 있게 하는 인터넷의 새로운 잠재력을 잘 알고 있다. 이 국제단체는 매년 전 세계의 혐오 활동에 대한 보고서를 발표하는 동시에, 여러 대학의 학생 및 교수들과 함께 하는 차이를 존중하는 캠퍼스Campus of Difference 프로그램과 같은 외부 지원 활동과 반편견 교육을 제공한다. 또한 반명예훼손연맹은 연방 법 집행기관들과 협력하여 자신들이 온라인에서 감시하는 잠재적인 폭력 광신도들이 일을 저지르기 전에 그들의 위치를 찾아낸다. 사이먼비젠탈센터는 온라인 편협과 싸우는 데 헌신하는 또 다른 조직이다. 이 센터는 관용tolerance을 가르치는 데 전념하는 교육 박물관들을 건립했으며,

매년 "디지털 테러와 혐오"에 대해 보고한다. 이 센터의 보고서는 수천 개의 혐오 사이트와 소셜 미디어 페이지를 추적하며, 이것은 정부 기관, 대학, 미디어에 배포된다. 남부빈곤법률센터는 증오에 찬 차별의 희생자들을 위한 정의를 역사적으로 유명한 자신들의 재단을 통해 법적인 측면에서 추구한다. 남부빈곤법률센터는 또한 웹사이트, 블로그, 소셜 네트워크에서 부풀어 오른 편협을 폭로하는 「인텔리전스 보고서Intelligence Report」를 발행하면서, 오늘날 디지털 혐오 활동에 관한 최신의 자료를 제공한다. 이와 같은 단체들은 교육을 사회적 편협에 대항하는 최고의 무기로 삼는 시민단체들의 균형 잡힌 힘을 대변한다.

감시단체들이 혐오발언에 대항하는 가장 영향력 있는 방법 중 하나는 주류 미디어의 편협 추세에 반대하는 공개성명을 발표하는 것으로, 예를 들어 정치적인 미디어 담론에서 흔히 일어나는 인종차별적 고정관념을 드러낸 사건들에 대해 성명을 낼 수 있다. 이러한 규탄들은 보통 해당 멤버를 비방하기보다 더 큰 공동체를 교육하기 위해 많이 행해진다. 예를 들어, 보건의료healthcare 시스템에 대한 전국적인 논쟁 중에 반명예훼손연맹은 자신들의 웹사이트에서, 보건의료 개혁 조치들을 '나치가 한 일'과 같다며 "대통령의 수석 보건의료 자문관에게 요제프 멩겔레 상Josef Mengele Award을 수여한 것"[8]에 비유했던 한 저명한 종교 지도자에게 반박했다(옮긴이: 요제프 멩겔레는 나치 친위대 의사로서 아우슈비츠 수용소에서 '죽음의 천사'로 불리며 유대인 생체 실험을 지휘했다). 반명예훼손연맹은 이 수사법을 질책하기보다는 교육을 위한 기회로 삼아, 그러한 비유가 왜 "모욕적이며 나치의 손에 살해된 1200만 명의 역사와 기억을 폄하하는지"를 공개적으로 설명했다. 그 당시 의장인 에이브러햄 폭스먼Abraham Foxman은 "이번 사건이 유대인의 역사, 반유대주의와 홀로코스트에 대한 이해를 높이는 데 도움이 될 가르침의 순간이 되어 나치 비유들의 사용이 중단되기를 희망

한다"라고 말했다. 그 비유를 말한 남침례교 윤리·종교자유위원회the South-
ern Baptist Convention's Ethics & Religious Liberty Commission 위원장은 "누가 되었건
오바마 행정부의 사람을 멩겔레 박사로" 동일시한 것에 대해 진심으로 사
과했다.

"가르침의 순간"은 우리가 공유하는 디지털 공간, 정치, 대학 캠퍼스,
대중문화에 혐오스러운 수사법이 출현하는 문제에 대한 전국적 토론을
이끌어내는 가장 효과적인 형태일 것이다. 그러나 그러한 접근 방식은
우리가 우리의 의사소통에 대해, 특히 감독이 거의 없는 온라인에서의 의
사소통에 대해 정직하고 비판적일 것을 요구한다. 온라인 세계에 침투하
여 사회로 스며드는 급진적 이데올로기들을 교육자와 단체들이 더욱 조
명하듯이, 똑같이 중요한 부분들을 담당하는 다른 관계자들도 그들과 합
류해야 한다. 바이러스성 혐오에 반대하는 어떤 해결책도 극단주의자들
이 가장 끌어들이고 싶어 하는 바로 그 참가자들인 웹 공동체, 정치 뉴스
미디어, 넷 세대의 행동주의activism 없이는 성공할 수 없다.

디지털 민주주의 영역 보존하기

이 글에서 우리는 공공정보 공간으로서의 인터넷이 부지중에 인종차
별주의적이고 급진적인 생각들을 진척시켜, 점차적으로 그들의 선전을
수용적인 담론의 형태로 변화시키는 통로 역할을 하는 여러 방법을 조사
했다. 앞서가는 사상가, 정보 수집가, 세계적인 학자들을 위해 건설된 디
지털 세계에서는 위조된 지식보다 계몽에 더 큰 장애물이 없는데, 인종차
별주의적 선전은 분명히 이에 해당한다. 그러므로 더 많은 사상을 향한
접근과 흐름을 가져왔지만 그 대가로 우리들 정보의 질과 본질을 보호할
문지기를 거의 세우지 않은, 이 새로운 민주적 영역에 더 막중한 사회적

책임이 부과되어야만 한다. 이 결함이 곧 인터넷과 그것의 콘텐츠 공유 커뮤니티를 백인민족주의자, 테러리스트, 반LGBT 혐오단체와 같은 집단의 가장 중요한 물적 재산으로 만든다. 그러므로 그들이 사이버 공간의 열린 영역에 독단적으로 침입하는 것에 대항하기 위해서는 정치 블로그와 정보 허브들, 콘텐츠 공유 웹사이트와 소셜 네트워크들이 그들 자체의 지적 기반을 보존하는 것이 매우 중요하다.

우선, 모든 형태의 사회적, 정치적, 콘텐츠 공유 웹 커뮤니티들은 그들이 관리하고 실제적으로 공개하는 일상 자료에 대해 더 많이 책임져야 한다. "이 열린 공간은 어떻게 사용되고 있는가, 만약 잘못 사용되고 있다면 어떻게 잘못 사용되고 있는가?"라는 안내 질문을 반드시 해야 한다. 웹사이트들은 다른 호스팅 기업과 마찬가지로, 그들의 플랫폼을 사악한 목적으로 사용하려는 자들에게 거부할 권리와 책임을 가진 민간 기업들이다. 확실히 유튜브, 트위터, 위키피디아 같은 웹사이트들은 자신들의 페이지와 사용자 계정들을 감시하고 있으며, 최근 몇 년간 광신적인 콘텐츠를 대대적으로 제거하는 작업을 벌이며 보다 적극적인 조치를 취해왔다. 특히 2016년 페이스북, 구글, 트위터, 유튜브, 마이크로소프트는 기존의 혐오발언과 테러 선전을 자신들의 플랫폼에서 24시간 안에 제거하겠다고 긍정적으로 맹세하며 "온라인 행동 강령"을 지지하겠다고 약속했다.9 몇 달 후, 트위터는 테러나 극단주의 명분을 조장한다는 이유로 23만 5000개 이상의 계정을 정지시켰다고 발표했다.10 그러나 이 잡초 제거 과정은 지속적이고 널리 홍보된 임무가 되어야만 한다. 왜냐하면 극단주의자들은 그들의 호스트가 그들이 출입하지 못하도록 얼마나 바짝 경계하든지 간에 이런 공간들에 다시 들어갈 수 있는 새로운 계정이나 방법을 항상 찾을 것이기 때문이다. 그래서 비디오나 소셜 미디어 프로필이 삭제될 때 그 자리에 사회적 자각social awareness의 메시지를 표시하여, 그러한 콘텐츠는 혐오스럽고 이 공동체나 비슷한 생각을 가진 어느 커뮤니티에도 설 자리가 없기 때문에 제거되었다는 것을 ISIS의 최근 테러 비디오나 인종차별주의적 열변 또는 트윗을 보려는 다음번 예비 시청자에게 알릴 수 있다.

원시적이고 절제되지 않은 표현 문화를 수용하는 일부 정치 블로그뿐만이 아니라 레딧과 포챈널4chan 같은 그 밖의 인기 웹사이트들도 현재의 담론 중 일부가 자신들의 도메인에서 어떻게 형성되고 있는지를 더욱 자세히 살펴보아야 한다. 포럼마다 블로그마다 계속 "백인에 대한 흑인 범죄" 또는 "미국의 자유를 위협하는 LGBT 생활방식" 또는 "악의적인 미국과 그 국민들"에 관한 익숙한 동일 서사들을 나르고 있다면, 그 커뮤니티는 근본주의적인 편향으로 나아갔다고 결론짓는 것이 타당하다. 또한 그러한 환경은 이와 똑같은 견해를 품고 있거나 혹은 광적인 콘텐츠를 축소하면 사이트의 인기가 저해될 것이라고 우려하는 웹사이트 운영자들의 결정에 따른 결과라고 가정하는 것도 타당하다. 만약 전자가 사실이라면, 이제 그 웹사이트를 온라인 혐오 커뮤니티 확장 목록에 추가할 때다. 그러나 후자라면, 디지털 사회적 책임에 대한 문제가 즉시 제기된다. 인종, 종교, 성별, 성적 지향에 집착하는 분열적 담론이 자신의 커뮤니티를 장악하도록 허용하는 결정은 이 가상 세계를 공격적이며 노골적으로 착취하는 혐오 문화에 순응하는 것이다.

웹사이트 이외에도 인터넷의 지원 기반시설인 웹 호스팅과 인터넷 서비스 제공자들ISP도 서비스를 제공하는 웹사이트들에 대해 더 큰 책무를 가져야 한다. 옵티멈Optimum, 고대디Go Daddy, 컴캐스트Comcast, 에이티앤드티AT&T와 같은 회사들은 콘텐츠는 임대하되 심사는 하지 않는 개인 저장함처럼 고객 URL을 취급하기보다, 그들의 임무에 활기차고 다양하며 안전한 디지털 환경을 유지해야 한다는 의무가 있음을 인정해야 한다. 언론의 자유가 우리의 온라인 표현에 가장 중요하다고 해도, 이 지침은 민간 회사들이 스톰프런트나 데일리스토머 같은 웹사이트들이 행하는 일종의 혐오 선동을 즐기라고 요구하지는 않는다. 교육 센터가 학교 운동장을 공포에 떨게 하는 불량배를 결코 외면해서는 안 되는 것처럼, 오늘날의 웹사이트 호스트들도 비슷한 형태의 보호 경계심을 가져야 한다.

물론 일부 선도적인 웹사이트들은 혐오와 적대감의 출현에 점점 더 적극적으로 맞서고 있다. 예를 들어 CNN.com은 조롱이 너무 적대적이 될 때 논평란을 중지해서 그것을 남용하는 자들의 특권을 효과적으로 폐지한다. 또한 페이스북과 트위터도 법률기관과 협력하여 테러리스트의 소셜 미디어 활동의 우려할 만한 동향을 감시하고, 발견되면 이런 계정들을 제거하고 있다. 그러나 이런 시도들은 단지 ISIS나 알카에다의 다음번 대처가 출현하기 전의 일시적 해결책일 뿐이다. 2015년, 그림자 같은 집단인 어나니머스Anonymous(익명)는 집단적 해킹 기술로 트위터에서 ISIS 지지자들 뒤에 있는 사용자 정보를 수집하고 그 정보를 전 세계에 공개하기로 결정했다.[11] 법률기관이 이런 자경 행위를 승인하지는 않지만, 이런 핵티비즘hacktivism은 혐오를 진전시키는 온라인에 대한 전례 없는 새로운 형태의 "시민 보복"을 보여준다[옮긴이: 핵티비즘은 해킹(hacking)과 정치행동주의를 뜻하는 액티비즘(activism)의 합성어다].

인터넷에 대한 가장 큰 오해 중 하나는 이 공간에 '문지기가 있을 수 없다'는 것이다. 그리고 정부에게는 아주 나쁜 웹사이트들을 제거할 법률이나 능력도 없다는 것이 사실인데, 이것이 최근 ISIS의 웹 출현과 관련해 미국 연방통신위원회에 문제로 제기되었다. 연방통신위원회 회장은 "우리는 페이스북과 그 밖의 모든 에지 제공자edge provider에 대한 관할권이 없다"라고 인정했는데, 에지 제공자 다수가 미국 국경 안에 없다.[12] 더구나 책 발행인이나 스튜디오 책임자 같은 전통 미디어 문지기들의 역할이 인터넷의 정신과 일치하지 않는다는 것도 사실이다. 인터넷은 아마추어

온라인 세계의 극단주의: 광신, 인종차별, 분노

목소리를 위해 만들어진 미디어로, 누구나 발행인이 될 수 있는 곳이다. 그래서 이러한 필터링 요원들이 없고 정부의 감독도 없다면, 뉴스가 취사선택되는 온라인 게이트키핑은 절대로 있을 수 없다는 것이 인터넷에 대한 일반적인 가정이다. 사실상, 온라인 게이트키핑은 있을 수 있다. 대중에 의해 그리고 대중을 위해 만들어진 미디어에서 문지기는 *우리*들이다. 가상 세계를 세심하게 감독해서 고발되었던 자들은 웹사이트 소유자와 사용자, 포럼 기고자, 댓글 단 네티즌, 소셜 네트워크 이용자와 블로거 등이다. 그리고 이런 것을 아는 우리는 디지털 공공 영역의 민주주의와 안전을 보존하는 일에 최대한의 사회적 책임을 져야만 한다.

언론과 정치의 책무

기술적 진보는 뉴스 생산에 늘 영향을 미쳤다. 새로운 커뮤니케이션 기술들은 인쇄에서 라디오, 라디오에서 텔레비전에 이르기까지 저널리즘의 스타일과 형태에 지속적으로 영향을 주는데, 특히 정보가 이동할 수 있는 시간과 공간을 단축한다. 인터넷 역시 저널리즘의 본질과 관행을 변화시켰는데, 단지 인터넷이 글로벌 커뮤니티를 더 압축한다는 점에서만이 아니다. 웹은 정보의 흐름 자체 또한 변화시켰다. 오늘날, 전통적인 뉴스 제공자들은 뉴스의 흐름에 대한 그들의 선두 통제력을 상실했는데 왜냐하면 지금은 신문과 TV 네트워크를 우회하여 청중을 만나는 블로그와 시민 저널리즘을 통해 대중에게 영향받은 기사들이 온라인으로 나오기 때문이다. 정치 블로그가 이 대안적 뉴스 흐름의 대표적 예다. 이제 이러한 대중 사설editorial 사이트들은 전자 시대에 점차 사라지고 있는 신문 논평opposite the editorial: op-ed 페이지보다 팔로어가 더 많다. 인터넷을 거치는 오늘날의 뉴스 미디어는 어디에나 있으며 누구나 미디어가 될 수 있다.

그러나 이러한 다양한 뉴스 환경에서 우리의 조사는 어떻게 일부 인종차별주의적이며 급진주의적인 집단들이 정치 블로그들의 흐름을 활용하기 시작했는지, 심지어 가짜 뉴스 사이트를 만들면서 어떻게 자신들의 극단적 생각이 관례적으로 옹호된다고 미혹하기 시작했는지를 보여주었다. 당연히 우리는 인종차별주의 이데올로기가 어떤 의미에서건 정치적 명분으로 분류되지 않는다는 것을 알고 있지만, 그럼에도 현대의 선전가들은 이 두 개념을 흐릿하게 만들려는 기민한 시도를 하고 있다. 그러나 오늘날의 실제 정치 현장의 화재와 연기 속에서 이민, 평등혼marriage equality, 난민 위기, 소수자 우대정책과 같은 합법적인 쟁점들은 조직화된 혐오집단들이 그들의 극단주의적 캠페인과 맞출 수 있는 시의적절한 서사들을 제공한다.

불행하게도, 혐오 웹사이트에서 흘러나오는 매우 일반적인 주제 중 일부는 주류 정치와 미디어 담론 다수에서 발견되는 수사법들과 그다지 다르지 않은데, 다문화 시책에 대한 거부나 "전통적 미국"의 가치를 잃는 데 대한 염려 등이다. 자유 언론 시스템에서는 모든 시민이 이런 관심사들을 표현할 권리를 가져야 한다. 그런데 파국으로 가는 비탈진 경사는 논쟁이 정책을 벗어나 사회 변화와 불평 뒤에 있는 익명의 실체에 대한 암시로 바뀌는 지점에서 시작된다. 이것이 바로 차별적 운동이 정치적 논쟁을 통해 개시되는 방법으로, 이제 논쟁은 통상 주류 언론에서는 결코 볼 수 없을, 문화와 사람들에 대한 악의적인 질문들로 넘어간다. 그래서 우리는 책무accountability라는 주제로 돌아간다. 정치와 편협의 연결을 확립하려는 오늘날 온라인 극단주의자들의 수완을 억제하기 위해, 책임 있는 뉴스 미디어와 정치계는 자신들의 말이 때때로 이 특정 청중의 불에 어떻게 기름을 붓는지를 재평가해야만 한다. 인종차별주의 정서를 자극하는 것이 케이블 뉴스 진행자, 정치 전문가 또는 정치인들의 본래 의도가 아니라 생각할 수 있어도, 특히 인종과 종교와 관련된 문화적 쟁점에 대한 그들의 격앙된 의견들을 오늘날의 극단주의 커뮤니티들이 받아들이고 이용하고 있는 것이 현실이다.

책임 있는 언론인은 우선 정치적 쟁점들을 다루면서 불화를 일으키는 틀에 박힌 이분법적 담론 사용을 제한함으로써 선전주의 의제와 싸울 수 있다. 이분법적 담론은 모든 쟁점을 대립하는 두 편으로 즉시 가른다. 24시간 케이블 네트워크에서 인기 있는 그런 종류의 뉴스 상품에는 오락적 가치가 있을지 모르지만, 국가 안보, 미국 시민권, 범죄율과 같은 쟁점들은 "편"에 관한 것이 아니다. 이것들과 그 밖의 다른 시급한 쟁점들은 뉴스 미디어에 의해 각각 도덕적 고지를 주장하는 대립적인 두 파벌, 우파와 좌파로 시종일관 분극화된다. 이는 위험하고 분열적인 수사법 그 자체다. 게다가 그것은 복잡한 쟁점들을 단순화하여, 해결이 아닌 갈등을 위해 고안된 똑같은 이데올로기 상자들에 다양한 의견들을 억지로 쑤셔 넣는다. 이러한 형태의 편파적인 뉴스 담론은 이미 절대적인 방식으로 생각하고 철저하게 이분법적 용어로 말하는 백인파워 운동과 같은 집단들에게 미국 내 "대항문화"라는 그들의 주문을 키워주며, 이는 다시 인종차별주의적인 신념 체계를 육성해 준다.

정치 작가, 진행자, 뉴스 전문가들도 사회적 쟁점들을 프레임할 때 자신들이 사용하는 단어에 더욱 조심성이 있어야 한다. 더 큰 자제력이 필요한 가장 긴급한 사례 중 하나는 반정부 정서들에 대한 보고다. 정부에 대한 정밀 조사와 비판은 진정한 민주주의의 건전하고 필수적인 요소이지만, 특정 논쟁들에서는 급진주의가 반정부적인 일부 견해와 얼마나 밀접한지도 인식해야 할 책임이 있다. 예를 들어, 반명예훼손연맹은 백인우월주의 집단들이 "증오에 찬 견해를 전파하고 더 많은 추종자를 끌어들이기 위해"[13] 그 당시 부상하고 있던 티파티Tea Party 반정부 플랫폼을 어떻게 이용하고 있었는지를 보고했다. 그 감시단체가 공통 출처인 스톰 프런트 웹사이트를 직접 가보니, 그 웹사이트의 포럼들은 "이 티파티 미국인들의 손을 잡고, 그들이 기어 다니는 수준에서 독립적으로 서서 인종주의racialism를 향해 걸어가도록 도우라"라고 공동체를 독려하고 있었다. 또 다른 게시물은 "정부에 항의하며 격분하는 백인들의 큰 무리가 우리 WN[백인민족주의자]들에게는 우리의 명분을 홍보하기에 완벽한 때와 장소인 것 같다"라고 선언했다. 게다가 또 다른 응답자는 "WN 인쇄물을 뿌리고 신입을 빨리 많이 모집하는 데 그들이 이상적일 것이라 생각한다"라고 동의했다. 그런데 반명예훼손연맹의 동일 보고서는 반정부 정서를 점화한 일부 원인이 "의회의 17인 '사회주의자들'에게 경고"했던 미국 하원의원, 조지프 매카시Joseph McCarthy 계파, 또는 오바마 대통령을 "파시스트, 나치, 마르크스주의자"라 불렀던 폭스 뉴스 진행자와 같은 항간의 통례적인 출처에 있다고 계속 언급했다. 백인파워 공동체들은 주류에서 나오는 그런 꼬집는 어구들을 반색하며 받아들였을 뿐만 아니라 그들의 혐오 홈페이지에 표제로 다시 게재했다. 보수적인 논평가 앤 콜터는 CNBC 쇼 〈도니 도이치와 나누는 빅 아이디어The Big Idea with Donny Deutsch〉에 출연해서, "우리[기독교인들]는 단지 유대인들이 완벽해지기를 바란다. …… 우리는 우리들이 완벽하다고 생각한다"[14]라고 말했다. 그녀의 논평은 반유대주의 웹사이트들의 온라인 커뮤니티에 빠르게 등장했고, 그런 사이트들의 머리기사, 비디오 클립, 토론 게시판에서 찬양되었다.

어느 극단주의 단체에게나 가장 귀한 것 중 하나는 홍보다. 이 때문에 웨스트버로침례교회와 같은 단체들은 "신은 혐오한다"라는 피켓을 들고 현장에 도착하기에 앞서 먼저 보도 자료를 내보내고, KKK.com 같은 웹사이트들은 방문자들에게 지역 언론사들에 어떻게 연락하라고 지시한다. 유명 정치인뿐만 아니라 뉴스 미디어도 때때로 반LGBT 집단과 같은

온라인 세계의 극단주의: 광신, 인종차별, 분노

노골적인 극단주의자들에게 자신들의 강력한 스포트라이트를 빌려주는 함정에 빠지며, 그렇게 함으로써 급진주의자들이 딛고 선 과격한 명분을 알리는 데 도움을 준다. 이런 추세들에 대응해 남부빈곤법률센터는 일부 주요 케이블 언론사에 "명망 있는 뉴스 기관은 혐오를 자극하고 폭력 선동에만 관심 있는 과격한 극단주의자들의 의제를 지지하는 선전을 유포하지 말아야 한다"[15]라고 재차 강조하는 서한을 때때로 보냈다.

  인종 불화는 팔리는가? 확실히 미국 문화에서는 인종적 마찰이라는 주제를 비롯한 다양성 문제들이 흔한 논쟁 주제들이다. 그러나 뉴스 미디어가 위험할 정도로 광신적인 이데올로기들과 밀접하게 관련된 쟁점들에 불을 지르거나 편협을 옹호하는 사람들에게 세간의 이목을 끄는 플랫폼을 제공할 때는, 이러한 형태의 저널리즘이 문화적 논쟁 이외의 것을 팔고 있지는 않은지를 반드시 물어야 한다. 예를 들어, 뉴스 진행자인 글렌 벡Glenn Beck이 "사람들이 우리 국경에 몰려올 것이라고 생각하는가? 그들이 캘리포니아를 되찾으려 한다는 소식은 들었는가? 바로 그들이 텍사스를 되찾으려 한다"[16]라면서 멕시코 붕괴의 가능성을 주장했을 때 특정 대중의 관심을 자극했는가? NBC의 〈언론과의 만남Meet the Press〉은 프로그램에서 "그들[유대인들]은 흑인의 마음, 흑인의 지성을 가장 잘 통제하는 자들이다"[17]라고 말한 인종차별주의 선동가 루이 파라칸에게 방송 시간을 주어 시청률을 더 끌어올렸는가? 보수 논객인 앤 콜터가 발언 중에 "두건머리(래그헤드, raghead)"와 같은 용어를 사용할 때 반이슬람 인용들로 책이 더 많이 팔리는가?[18] 아니면 러시 림보Rush Limbaugh가 공포를 불러일으키는 과장법으로 "이슬람법은 이미 이 나라에서 시행되고 있다"라고 방송할 때 더 많은 청취자를 끌어모으는가?[19] 이러한 질문들에 대한 답이 긍정이라면, 시청률을 위해 인종차별적인 공포를 부추길 수 있는 미디어의 능력에 대한 재검토에는 더 많이 얻으려고 계속 오는 시청자의 역할에 대한 고려도 있어야 한다. 인종적 쟁점들을 토론하거나 선동적인 발언자를 초대하는 뉴스 미디어 모두가 편협의 봉홧불은 아님은 분명하다. 그러나 혐오 웹사이트들이 정치 뉴스 미디어와 똑같은 원천에서 정서를 부추기고 추종자들을 끌어들이기 시작하고 있음을 안다면, 정보의 그러한 주류 목소리들은 이제 신뢰할 만한 이성의 목소리를 유지하는 데 똑같이 중요한 역할을 해야 함을 깨달아야만 한다.

넷 세대

우리가 지금까지 조사했던 모든 특별한 이해관계, 즉 인종차별주의적이고 급진적인 웹사이트, 인기 있는 소셜 네트워크와 정치 블로그, 교육자와 감시기관들은 이제 앞을 내다보며, 인터넷 시대에서 태어난 넷 세대가 앞으로 문화적 관점을 위한 싸움에서 차기 지도자들이 되리라 기대할 것이다. 디지털 세계가 생산적으로 또한 파괴적으로 계속 발전하고 다양화되면서, 교육자 *그리고* 문화적 우월주의자 같은 집단들 모두는 젊은 세대의 마음과 메시지를 놓고 경쟁하게 될 것이다. 큰 내기가 걸린 이 대규모 메시징 캠페인이 지닌 성격을 감안할 때, 사회적 책임의 최대 지분은 이런 모든 이해관계와 운동들이 겨냥하는 저 표적 청중의 손에 달려 있음은 말할 필요도 없다.

넷 세대는 격동하고 변화하는 세계의 진원지에 서 있다. 그들은 지금 글로벌 매스 커뮤니케이션의 진화로 인해 삶을 확대하거나 축소하는 엄청난 양의 디지털 정보를 멈춤 없이 지속적으로 받아들이는 자들이다. 이 시대가 자신들 앞에 놓은 어떤 질문과 결정들을 다룰 때에는 당연히 잠시 멈춰서 자신들이 직면하는 강화된 도전을 인식해야만 한다. "나는 어떤 커뮤니티와 동질감을 갖는가?" "이렇게 나열된 메시지 중 나는 어떤

온라인 세계의 극단주의: 광신, 인종차별, 분노

것을 지지하는가?" "인터넷은 어떤가? 이 정보를 믿어야만 하나? 이 공간은 어떤가?" "이 소셜 네트워크나 웹 커뮤니티가 내 정체성의 일부인가?"

사실상 다음 세대가 미래에 이 같은 질문을 곰곰이 생각하고 있다면, 대답이 무엇이건 그들은 이미 사회적으로 책임감 있는 디지털 시민이 되는 중요한 단계를 밟고 있는 중이다. 무턱대고 다이빙하기 전에 물속을 측량하고 있는 것이다. 넷 세대는 이제 자기 성찰과 자신이 거주하는 가상공간에 대한 분별 있는 대화를 유지함으로써, 인터넷이 지속적으로 진화하며 발전하는 방식에 가장 큰 영향을 줄 수 있는 문지기들이 되어야 할 것이다. 이 세대는 가상 세계의 함정과 허위를 더 잘 인식할 수 있고 혐오발언의 존재에 더욱 주의를 기울일 수 있을 터인데, 왜냐하면 이 미디어에 대한 그들의 타고난 지식과 그들의 인구학적 다양성 때문이다. 그러나 청소년들은 직접 체험해서 얻은 관점들과 함께, 온라인 지형을 안전하게 탐색하기, 소셜 네트워크 및 대화방의 혐오 수사법을 확인하기, 기만적인 자들로부터 신뢰할 만한 정보를 판독하기, 선전을 거부하기와 같은 주제들에 대해 학생이 되고 난 다음에 교사가 되어야 한다.

오늘날 우리의 사회적 정체성이 온라인에서 구성되고 있음을 되새기는 것도 중요하다. 그러기에 우리 모두는 이 가상 세계에 대해 그리고 어린이들이 더 이른 나이에 로그인하는 가상 세계의 공간들에 대해 비판적으로 생각해야만 한다. 가드너 주니어Gardner Jr.는 인터넷은 "아이들이, 부모의 감독이 거의 불가능하고 『파리대왕Lord of the Flies』 윤리가 다스리는 세계로…… 매일 여행하게 한다"[20]라고 주장했다. 오늘날 이 관찰이 소셜 네트워크의 영역에서보다 더 맞는 곳은 없을 것이다. 소셜 네트워크나 공유 커뮤니티의 표준은 개인 정보, 의견, 사진, 기타 개인적 콘텐츠의 노출이 규범으로 받아들여지는 것이다. 페이스북에서는 단지 프로필 사진만으로 이전에 전혀 교제가 없던 "친구의 친구"와 친구 맺는 것이 완벽하게 허용된다. 우리는 열린 교류와 공유의 비슷한 표준을 온라인 비디오게임 및 콘텐츠 공유 커뮤니티에서 발견한다. 이런 사회 환경에서는 웹이 이 차세대의 집단적 발달에 기념비적인 영향을 미칠 것임을 부인할 수 없다.

개인적 탐험이 가능한 이 새로운 무대는, 인종차별주의적이고 급진적인 운동들에는 그들의 손이 닿을 수 있는 추종자 유형의 시의적절한 변화를 의미했다. 따라서 넷 세대는 특히 방문하는 많은 웹사이트가 겉으로 보이는 그대로가 아니라는 새로운 인식을 갖추어야만 한다. 웹페이지의 형식과 기능, 제공할 수 있는 게임 또는 제공한다고 주장하는 정보가 넷 세대에게 친숙함에도 불구하고 이러한 특징들은 약장수들이 여러 시대에 걸쳐 사용한 미끼와 스위치 모델을 보여준다. 혐오 웹사이트는 우정을 약속하거나 정보를 보증하는 대신, 편협을 육성하기 위한 정교한 회원 모집 센터를 실제 형태로 제공한다. 새로운 잠재 고객이 이러한 사이비 사회·정치 커뮤니티들 속에 꾸준히 주입되면서, 그들의 디지털 경험은 때때로 우리가 조사를 시작했던 현실 세계로 이어질 수 있다. 벌릿Berlet과 비소츠키Vysotsky는 온라인 입문 단계에 뒤따르는 전형적인 청년 모집 패턴을 설명한다.

> 록 콘서트, 파티, 하위문화적…… "어울려 놀기(hangouts)"는 새로운 신입들이 그 운동의 백인우월주의 정치와 하위문화에 노출되는 장소들이다. (신입이건 기존 회원이건 모든 하위문화 회원들에게 존경받는) 더 오래된 회원들은 이런 환경을 만들어 생각과 규범들을 강화한다.[21]

젊은 신입들은 새로운 친구들에게서 오는 가치, 중요성, 소속감에 대한 새로운 느낌으로 가득 차 있다. 그들은 또한 한 인종이 다른 인종을 향

온라인 세계의 극단주의: 광신, 인종차별, 분노

해 행동하는 방식 또는 어떻게 "백인이 아닌 자들"이 백인 사회를 훼손하거나 위협하는지와 같이, 이전에는 전혀 알아차리지 못했던 "차이들"을 주변 세계에서 보기 시작할 것이다. 이것이 인종차별주의 선전가들이 넷 세대에게, 그중 특히 경험이나 지식이 없는 순진한 자들에게 생산, 포장, 판매하고 있는 신념 체계다.

탭스콧Tapscott은 『디지털의 성장: 넷 세대의 등장Growing Up Digital: The Rise of the Net Generation』에서 오늘날의 젊은이에 대한 초기 스케치를 구성하여 그들의 독특한 관점에 대해 몇 가지 식견을 제공했다.[22] 그는 손가락 끝에 월드와이드웹을 가지고 자란 차세대는 그들의 부모보다 훨씬 더 세계 지향적이라고 묘사했다. 동시에 그들은 인터넷의 익명 환경에서 사실상 "아무런 제약도 받지 않는다". 그들은 정보에 대한 권리와 어린 나이에 그들의 세계를 탐험할 수 있는 접근권을 강하게 믿는다. 그들은 "선택권을 원한다"라고 탭스콧은 말한다. "수년간의 TV 채널 서핑과 인터넷 서핑에 익숙해진 그들은 무한한 선택의 세계를 기대한다."[23] 그러나 넷 세대는 그러한 전례 없는 접근을 통해 혐오의 요소를 비롯해 그 어느 때보다 어른들의 생각에 더 많이 노출된다. 그 결과, 현실에 대한 그들의 관념은 무언가 역설을 보여준다. 어떤 의미에서 그들은 성숙한 디지털 세계를 항해할 수 있는 고삐를 부여받는데, 그것도 상당히 이른 삶의 단계에서 받는다. 그러나 이처럼 많은 가상 경험과 함께 그들이 끊임없이 직면하는 시험은 과연 그들이 선전과 실제 정보를, 사기적인 커뮤니티와 진정한 커뮤니티를 구별할 수 있는가다.

따라서 새로운 미디어 차량에 탄 사회적으로 책임감 있는 승객은 이런 종류의 질문을 묻고 인터넷의 성격에 대해 보다 비판적으로 생각하는 것 이외에도, 저 세계로 퍼지는 사악한 요소들과 이것들이 어디에 이를 수 있는지에 대한 실제적인 이해를 지녀야만 한다. 실재하는 편협과 있는 그대로의 인종차별주의를 가르치는 것은 쉬운 과제가 아니며, 특히 초등학교 때부터 인종차별주의와 편협의 교훈을 넘치게 들은 청중을 상대로 할 때는 더욱 그렇다. 그러한 주제들은 그것들이 가장 문제가 될, 탐험과 발달의 청소년기에 지루해 보이기 시작할 수 있다. 이 시기에 성장한다는 것은 인터넷 접속이 정말로 무료가 아님을 이해한다는 의미다. 말하자면 그것은 책임의 대가를 수반하는 특권이며, 청년기의 모든 시련처럼 인격을 시험하는 것이다.

결론

혐오 문화의 침투가 온라인에서 이루어졌건 사회에서 이루어졌건, 디지털 극단주의에는 한 가지 주목할 만한 이점이 남아 있다. "혐오발언은 혐오자들을 드러낸다."[24] 인종차별적이고 급진적인 집단들은 그림자에서 나와 인터넷으로 이동함으로써 자신들의 정체성, 이데올로기, 전략들을, 그들을 알아채는 법을 아는 자들에게 노출시켰다. 일단 덮개가 벗겨지면, 이러한 교활한 선전의 출구들은 그저 옹졸한 편견과 무지의 해묵은 표현들임이 드러난다. 문화적 자유 투사들의 이 가상 연맹은 자신들을 멸종 위기에 처한, "비백인 사회"의 표적들로 간주하는 만큼 실제로 그들은 자신의 왜곡된 심리의 희생자들일 뿐이다. 그러나 인종차별주의적 우월 심리의 희생자는 아닌데, 왜냐하면 편협은 모든 혐오 이데올로기와 마찬가지로 "문화적 우월"이라는 망상과 정말로 거의 관계가 없기 때문이다. 오히려 이러한 믿음들은 실제로 사회에서의 왜소함이라는, 개인이 지닌 생각의 산물이며, 항상 그랬다. 디지털 혐오 문화는 비록 왕성하더라도, 저 상태에 대해 나중에 경작된 반응이다.

이런 편협을 근절하기 위한 첫걸음은 그것을 인식하는 것이다. 인종차별주의적이고 급진적인 이런 커뮤니티들의 교활한 사이버 소굴에 숨겨진 진실을 밝혀줌으로써, 인터넷 감시자, 교육자, 일상 사용자들은 인터넷에 등장한 혐오를 격리시키고 폭로하기 시작할 수 있다. 흔히 초고속 정보통신망이라 부르는 아이디어들의 새로운 시장에서, 이러한 인종차별주의 데이터베이스와 혐오 네트워크들은 그들의 호소가 겉보기에 진정해 보여도 우리가 결코 신뢰하면 안 되는, 방심할 수 없는 히치하이커들이다. 메시지의 매력과 그 프레젠테이션의 섬광 아래 있는 새로운 인종차별적 선전은 정말로 그 어느 다른 나쁜 정보와 똑같다. 일단 인식하면, 분별 있는 그다음 동작은 그것을 구겨서 버리는 것이다.

주

1 "Total Number of Websites," accessed December 4, 2015, http://www.internetl ivestats.com/total-number-of-websites/.

2 Shari Steele, "Taking a Byte Out of the First Amendment," *Human Rights: Journal of the Section of Individual Rights & Responsibilities*, 23, No.2(1996), p.14.

3 "ADL Poll of Over 100 Countries Finds More than One-Quarter of Those Surveyed Infected with Anti-Semitic Attitudes," *Anti-Defamation League*, accessed December 1, 2015, http://www.adl.org/press-center/press-releases/anti-semiti sm-international/adl-global-100-poll.html#.VmGljt-rTeQ.

4 "Syllabus Project," Gonzaga University, accessed December 2, 2015, http://ww w.gonzaga.edu/Academics/hate-studies/for-students-and-educators/class-sylla bi.asp.

5 William McGuire, "Resistance to Persuasion Conferred by Active and Passive Prior Refutation of the Same and Alternative Counterarguments," *Journal of*

Abnormal and Social Psychology, 63, No.2(1961), pp.326~332.

6   W. James Potter, *Theory of Media Literacy: A Cognitive Approach* (Thousand Oaks, CA: Sage Publication, 2004), pp.58~59.

7   Renee Hobbs, *Digital and Media Literacy: A Plan of Action* (Washington, DC: The Aspen Institute, 2010), p.29.

8   "ADL Welcomes Christian Leader's Apology for Insensitive Remarks on Health-care Debate," *Anti-Defamation League*, accessed December 1, 2015, http://www.adl.org/PresRele/ChJew_31/5623_31.html.

9   Julia Fioretti and Foo Yun Chee, "Facebook, Twitter, YouTube, Microsoft Back EU Hate Speech Rules," *Reuters*, last modified May 31, 2016, http://www.reuters.com/article/us-eu-facebook-twitter-hatecrime-idUSKCN0YM0VJ.

10   Katie Benner, "Twitter Suspends 235,000 More Accounts for Extremism," *New York Times*, last modified August 18, 2016, http://www.nytimes.com/2016/08/19/technology/twitter-suspends-accounts-extremism.html?_r=2.

11   Dominique Mosbergen, "Anonymous Declares War on ISIS After Paris Attacks," *Huffington Post*, last modified November 16, 2015, http://www.huffingtonpost.com/entry/anonymous-isis_5649610ae4b045bf3defc173.

12   Mario Trujillo, "FCC Says It can't Shutdown ISIS Websites," *The Hill*, last modified November 17, 2015, http://thehill.com/policy/technology/260438-fcc-says-it-cant-shutdown-online-terrorist-activity.

13   "White Supremacists and Anti-Semites Plan to Recruit at July 4 Tea Parties," *Anti-Defamation League*, accessed November 20, 2015, http://www.adl.org/main_Extremism/White_Supremacists_July_4_Tea_Parties.htm.

14   "Wiesenthal Center, Denounces Ann Coulter for Remark that Jews Need to be Perfected," *Simon Wiesenthal Center*, last modified October 11, 2007, http://www.wiesenthal.com/site/apps/nlnet/content2.aspx?c=lsKWLbPJLnF&b=4442245&ct=5851577#.VmXx-t-rTeQ.

15   Mark Potok, "SPLC Asks CNN to Remove Dobbs," last modified July 24, 2009, https://www.splcenter.org/hatewatch/2009/07/24/splc-asks-cnn-remove-dobbs.

16 "Hate in the Mainstream," *Southern Poverty Law Center*, last modified May 29, 2009, https://www.splcenter.org/fighting-hate/intelligence-report/2009/hate-mainstream-0.

17 "Farrakhan in His Own Words," *Anti-Defamation League*, accessed December 1, 2015, http://www.adl.org/special_reports/farrakhan_own_words2/on_jews.asp.

18 Max Blumenthal, "Ann Coulter at CPAC on 'Ragheads' and Assassinating Bill Clinton," *Huffington Post*, last modified February 10, 2006, http://www.huffingtonpost.com/max-blumenthal/ann-coulter-at-cpac-on-ra_b_15434.html.

19 Caitlin Macneal, "Limbaugh Defends Pam Geller: Sharia Law has been Implemented in this US," *Talking Points Memo*, last modified May 8, 2015, http://talkingpointsmemo.com/livewire/rush-limbaugh-pam-geller-sharia.

20 Ralph Gardner, Jr., "Parenting: Is AOL Worse Than TV?" *New York Magazine*, accessed November 3, 2015, http://nymag.com/nymetro/urban/family/features/3377/.

21 Chip Berlet and Stanislav Vysotsky, "Overview of U.S. White Supremacists Groups," *Journal of Political and Military Sociology*, 34, No.1(2006), pp.30~32.

22 Donald Tapscott, *Growing Up Digital: The Rise of the Net Generation* (New York: McGraw-Hill, 1998).

23 같은 책, p.335.

24 Paul K. McMasters, "Must a Civil Society Be a Censored Society?" *Human Rights: Journal of the Section of Individual Rights & Responsibilities*, 26, No.4(1999), p.10.

9장

결론

그렇다면 디지털 시대에서 인종차별주의적이며 급진적인 운동의 미래는 어떠할까? 감시단체들이 이러한 "사용자 친화적" 커뮤니티들을 확인하고 그 본색을 폭로하기 위해 적극적으로 노력하는 데 반해, 이번 조사는 극단주의 집단들이 새로운 미디어 환경에 효과적으로 꾸준히 잘 적응하고 있음을 보여주었다. 유튜브, 트위터, 페이스북에서 그들의 존재는 시대를 쉽게 따라잡고 주류 청소년 문화와 융합하려고 애쓰는 운동을 보여준다. 그들의 웹사이트에서 넘쳐나는 비디오와 오디오 팟캐스트, 토론 게시판, 광범위한 데이터베이스, 뉴스 피드와 같은 융합형 미디어는 넷에 정통한 청중들을 끌어들이는 데 필요한 첨단 기술 능력과 콘텐츠를 보여준다. 음악과 의류 판매는 물론 스티커와 재킷에 광신적인 상징을 추가로 브랜딩하는 것은 전반적인 급진적 문화를 암시하는데, 이런 운동들 대

© The Author(s) 2017
A. Klein, *Fanaticism, Racism, and Rage Online*,
DOI 10.1007/978-3-319-51424-6_9

다수가 온라인 판매를 시도하고 있다. 게다가 이런 집단 일부의 글로벌 네트워킹과, 특히 소셜 미디어를 통한 테러리스트들의 호객 행위도, 최근 몇 년 동안 상당수의 다른 사회운동도 성공적으로 해냈듯이 그들의 명분을 전 세계적 캠페인으로 키우려는 의도를 드러낸다. 그리고 아마도 가장 주목할 만한 것은, 이러한 변두리 커뮤니티들이 정보, 정치, 우정의 포럼으로 개조한 것이 현대의 웹 사용자들의 언어에 대한 그들의 예리한 인식과 유창함을 시사한다는 점이다.

누구는 이러한 관찰로 혐오 문화가 디지털 시대라는 새 환경에 순응한 것이 성공적이었다고 결론지을지 모른다. 물론 이 가상 커뮤니티의 성공이 편협의 진전을 대중이 거주하는 구체적 세계에서 얼마만큼 보여줄지는 시간만이 말해줄 것이다. 그렇지만 어떤 이들은 디지털적인 것에서 물리적인 것으로 나아가는 이 여정은 이미, 악의적인 수사법이 한때 공명정대한 정치 블로그였던 것들을 전소시키고 이어서 선거 주기 캠페인과 논평에서 부상할 때 시작되었다고 주장한다. 이 저서에서 우리가 밝혀낸 바로 그 정서 중 일부는 2016년 미국 대통령 선거운동 중에 등장했는데, 이는 아프리카계 미국인 시위자들을 "위험한 깡패"로, 이슬람교도들을 "잠정적인 테러리스트"로, LGBT 평등을 "미국의 종교적 자유를 위협하는 것"으로 요약하고 있다. 이것 각각은 디지털 혐오 문화에서 더 원초적인 형태로 추적될 수 있는 어떤 편협의 내력을 지닌다. 그러한 담론적 경향은 "새 일상new normal"으로 빠르게 확산될 수 있으며, 그로써 편협은 우리의 정치 과정은 물론 정치 블로그에서도 관례적이 되며, 적개심이 우리의 사회생활에 스며들었듯이 소셜 네트워크에도 스며든다. 사실상 온라인에서 "받아들일 수 있는" 편협의 표현에 해당하는 기준을 낮춤으로써 우리 문화의 예의와 상식의 기준도 동시에 낮아진다.

앞으로

웹의 어두운 복도들을 관통한 우리의 항해 그리고 우리의 소셜 네트워크와 블로그들에서 성장한 적대감에 대한 솔직한 평가는 21세기의 편협이 지닌 몇 가지 중요한 특징들을 드러내 보였다. 이 책은 불과 몇 년 사이에 공공 영역에 스며든 극단주의적 견해들의 팽창에 대응하고 있는 대화에 여러 면에서 기여하고자 했다. 광신주의, 인종차별주의, 온라인 분노에 대한 이 탐구는 극단주의의 출현과 진화를 꾸준히 연구하는 교육자와 학생, 언론인과 감시단체, 국가 안보 및 법 집행기관들에게, 혐오 커뮤니티들의 새로운 상투적 문구 일부를 폭로했는데, 우리는 이것들이 격렬한 이전 것들보다 더 세련되고, 평범하고, 교활하다는 것을 알게 되었다.

악의적인 네오나치와 KKK 떼들은 여전히 많고 온라인에서 엄청나게 활동적이긴 하지만, 이 책은 방문자들에게 동일한 정서를 전달하되 훨씬 더 구미에 맞는 어조로 전달하는 가짜 소셜 네트워크, 뉴스 블로그, 급진적 정치 단체들에 비해, 그들의 극악한 사명과 겉모습은 얼마나 시대에 뒤떨어져 있는지를 보여주었다. 결국, 정보나 정치 논평으로 재포장되어 다른 온라인 포럼과 똑같아 보이는 웹사이트들에 저장된 혐오발언은 형세를 살피는 인종차별주의자들에게 더 극단주의적인 곳으로 수월하게 갈 수 있게 하는, 그들이 원한 바로 그 위장偽裝, cover을 제공한다. 데일리 스토머나 솔라제너럴 같은 차세대 혐오 웹사이트들은 홈페이지를 디자인할 때 이런 덮개가 필수적이라는 것을 잘 알고 있었다.

디지털 혐오 문화를 통한 우리의 여정은 현대의 인종차별주의자들이 만들어낸 아이러니하게도 다양한 주장들을 확인했고, 정치와 사회[1] 및 온라인[2]에서 진화하는 편협의 메시지를 오랫동안 조사해 온 비판적인 분야도 추가해서 살펴보았다. 인종차별주의자들의 주장에는 히스패닉계 이민자들이 백인-유럽 유산을 파괴하겠다고 위협하고 있다, 유대인들이 다문화주의와 미디어를 이용해 미국 정치 시스템을 음모적으로 해체했다, 백인 커뮤니티는 백인에 대한 흑인 범죄의 치명적인 위협으로부터 끊임없이 포위 공격을 당하고 있다는, 공포심을 불러일으키는 주장들이 포함된다. 이러한 의혹적 주장들 대다수가 낡은 인종차별주의적 주문들을 21세기의 정치와 현실에 맞도록 재고안한 것임이 거의 틀림없지만, 이 연구는 인터넷의 상호 연결적인 문맥이 어떻게 현실 세계에서는 결코 성취될 수 없었던 방식들로 그런 생각들을 만나게 해서 상호 영향을 미치도록 했는지를 보여주었다. 현실 세계와 달리 온라인에서는 인종차별주의가 외국인 혐오 민족주의와 완벽하게 혼합될 수 있으며, LGBT 시민들을 조롱하는 만화는 흑인 대통령에 대한 음모론과 잘 어울린다. 그리고 이러한 주제들의 밑바탕, 아마도 밝혀진 가장 통일적인 메시지의 밑바탕에는 위기에 처한 자신의 정체성을 방어하려는 항의가 있다. 흑인분리주의자와 백인우월주의자 모두에게서 나오는 이러한 탄원 중 일부는 노골적으로 물리적 '저항' 행위를 외쳤다. 그다음에 이것은 어떤 이들에게 폭력적인 공격 행위를 의미하는 것으로 해석되었다.

그런데 단독 총기난사자의 이런 치명적 폭발이 반복됨에 따라, 웹에서 태어난 혐오에 대한 더욱 보편적이고 광범위한 함축적 의미는 오늘날 우리의 정치와 문화에 퍼져 있는 독성 담론에서 찾을 수 있다. 이 연구 분야를 진전시키기 위한 미래의 연구는 역사적인 2016년 미국 대통령 선거 주기에 초점을 맞춰, 이 책에서 다룬 25개 혐오 웹사이트 중 어느 하나에서 처음 등장하고 그다음에 주류 정치인, 대리인, 전문가의 입에서 나온 그런 우세한 주장들을 측정할 수 있으며, 후자가 실제로 전자를 되풀이하고 있는지의 여부도 판단할 수 있을 것이다. 데이비드 듀크 전 KKK 대표가 2016년 각종 뉴스 시간에 공화당 후보 도널드 트럼프가 일상적으로 옹호하는 반이민 정책을 목청 높여 지지하고 흑인 지역에서의 폭력에 대해 불필요한 우려를 자아내는 언사를 쏟아내며 정치적 논쟁에 뛰어들었다는 것은 주목할 만한 일이며 말해주는 것이 있을 것이다.[3] 듀크처럼 노련하게 편협적인 사람들은 민족주의적으로 보이지만 본질은 외국인 혐오적인 메시지들에 항상 끌릴 것인데, 왜냐하면 그런 생각들은 다른 생각들과 밀접하게 붙어 있기 때문이다.

연구 조사 이외에도 디지털 문화, 인터넷과 사회, 미디어 해독력 분야의 주제들에 대한 가르침도 혐오 웹사이트를 도구로 활용하여, 온라인 편협이 다른 웹 콘텐츠처럼 얼마나 완전하고 접근성이 높은지를 보여줄 수 있을 것이다. 학생들은 더욱 집중된 교육을 통해, 극단주의의 무수한 형태, 메시지, 암호문, 상징, 근본적 이데올로기들이 레딧과 같이 트래픽이 많은 공동체들 안에서 부상할 때 이런 요소들을 알아볼 수 있다. 미디어에서의 폭력 표현과 그 영향에 대한 의미 있는 이론들은 뉴스, 음악, 영화, 비디오게임에서 우리 모두가 소비하는 메시지에 대해 좀 더 비판적인 사고가 필요함을 학생들에게 알리는 데 지금까지 도움을 주고 있다. 이 연구는 단지 혐오의 메시지뿐만이 아니라 온라인에서 태어난 부패한 정보가 점차 디지털 영역으로 스며드는 과정도 폭로함으로써 그러한 작업에 기여하고자 했다.

이론적 적용의 확장

미디어 학자들에게 사기적인 생각이 새로운 정보로 분류되게 하는 인터넷 구성물에 대한 보다 면밀한 조사도 어떻게 웹이, 그 기여에도 불구하고, 부지중에 문화 담론을 위태롭게 할 수 있는지를 설명하는 데 도움을 줄 수 있다. 미디어에서의 폭력에 관한 전통 이론들은 인터넷 영역에서 고려될 때 새로운 관련성을 가질 수 있다. 예를 들어, 거브너Gerbner의 잔혹한 세계 증후군mean world syndrome 이론은 지역 뉴스, 액션 영화, TV 범죄 쇼에서 볼 수 있듯이, 미디어 폭력을 많이 보는 시청자들이 자신의 세계가 실제보다 훨씬 더 위험하고 잔혹한 곳이라고 믿게 되는 상태를 촉진하는 과정을 묘사했다.[4] 결국 그러한 오해가 "타인"에 대한 비이성적인 사회적 편집증을 낳을 때 그것은 또한 사회적 의미를 지닌다.

거브너의 이론을 인터넷의 맥락에 배치하면, 과한heavy 웹 사용자들도 마찬가지로 어떻게 영향받는지를 설명하는 데 도움이 될 것이다. 곧, 그들은 격노한 긴 열변을 끊임없이 올리는 거리낌 없는 블로거들에서부터 트위터와 같은 정보 공유 네트워크를 더럽히는 인종차별주의적이거나 여성혐오적인 정서에 이르기까지, 웹에 있는 더 비열한 요소들에 노출되면서 영향받는다. 거브너의 이론은 디지털 시민들이 문화 담론을 실제보다 더 분열되고 씁쓸한 것으로 볼 것이라고 제안할 것인데, *왜냐하면* 우리는 우리의 정치적 의견들을 온라인으로 접근하고 있기에 아마도 극단주의 소수를 시끄러운 다수로 지각할 것이기 때문이다.

가상 세계를 이론적으로 더 깊이 검토해야 할 필요성은 정보 탐색자들의 압도적 다수가 이제 인터넷을 뉴스, 정치, 연구, 사회적 상호 연결의 주요 출처로 선택한다는 사실로 더욱 복잡해진다.[5] 이 책은 인터넷 특정 이론을 제공했는데, 어떻게 웹의 독점적 구성물인 검색엔진, 소셜 네트워크, 뉴스 및 정보 사이트, 정치 블로그들이 의도치 않게 비합법적 형태의 정보를 위한 여과 시스템으로 작용하여, 그것들이 진정한 지식의 형태로 주류 네트워크에 들어가는 길을 찾게 하는지를 설명하려고 노력했다. 정보세탁 개념은 미디어가 현실에 대한 더 편향된 오지각misperception을 조장한 과정들을 밝히려고 한 다른 이론들에까지 확장될 수 있다. 거브너의

온라인 세계의 극단주의: 광신, 인종차별, 분노

잔혹한 세계 증후군과 마찬가지로 이 책에서 제시된 패러다임도 디지털 미디어에서 이런 편협과 분노를 꾸준히 복용하는 것은 더 큰 공공 영역에 후속적인 영향을 주어, 우리 담론에 있는 극단주의를 흔히 있는 일로 여기게 될 것이라고 예측한다.

정보세탁의 메커니즘을 혐오스러운 콘텐츠에만 국한하지 않는다면, 그 동일한 과정을 음모 이론의 영역[즉, 알렉스 존스(Alex Jones)의 인포워즈]이나, 근거 없는 타블로이드 가십[레이더 온라인(Radar Online)] 같은 디지털 문화의 다른 부문에서도 찾고 연구할 수 있다. 이 수상쩍은 장르들 각각은 전례 없는 똑같은 접근성을 가지고 인터넷의 신뢰할 만한 네트워크를 이용하며, 각각 진짜 이론들과 언론 보도와 함께 발견되고, 연관되고, 정당화되고 있다. 앞으로의 이론적 연구 조사는 오정보의 이런 덜 사악한 출처들에 초점을 맞춰, 혐오발언이 다양하게 위장했듯이 과연 그것들도 대중문화에 교묘히 끼어들어 가는 데 성공했는지의 여부를 판단할 수 있을 것이다. 정보세탁에 대한 좀 더 광범위한 주장들 몇몇을 시험하려면, 우선적으로 헌신적인 블로그와 웹사이트들의 특정 기반 안에서 발달한 인기 있는 음모나 거짓말의 발달을 추적하고, 그다음 그 콘텐츠가 온라인과 전통 미디어의 더 신뢰할 만한 영역에서 어떻게 출현하는지를 감시할 필요가 있다.

중요한 점은, 여기에서 시사점은 인터넷이 그 문제에 대한 광적인 생각, 음모, 타블로이드 거짓말에 비판적일 수 있는 대중의 역량을 변화시켰다는 것이 아니라는 점이다. 아마 변한 것은 디지털 시대의 "정보" 그 자체에 대한 우리의 인식일 것이다. 온라인에서 저 정보라는 단어는 예전보다 구체적이지 않다. 분명 더 민주적이다. 그러나 결함 또한 더 많다. 인터넷이 계속 확장하고 이와 함께 우리의 지식 개념이 블로그, 위키, 태그, 트위터, 팟캐스트를 포함하게끔 신장됨에 따라, 풀뿌리에서 올라오는 모든 것이 좋다는 기본 입장에 우리는 신중하게 저항해야만 한다. 성난 군중들이 이 개념이 거짓임을 증명했으며, 그것은 인종 불화를 촉발시키기 위해 전략적으로 세워진 웹사이트 안에서 종종 모습을 드러낸다. 그래서 우리가 인터넷을 통해 담쟁이덩굴처럼 퍼져나가는 급진적 웹사이트들의 진전을 계속 연구하듯이, 뉴미디어의 학생들도 우리의 일상 웹 공동체들을 휘젓고 있는 그런 극단적인 대화들을 면밀히 조사해야만 한다. 브라이트바트닷컴Breitbart.com은 미국과 유럽에서 가장 인기 있는 정치 웹사이트 중 하나로, 매달 평균 7000만 명이 방문한다.[6] 현재 그곳 토론 태그는 "흑인 범죄"에 관한 기사를 읽기 원하는 방문자들을 연결해 준다.[7] 왜인가? 그 사이트는 범죄학자들을 위한 모임이 아니다. 그러면 이것은 누구의 욕구를 채우기 위한 것인가?

온라인 편협에 대한 향후 조사는 사이버 주변부에만 국한되어서는 안 된다. 우리는 인종차별적인 대중에게 은밀하게 신호를 보내는 오늘날의 개호각dog whistle이 어떻게 "흑인 범죄"와 같은 단순한 토론 태그의 형태로 나올 수 있는지, 또는 소수자 인구의 부상에 대한 뉴스 기사의 연속적인 편집 형태로 나올 수 있는지를 보았다. 드러지 리포트의 정기적인 전단 표제에는 "백인은 이제 소수집단이다!"라고 쓰여 있다. 맷 드러지Matt Drudge의 사이트는 매달 1억 5000만 명 이상이 방문하는 곳으로, 전 세계적으로 인터넷에서 가장 왕래가 많은 200개 사이트 중 하나다.[8] 그러나 이와 같은 표제들은 인종차별주의적 성향을 가진 독자들의 마음에 편집증을 유발하는, 단 하나의 목적에만 기여할 수 있다.

조잇Jowett과 오도널O'Donnell은 『선전과 설득Propaganda and Persuasion』에서, 어떻게 기만적인 조작들이 사회가 받아들이게 되고 선전으로 보기를 게을리하게 되는 방식으로 수년에 걸쳐 뉴스, 광고, 정치에 "점차 제도화되었는지"를 서술했다.[9] 가장 인정받는 우리의 웹 커뮤니티들 안에 감춰

온라인 세계의 극단주의: 광신, 인종차별, 분노

진 편협의 촉발 요인들에 세심한 주의를 기울여야 하는 이유는 그것들도 이제는 문화적 불화를 제도화할 능력을 갖게 되었기 때문이다. 문화적 불화는 디지털 세계에서 일어나는 담론에 대해 예상하게 된 풍경의 일부가 되었다. 게다가 우리는 그러한 극단주의가 주류 정치로 놀라운 진출을 하기 위해 어떻게 온라인 뿌리들에서 갈라져 나오기 시작했는지를 점점 많이 보아왔다. 2016년, 브라이트바트닷컴의 책임자 스티브 배넌Steve Bannon은 도널드 트럼프의 대통령 경선을 위한 캠페인 매니저로 임명되었다. 이는 배넌의 대안우파alt-right 웹사이트와 그것의 최근 뉴스 표제 일부에 대한 전국적인 관심을 불러일으켰다. 그 표제들은 "산아제한은 여성들을 매력 없고 미치게 한다", "자랑스럽게 높이 들어라: 남부연합기는 명예로운 유산을 선언한다", "빌 크리스톨Bill Kristol: 공화당을 망친 자, 변절한 유대인"[10] 등이다. 트럼프의 역사적인 2016년 승리 이후, 디지털 선동 정치가에서 정치 권위자에 이르는 배넌의 여정은 그가 대통령 당선인의 백악관 수석 전략가 겸 선임 고문으로 지명되면서 완료되었다.

관리인들

공적 영역에 입지를 획득한 혐오 이데올로기의 교활한 부산물 중 하나는 그것이 글로벌 커뮤니티에서 진전될 필요가 있는 정체성에 대한 논리적 토론을 효과적으로 방해한다는 점이다. 문화적 차이는 이 시대의 중요 주제이므로 우리가 소수자 우대정책, 종교적 자유, 동등한 권리 같은 쟁점들에서 "정체성"을 제거할 수 있다고 가정하는 것은 비생산적일 것이다. 인종, 성별, 민족, 국적, 성적 지향을 다루는 문제들에 대해서는 논쟁은 물론 의견 불일치의 여지도 있다. 그런데 의미 있게도 우리는 최근에 이러한 대화들이 논쟁적이지만 건강한 방법들로 나타나는 것을 보아 왔다. 예를 들어, 동성애자의 권리라는 주제는 2014년 올림픽 게임에서 개최국 러시아의 반동성애 법안에 대응하여 국제적으로 유발되었다. 그 것은 또한 많은 국가들이 LGBT 커뮤니티와 관련한 자신들의 시민권 정 의에 직면하게끔 만들었다. "흑인 생명도 소중하다" 운동은 경찰의 체포 와 구류 중에 발생하는 아프리카계 미국인의 높은 사망자 수에 대한 국가 적 관심을 환기시키려고 노력해 왔다. 그것은 미국 내 체계적 인종차별 주의가 계속되고 있다는 데 관한 심도 깊은 논쟁을 다시 불러일으켰다. 그러한 논쟁들은 완벽하지도 쉽지 않은 것도 분명하지만, 꼭 필요하다.

혐오집단들은 정치와 커뮤니티로 가장하여 이런 복잡한 분열들과 맞 물리려고 하는데, 오직 진보의 궤도를 벗어나게 하려는 것이 목적이다. 온라인에서는 인종적 분노를 촉발하거나 군중심리를 촉진할 가능성이 우리가 한때 상상했던 것보다 훨씬 더 성취 가능하다고 입증되었다. 그 것은 그야말로 편협한 태도들과 즉각적으로 결합할 수 있는 해시태그, 검 열이 거의 없고 시민 예의도 거의 보장하지 않는 웹 커뮤니티로 성취 가 능한데, 이는 정말 인터넷 시대의 문화 모습이 아니다. 그것은 또한 어쩌 면 모든 이의 표현의 자유를 전제로 만들어진 월드와이드웹으로 들어가 는 입장료일 수 있다. 그런데 우리는 가상 세계에서 무조건적인 자유 언 론으로 가는 문을 용감하게 열고서 이것이 모든 사람이 들어갈 수 있음을 의미한다는 것을 잊어버렸을지도 모른다.

전통 미디어 아웃렛(언론 매체)들은, 극단주의가 뚫고 들어갈 수 없는 곳이 아닌데도, 알려진 혐오집단이 주간 칼럼을 쓰거나 전국 라디오 쇼를 주최하게 되는 현실과 싸워야 했던 적이 없었다. 이는 물론 신문에는 주 필들이 있고 공영 라디오에는 프로듀서들과 연방통신위원회가 있기 때 문이다. 이는 마치 영화와 텔레비전에 스튜디오 책임자들, 전체 드라마를 총괄하고 책임지는 쇼러너들show runners, 혐오발언을 효과적으로 걸러내는 그 밖의 잘 확립된 문지기들이 있는 것과 같다. 인터넷에는 우리들이 있다. 그리고 사이버 공간의 무한한 특징이, 시민들이 블로그 영역을 창안하거나 소셜 네트워크를 만들 수 있게 한 것이라 해도, 우리에게 지킴이가 필요 없다고 가정하는 것은 잘못이다. 책임은 우리들, 즉 편협을 나쁜 정보로 탐지하고, 거부하며, 나아가는 것을 배우는 인터넷 사용자들에게 있다. 또는 익명의 작성자들이 매일 게재하는 방대한 자료들을 방심하지 않고 추적 관찰하기로 한 콘텐츠 호스트들에게 있으며, 그 공간에 광신주의가 발도 못 붙이게 하고 혐오로 오가는 사람들에 대한 접근조차 금지하는 뉴스 블로그들에 있다. 우리가 돌보미로서의 역할을 소홀히 한다면 인터넷이 꼭 도덕적 부패에 빠지지는 않더라도 우리가 상상해 오던 모습의 공공 광장은 줄어든다. 분열로 가득 차고 악의에 찬 생각들이 난무하는 웹은 더 이상 무한한 공간이 아니다. 그것은 우리의 등한시로 더 작아지고, 더 비열해지고, 더 줄어든다.

주

1   Ian Haney López, *Dog Whistle Politics: How Coded Racial Appeals have Reinvented Racism & Wrecked the Middle Class*(Oxford: Oxford University Press, 2015); Carol Swain and Russell Nieli, *Contemporary Voices of White Nationalism in America*(Cambridge: Cambridge University Press, 2003).

2   Abraham H. Foxman and Christopher Wolf, *Viral Hate: Containing Its Spread on the Internet*(New York: Macmillan Publishers, 2013); Jessie Daniels, *Cyber Racism: White Supremacy Online and the New Attack on Civil Rights*(Lanham, MD: Rowman & Littlefield Publishers, 2009); Georgie Weatherby and Brian Scroggins, "A Content Analysis of Persuasion Techniques Used on White

Supremacist Websites," *Journal of Hate Studies*, 4, No.9(2006).

3   Camila Domonoske, "Former KKK Leader David Duke Says 'Of Course' Trump
    Supporters Are His Supporters," *NPR.org*, last modified August 5, 2015, http://
    www.npr.org/sections/thetwo-way/2016/08/05/488802494/former-kkk-leader-
    david-duke-says-of-course-trump-voters-are-his-voters.

4   George Gerbner, "The Hidden Side of Television Violence," in George Gerbner,
    Hamid Mowlana and Herbert Schiller(eds.), *Invisible Crisis: What Conglomer-
    ate Control of Media Means for America and The World*(Boulder, CO: Westview
    Press, 1996), pp.27~34.

5   UCLA Internet Project, "Internet Peaks as America's Most Important Source of
    Information," last modified February 11, 2003, http://www.anderson.ucla.edu/
    x3829.xml.

6   "Breitbart.com," *SimilarWeb*, accessed October 7, 2016, https://www.similarw
    eb.com/website/breitbart.com#overview.

7   "Tag: Black Crime," *Breitbart*, accessed October 7, 2016, http://www.breitbart.
    com/tag/black-crime/.

8   "Drudgereport.com," *SimilarWeb*, accessed October 7, 2016, https://www.simi
    larweb.com/website/drudgereport.com.

9   Garth S. Jowett and Victoria O'Donnell, *Propaganda and Persuasion*(Thousand
    Oaks, California: Sage Publications, 1999), p.164.

10 Adam Klein, "In Trump, Extremism Found Its Champion—and Maybe Its
    Demise," *The Conversation*, last modified November 7, 2016, https://theconve
    rsation.com/in-trump-extremism-found-its-champion-and-maybe-its-demise-67
    765.

참고문헌

"About the Ku Klux Klan." *Anti-Defamation League*. Accessed September 2, 2015. http://archive.adl.org/learn/ext_us/kkk/default.html.

"Active U.S. Hate Groups in 2008: Neo-Nazi." *Southern Poverty Law Center*. Accessed June 28, 2009. http://www.splcenter.org/intel/map/type.jsp?DT=9.

Adams, Josh and Vincent J. Roscigno. "White Supremacists, Oppositional Culture and the World Wide Web." *Social Forces*, 84, No.2(2005), pp.759~777.

"ADL Poll of Over 100 Countries Finds More than One-Quarter of Those Surveyed Infected with Anti-Semitic Attitudes." *Anti-Defamation League*. Accessed December 1, 2015. http://www.adl.org/press-center/press-releases/anti-semitism-internatio nal/adl-global-100-poll.html#.VmGljt-rTeQ.

"ADL Welcomes Christian Leader's Apology for Insensitive Remarks on Healthcare Debate." *Anti-Defamation League*. Accessed December 1, 2015. http://www.adl. org/PresRele/ChJew_31/5623_31.html.

Adler, Ronald B., George Rodman and Athena du Pré, *Understanding Human Communication*. Oxford: Oxford University Press, 2014.

Akdeniz, Yaman. "Anonymity, Democracy, and Cyberspace." *Social Research*, 69, No.1(2002), p.224.

© The Author(s) 2017
A. Klein, *Fanaticism, Racism, and Rage Online*,
DOI 10.1007/978-3-319-51424-6

Alexa: The Web Information Company. Last accessed August 8, 2015. http://alexa.c om/.

Alexa: The Web Information Company. "Daily Stormer." Accessed October 2, 2015. http://www.alexa.com/siteinfo/dailystormer.com.

Alexa: The Web Information Company. "Free Republic." Accessed October 2, 2015. http://www.alexa.com/siteinfo/freerepublic.com.

Allport, Gordon. *The Nature of Prejudice*. Reading, MA: Addison-Wesley Publishing Company, 1954.

"The American Freedom Party Mission Statement." Accessed October 1, 2015. http://american3rdposition.com/?page_id=195.

Anglin, Andrew. "Sickening Jew Media Calls Man a Coward for Standing Up Against the Government and Faggots." *Daily Stormer*. Last modified March 29, 2015. http://www.dailystormer.com/sickening-jew-media-calls-man-a-coward-for-standing-up-against-the-government-and-faggots/.

Anti-Defamation League. *Poisoning the Web: Hatred Online*. New York: ADL Publication, 2001.

Arkin, Daniel and Erik Ortiz. "Dylann Roof Almost Didn't Go through with Charleston Shooting." *NBC News*. Last modified June 19, 2015. https://www.nbcnews.com/storyline/charleston-church-shooting/dylann-roof-almost-didnt-go-through-charleston-church-shooting-n378341.

"Aryan Encyclopedia Takes Off." *Southern Poverty Law Center*. Last modified December 1, 2007. http://www.splcenter.org/intel/intelreport/article.jsp?aid=863.

Bandura, Albert. "Social Learning through Imitation." in M.R. Jones(ed.). *Nebraska Symposium on Motivation*. Lincoln: University of Nebraska Press, 1962.

Bazyler, Michael. "Holocaust Denial Laws and Other Legislation Criminalizing Promotion of Nazism." Accessed August 1, 2009. http://www1.yadvashem.org/abou t_yad/departments/audio/Bazyler.pdf.

BBC News. "Internet Used by 3.2 Billion People in 2015." Last modified May 26, 2015. http://www.bbc.com/news/technology-32884867.

Becker, Paul J., Bryan Byers and Arthur Jipson. "The Contentious American Debate: The First Amendment and Internet-based Hate Speech." *International Review of Law Computers*, 14, No.1(2000), pp.33~41.

Bedard, Paul. "75% of Population Growth Since 2000 from Immigration, 100 Million More by 2065." *American Freedom Party*. Last modified October 29, 2015. http://american3rdposition.com/?p=14858.

Beirich, Heidi. "Blog Wars: The Daily Stormer and its Racist Frenemies." Last modified March 10, 2015. https://www.splcenter.org/hatewatch/2015/03/11/blog-wars-daily-stormer-and-its-racist-frenemies.

Benner, Katie. "Twitter Suspends 235,000 More Accounts for Extremism." *New York Times*. Last modified August 18, 2016. http://www.nytimes.com/2016/08/19/technology/twitter-suspends-accounts-extremism.html?_r=2.

Berlet, Chip and Stanislav Vysotsky. "Overview of U.S. White Supremacists Groups." *Journal of Political and Military Sociology*, 34, No.1(2006), pp.11~48.

"Black Africans in the United States." Accessed October 1, 2015. http://en.metapedia.org/wiki/African_Americans.

Blumenthal, Max. "Ann Coulter at CPAC on 'Ragheads' and Assassinating Bill Clinton." *Huffington Post*. Last modified February 10, 2006. http://www.huffingtonpost.com/max-blumenthal/ann-coulter-at-cpac-on-ra_b_15434.html.

Borrowman, Shane. "Critical Surfing: Holocaust Deniability and Credibility on the Web." *College Teaching*, 47, No.2(1999), pp.44~54.

Bratich, Jack. *Conspiracy Panics: Political Rationality and Popular Culture*. Albany, NY: SUNY Press, 2008.

Breitbart. "Tag: Black Crime." Accessed October 7, 2016. http://www.breitbart.com/tag/black-crime/.

Buchanan, Pat. "Gay Rights, Civil Rights, and How Freedom Dies." *American Renaissance*. Last modified February 24, 2014. http://www.amren.com/news/2014/02/gay-rights-civil-rights-and-how-freedom-dies/.

Bureau of Justice Statistics. *Hate Crime Victimization*. by Meagan Wilson. Washington, DC, 2014. Accessed July 20, 2015. http://www.bjs.gov/index.cfm?ty=pbdetail&iid=4905.

Caldwell, Leigh Ann. "Immigration Speaker Sparks Controversy at CPAC." Last modified February 11, 2012. http://www.cbsnews.com/news/immigration-speaker-sparks-controversy-at-cpac/.

Cannon, Angie and Warren Cohen, "The Church of the Almighty White Man." *U.S. News & World Report*, July 19, 1999.

Charlton, Corey. "Have ISIS Found a Sadistic New Way to Kill?" *Daily Mail*, August 25, 2015. Accessed October 16, 2015. http://www.dailymail.co.uk/news/article-3210469/ISIS-introducing-new-killing-style-Ominous-warning-terror-group-s-latest-video-depicting-horrific-murder-released-featuring-prisoners-surrounded-Islamists-horseback.html.

Chokshi, Niraj. "The Year of 'Enormous Rage': Number of Hate Groups Rose by 14 Percent in 2015." *Washington Post*. Last modified February 17, 2016. https://www.washingtonpost.com/news/acts-of-faith/wp/2016/02/17/hate-groups-rose-14-percent-last-year-the-first-increase-since-2010/?tid=sm_tw.

Cialdini, Robert, Rodney Bassett and John Cacioppo. "Low-Ball Procedure for Producing Compliance." *Journal of Personality and Social Psychology*, 36, No.5(1978), pp.463~476.

Cimons, Marlene. "Dannemeyer Hires AIDS Quarantine Advocate." *Los Angeles Times*, August 20, 1985. Accessed October 1, 2015. http://articles.latimes.com/1985-08-20/news/mn-1965_1_aids-quarantine-advocate.

Citron, Danielle. *Hate Crimes in Cyberspace*. Cambridge, MA: Harvard University Press, 2014.

Clayton, Mark. "Terrorist Tweets: How Al Qaeda's Social Media Move Could Cause Problems." *Christian Science Monitor*, February 7, 2013. Accessed October 15, 2015. http://www.csmonitor.com/USA/2013/0207/Terrorist-tweets-how-Al-Qaeda-s-social-media-move-could-cause-problems.

Coe, Kevin, David Domke, Erica S. Graham, Sue L. John and Victor W. Pickard. "No Shades of Gray: The Binary Discourse of George W. Bush and an Echoing Press." *Journal of Communication*, 54, No.2(2004), pp.234~252.

Cohen, Adam. "White Power Music Is an Effective Recruiting Tool." in Claire Kreger (ed.). *White Supremacy Groups*. Farmington Hills, MI: Greenhaven Press, 2003.

Cohen, Amy, Deborah Azrael and Matthew Miller. "Rate of Mass Shootings has Tripled Since 2011, Harvard Research Shows." *Mother Jones*, October 15, 2015. Accessed October 20, 2015. http://www.motherjones.com/politics/2014/10/mass-shootings-increasing-harvard-research.

Conant, Eve. "Rebranding Hate in the Age of Obama." *Newsweek*, May 4, 2009, 30.

Condon, Stephanie. "Poll: One in Four Americans Think Obama was Not Born in the U.S." *CBS News*. Last modified April 21, 2011. http://www.cbsnews.com/news/poll-one-in-four-americans-think-obama-was-not-born-in-us/.

Council of Conservative Citizens Headlines. Accessed October 1, 2015. http://conservative-headlines.com/.

"Craig Cobb 'Celebrates' Death of Rosa Parks." *Southern Poverty Law Center*. Accessed October 20, 2015. https://www.splcenter.org/fighting-hate/intelligencereport/2009/craig-cobb.

Creativity Alliance. "Mission Statement." Accessed November 2, 2015. http://www.c

reativityalliance.com/index.html.

Creativity Alliance. "Sixteen Commandments." Accessed October 20, 2015. http://cr
eativityalliance.com/home/16commandments/.

Dahlberg, Lincoln. "The Internet and Democratic Discourse: Exploring the Pro-
spects of Online Deliberative Forums Extending the Public Sphere." *Information,
Communication & Society*, 4, No.4(2001), pp.615~633.

"Daily Stormer." Accessed October 1, 2015. http://en.metapedia.org/wiki/Daily_Sto
rmer.

"Daily Stormer." Accessed October 2, 2015. http://www.alexa.com/siteinfo/dailysto
rmer.com.

Daily Stormer Homepage. Accessed October 12, 2015. http://www.dailystormer.com.

Daniels, Jessie. *Cyber Racism: White Supremacy Online and the New Attack on
Civil Rights*. Lanham, MD: Rowman & Littlefield Publishers, 2009.

"David Duke." *Anti-Defamation League*. Last modified August 1, 2009. http://www.
adl.org/learn/ext_us/david_duke/default.asp.

Delgado, Richard and Jean Stefancic. "Southern Dreams and a New Theory of First
Amendment Realism." *Emory Law Journal*, 65, No.2(2015), pp.303~358.

"Does Your School Block This Site?" Accessed August 4, 2009. http://www.stormfro
nt.org/forum/sitemap/index.php/t-269822.html.

Domonoske, Camila. "Former KKK Leader David Duke Says 'Of Course' Trump
Supporters Are His Supporters." *NPR.org*. Last modified August 5, 2015. http://w
ww.npr.org/sections/thetwo-way/2016/08/05/488802494/former-kkk-leader-davi
d-duke-says-of-course-trump-voters-are-his-voters.

"Don Black: White Pride World Wide." *Anti-Defamation League*. Accessed Septem-
ber 15, 2015. http://www.adl.org/poisoning_web/black.asp.

Dornberg, John. *Munich 1923: The Story of Hitler's First Grab for Power*. New York,
NY: Harper & Row, Publishers, 1982.

Dretzin, Rachel. *Growing Up Online*. Documentary. Directed by Rachel Dretzin and
John Maggio. Boston: PBS, 2007. DVD.

Einzinger, Kurt. "Media Regulation on the Internet." Accessed October 1, 2015. http:
//www.osce.org/fom/13846?download=true.

Eisner, Will. *The Plot: The Secret Story of the Protocols of the Elders of Zion*. New
York: W.W. Norton & Company, 2005.

Emery, Theo and Liz Robbins. "Holocaust Museum Shooter James von Brunn had
History of Hate." *Seattle Times*, June 12, 2009. Accessed November 20, 2015. htt

p://seattletimes.nwsource.com/html/nationworld/2009330156_holocaustshooting
12.html.

Entman, Robert. "Framing: Towards Clarification of a Fractured Paradigm." *Journal of Communication*, 43(1993), pp.51~58.

"Facebook under Fire for Allow Hate Speech Against Jews to Proliferate Online." Last modified September 17, 2013. http://www.algemeiner.com/2013/09/17/face book-under-fire-for-allowing-hate-speech-against-jews-to-proliferate-online/.

Family Research Institute. "Scientific Articles." Accessed November 3, 2015. http://w ww.familyresearchinst.org/category/articles/.

Farhi, Paul. "From the Fringe to the Mainstream: How "Scandals" of Dubious Validity or Relevance End Up Attracting So Much Media Attention." *American Journalism Review*, 32, No.4(2010), pp.32~37.

"Farrakhan in His Own Words." *Anti-Defamation League*. Accessed December 1, 2015. http://www.adl.org/special_reports/farrakhan_own_words2/on_jews.asp.

Fears, Darryl and Marc Fisher. "A Suspect's Long History of Hate, and Signs of Strain." *Washington Post*, June 11, 2009. Accessed November 20, 2015. http://www.was hingtonpost.com/wp-dyn/content/article/2009/06/10/AR2009061003495.html.

Federal Communication Commission. *Future of Media and Information Needs of Communities in a Digital Age*. Washington, DC, 2010. Accessed August 31, 2015. http://fjallfoss.fcc.gov/ecfs/document/view?id=7020450549.

Fioretti, Julia and Foo Yun Chee. "Facebook, Twitter, YouTube, Microsoft Back EU Hate Speech Rules." *Reuters*. Last modified May 31, 2016. http://www.reuters.co m/article/us-eu-facebook-twitter-hatecrime-idUSKCN0YM0VJ.

Foxman, Abraham H. and Christopher Wolf. *Viral Hate: Containing Its Spread on the Internet*. New York: Macmillan Publishers, 2013.

Gardner, Jr., Ralph. "Parenting: Is AOL Worse Than TV?" *New York Magazine*. Accessed November 3, 2015. http://nymag.com/nymetro/urban/family/features/33 77/.

Geo, Chris. "Full Video—Elliot Rodger's Retribution Video." Last modified May 24, 2014. https://www.youtube.com/watch?v=G-gQ3aAdhIo.

Geraghty, Jim. "Obama Could Debunk Some Rumors by Releasing His Birth Certificate." *National Review Online*. Last modified June 9, 2008. http://www.nationalr eview.com/campaign-spot/9490/obama-could-debunk-some-rumors-releasing-hi s-birth-certificate.

Gerbner, George. "The Hidden Side of Television Violence." in George Gerbner,

Hamid Mowlana and Herbert Schiller(eds.), *Invisible Crisis: What Conglomerate Control of Media Means for America and The World*. Boulder, CO: Westview Press, 1996.

Gerhards, Jürgen and Mike S. Schäfer. "Is the Internet a Better Public Sphere? Comparing Old and New Media in the USA and Germany." *New Media & Society*, 12, No.1(2010), pp.143~160.

Goffman, Erving. *Frame Analysis: An Essay on the Organizational of Experience*. London: Harper and Row, 1974.

Greenberg, Jon. "Sally Kohn: 'White Men Account for 69% of Those Arrested for Violent Crimes'." *Politifact*, April 2, 2015. Accessed November 2, 2015. http://www.politifact.com/punditfact/statements/2015/apr/02/sally-kohn/sally-kohn-white-men-69-percent-arrested-violent/national/main5309836.shtml.

Griffin, Drew, David Fitzpatrick and Curt Devine. "Was Dallas Cop Killer Micah Johnson Radicalized Online?" *CNN.com*. July 11, 2016. Accessed September 28, 2016. http://www.cnn.com/2016/07/10/us/micah-johnson-dallas-radicalized-online/.

Gross, Allie. "White Nationalist Group Defends Dylann Roof's 'Legitimate Grievances'." *Mother Jones*, June 21, 2015. Accessed August 16, 2015. http://www.motherjones.com/politics/2015/06/council-conservative-citizens-dylann-roof.

Gross, Doug. "Online Comments are Being Phased Out." *CNN*, November 21, 2014. Accessed October 4, 2015. http://www.cnn.com/2014/11/21/tech/web/online-comment-sections/.

Habermas, Jürgen. *The Structural Transformation of the Public Sphere: An Inquiry into a Category of Bourgeois Society*. Translated by Thomas Burger and Frederick Lawrence. Cambridge, MA: MIT Press, 1989.

Hannon, Elliot. "Here's What We Know So Far About Umpqua School Shooter Chris Harper Mercer." *Slate*, October 1, 2015. Accessed November 1, 2015. http://www.slate.com/blogs/the_slatest/2015/10/01/umpqua_community_college_shooter_chris_harper_mercer_profile.html.

"Hate in the Mainstream." *Southern Poverty Law Center*. Last modified May 29, 2009. https://www.splcenter.org/fighting-hate/intelligence-report/2009/hate-mainstream-0.

"Hate on Display: 14 Words." *Anti-Defamation League*. Accessed November 15, 2015. http://www.adl.org/combating-hate/hate-on-display/c/14-words.html#.VliwIN-rTeQ.

Herbeck, Dale. "Chaplinsky v. New Hampshire." in Richard Parker(ed.). *Free Speech on Trial: Communication Perspectives on Landmark Supreme Court Decisions*. Tuscaloosa, AL: University of Alabama Press, 2003.

"Here's What Appears to be Dylann Roof's Racist Manifesto." *Mother Jones*. Last modified June 20, 2015. https://www.motherjones.com/politics/2015/06/alleged -charleston-shooter-dylann-roof-manifesto-racist/.

Herf, Jeffrey. *The Jewish Enemy: Nazi Propaganda During World War II and the Holocaust*. Cambridge, MA: Harvard University Press, 2006.

Hobbs, Renee. *Digital and Media Literacy: A Plan of Action*. Washington, DC: The Aspen Institute, 2010.

Hoskins, Guy T. "Meet the Habermasses: Charting the Emergence of a Social Media-Enabled Public Sphere in New Democracies." *International Journal of Technology, Knowledge & Society*, 9, No.4(2013), pp.25~39.

Huffington Post. "Facebook Tells Holocaust Survivors Denial Pages Can Stay." Last modifies July 28, 2011. http://www.huffingtonpost.com/2011/07/28/holocaust-d enial-pages-can-stay-says-facebook_n_912116.html.

"Illegal Immigrant Accused of Killing Homecoming Queen." *Vanguard News Network*. Last modified April 13, 2009. http://www.vanguardnewsnetwork.com/2009/04/il legal-immigrant-accused-of-murdering-homecoming-queen/.

JewWatch Homepage. Accessed August 26, 2015. http://jewwatch.com.

Johnson-Cartee, Karen and Gary Copeland. *Strategic Political Communication: Re-thinking Social Influence, Persuasion, and Propaganda*. Lanham, MD: Rowman & Littlefield Publishers, 2003.

Jowett, Garth S. and Victoria O'Donnell. *Propaganda and Persuasion*. Thousand Oaks, CA: Sage Publications, 1999.

Jumpshot Analytics. "Stormfront.org." Accessed September 15, 2015. https://www.j umpshot.com/report/stormfront.org/.

Katz, Rita. "Follow ISIS on Twitter: A Special Report on the Use of Social Media by Jihadists." Last modified June 26, 2014. http://news.siteintelgroup.com/blog/ind ex.php/entry/192-follow-isis-on-twitter.

Keller, Larry. "The Second Wave: Evidence Grows of Far-Right Militia Resurgence." Last modified November 3, 2009. http://www.splcenter.org/get-informed/intellig ence-report/browse-all-issues/2009/fall/the-second-wave.

Klapper, Joseph T. *The Effects of Mass Communication*. Glencoe, IL: The Free Press, 1960.

Kein, Cecilie. *Sentenced to Live.* New York: Holocaust Library, 1989.

Klein, Adam. "Slipping Racism into the Mainstream: A Theory of Information Laundering." *Communication Theory*, 22, No.4(2012), pp.427~448.

Klein, Adam. "In Trump, Extremism Found Its Champion—and Maybe Its Demise." *The Conversation.* Last modified November 7, 2016. https://theconversation.com /in-trump-extremism-found-its-champion-and-maybe-its-demise-67765.

Klite, Paul. "Media can be Antibiotic for Violence." *Quill*, 88, No.4(2000), p.32.

Kopan, Tal. "Donald Trump Retweets 'White Genocide' Twitter User." *CNN.com.* Last modified January 22, 2016. http://www.cnn.com/2016/01/22/politics/donal d-trump-retweet-white-genocide/.

Kowalski, Robin. "Teasing and Bullying." in Brian Spitzberg and William Cupach (eds.). *The Dark Side of Interpersonal Communication.* Mahwah, NJ: Lawrence Erlbaum Associates, Publishers, 2007.

Kreimer, Seth. "Technologies of Protest: Insurgent Social Movements and the First Amendment in the Era of the Internet." *University of Pennsylvania Law Review*, 150, No.1(2001), pp.119~125.

Ku Klux Klan Homepage. Accessed August 30, 2015. http://www.kkk.com/.

Lazarsfeld, Paul F. *Radio and the Printed Page: An Introduction to the Study of Radio and Its Role in the Communication of Ideas.* New York: Duell, Sloan, and Pearce, 1940.

Lee, Alfred C. and Elizabeth B. Lee. *The Fine Art of Propaganda.* New York: Harcourt, Brace and Co., Inc., 1939.

Lewandowski, Dirk. "Search Engine User Behavior: How Can Users be Guided to Quality Content?" *Information Services & Use*, 28(2008), pp.261~268.

López, Ian Haney. *Dog Whistle Politics: How Coded Racial Appeals have Reinvented Racism & Wrecked the Middle Class.* Oxford: Oxford University Press, 2015.

MacDonald, Kevin. "Decline of the Economic Position of Whites: Implications for Republican Strategy." *Occidental Observer.* Last modified July 30, 2013, http://w ww.theoccidentalobserver.net/?s=hispanic+immigration&x=15&y=14.

Macmillan, Douglas. "Facebook's Holocaust Controversy." *Business Week*, May 12, 2009. Accessed October 12, 2015. http://www.businessweek.com/technology/.

Macneal, Caitlin. "Limbaugh Defends Pam Geller: Sharia Law has been Implemented in this US." *Talking Points Memo.* Last modified May 8, 2015. http://talkingpo intsmemo.com/livewire/rush-limbaugh-pam-geller-sharia.

Magdoff, JoAnn and Jeffrey B. Rubin. "Social and Psychological Uses of the Internet."

in Leonard Shyles(ed.). *Deciphering Cyberspace: Making the Most of Digital Communication Technology*. Thousand Oaks, CA: Sage Publications, 2003.

"Mainstream Web Sites Flooded with Anti-Semitic Comments in Wake of Madoff Scandal." *Anti-Defamation League*. Last modified December 19, 2008. http://www.adl.org/PresRele/Internet_75/5422_12.htm.

Manjoo, Farhad. *True Enough: Learning to Live in a Post-Fact Society*. Hoboken, NJ: John Wiley & Sons, 2011.

Manjoo, Fahrad. "UVA Debate: Does the Internet Help or Hurt Democracy?" June 10, 2010. Accessed October 2, 2015. http://www.pbs.org/newshour/bb/media-jan-june10-miller_06-01/.

"Marine Funeral Picketing Event." *Westboro Baptist Church*. Accessed November 3, 2015. http://www.godhatesfags.com/.

MartinLutherKing.org Homepage. Accessed September 1, 2015. http://www.martinlutherking.org/.

McCosker, Anthony and Amelia Johns. "Contested Publics: Racist Rants, Bystander Action and Social Media Acts of Citizenship." *Media International Australia*, 151 (2014), pp.66~72.

McGuire, William. "Resistance to Persuasion Conferred by Active and Passive Prior Refutation of the Same and Alternative Counterarguments." *Journal of Abnormal and Social Psychology*, 63, No.2(1961), pp.326~332.

McLaughlin, Eliot and Catherine Shoichet. "Police: Bryce Williams Fatally Shoots Self after Killing Journalists on Air." *CNN*, August 27, 2015. Accessed November 1, 2015. http://www.cnn.com/2015/08/26/us/virginia-shooting-wdbj/.

McLuhan, Marshall. *Understanding Media: The Extensions of Man*. Cambridge, MA: MIT Press, 1964.

McMasters, Paul K. "Must a Civil Society Be a Censored Society?" *Human Rights: Journal of the Section of Individual Rights & Responsibilities*, 26, No.4(1999), pp.1~10.

Meek, James G. and Richard Schapiro. "Holocaust Museum Shooter." *Daily News*. Accessed June 11, 2009. http://www.nydailynews.com/news/world/holocaust-museum-shooter-neo-nazi-james-von-brunn-ex-wife-vowed-boots-article-1.374005.

Metapedia. "Jewish Group Evolution Strategy." Accessed November 5, 2015. http://en.metapedia.org/wiki/Jewish_group_evolutionary_strategy.

"Metapedia." *Wikipedia*. Last accessed September 14, 2015. https://en.wikipedia.org/wiki/Metapedia.

Miller, Katherine. *Communication Theories: Perspectives, Processes, and Contexts*.

New York: McGraw-Hill Companies, Inc., 2005.

"Minister Louis Farrakhan: In His Own Words." *Anti-Defamation League*. Accessed October 2, 2015. http://archive.adl.org/special_reports/farrakhan_own_words/print.html.

Mock, Brentin. "Neo-Nazi Groups Share Hate via YouTube." *Southern Poverty Law Center*. Last modified April 20, 2007. https://www.splcenter.org/fighting-hate/intelligence-report/2007/neo-nazi-groups-share-hate-youtube.

Mosbergen, Dominique. "Anonymous Declares War on ISIS After Paris Attacks." *Huffington Post*. Last modified November 16, 2015. http://www.huffingtonpost.com/entry/anonymous-isis_5649610ae4b045bf3defc173.

Nagesh, Gautham. "Groups Want FCC to Police Hate Speech on Talk Radio, Cable News Networks." *The Hill*. Last modified June 1, 2010. http://thehill.com/blogs/hillicon-valley/technology/100833-groups-want-fcc-to-police-hate-speech.

National Vanguard Forums. Accessed August 30, 2015. http://whitebiocentrism.com/search.php?search_id=active_topics.

"New Black Panther Party Advisor Calls for Killing in Ferguson Aftermath." *Anti-Defamation League*. Last modified September 16, 2014. http://blog.adl.org/extremism/new-black-panther-party-advisor-calls-for-killing-in-ferguson-aftermath.

"New Black Panthers Party." *Southern Poverty Law Center*. Accessed October 5, 2015. https://www.splcenter.org/fighting-hate/extremist-files/group/new-black-panther-party.

O'Brien, Barbara. *Blogging America: Political Discourse in a Digital Nation*. Portland, OR: William James & Company, 2004.

Pearce, Matt. "What Happens When a Millennial Goes Fascist? He Starts Up a Neo-Nazi Site." *The Los Angeles Times*. Accessed June 24, 2015. http://www.latimes.com/nation/la-na-daily-stormer-interview-20150624-story.html.

Potok, Mark. "Books on the Right." *Southern Poverty Law Center*. Last modified August 20, 2009. http://www.splcenter.org/intel/intelreport/article.jsp?aid=904.

Potok, Mark. "Columnist Ann Coulter Defends White Supremacist Group." Last modified February 13, 2009. https://www.splcenter.org/hatewatch/2009/02/13/columnist-ann-coulter-defends-white-supremacist-group.

Potok, Mark. "SPLC Asks CNN to Remove Dobbs." Last modified July 24, 2009. https://www.splcenter.org/hatewatch/2009/07/24/splc-asks-cnn-remove-dobbs.

Potter, W. James. *Theory of Media Literacy: A Cognitive Approach*. Thousand Oaks, CA: Sage Publication, 2004.

"Racist Council of Conservative Citizens Finds Home in Mainstream Politics." *Southern Poverty Law Center.* Last modified March 15, 1999. https://www.splcenter.or g/fighting-hate/intelligence-report/1999/racist-council-conservative-citizens-finds-home-mainstream-politics.

Radl, Karl. "Jewish and Zionist Influence at the BBC." *Daily Stormer.* Last modified October 10, 2015. http://www.dailystormer.com/jewish-and-zionist-influence-at-the-bbc/.

Rasmussen Reports. "50% Say Hate Is Growing in America." Last modified June 23, 2009. http://www.rasmussenreports.com/public_content/lifestyle/general_lifestyl e/june_2009/50_say_hate_is_growing_in_america.

Reilly, Ryan. "FBI: When It Comes To @ISIS Terror, Retweets = Endorsements." Last modified August 7, 2015. http://www.huffingtonpost.com/entry/twitter-terrorism -fbi_55b7e25de4b0224d8834466e.

Rolef, Susan. *Political Dictionary of the State of Israel.* Jerusalem: The Jerusalem Publishing House Ltd., 1993.

Runions, Kevin. "Toward a Conceptual Model of Motive and Self-Control in Cyber-Aggression: Rage, Revenge, Reward, and Recreation." *Journal of Youth & Adolescence*, 42, No.5(2013), pp.751~771.

Rutenberg, Jim. "The Man Behind the Whispers About Obama." *New York Times.* Last modified October 12, 2008. http://www.nytimes.com/2008/10/13/us/politic s/13martin.html?_r=0.

Samoriski, Jan. *Issues in Cyberspace: Communication, Technology, Law, and Society on the Internet Frontier.* Boston, MA: Allyn and Bacon, 2002.

Sanchez, Ray. "ISIS Exploits Social Media to Make Inroads in U.S." *CNN.* June 5, 2015. Accessed September 15, 2015. http://www.cnn.com/2015/06/04/us/isis-social-m edia-recruits/.

Schein, Edgar, Inge Schneier and Curtis H. Barker. *Coercive Pressure.* New York: Norton, 1961.

"Scientific Articles." Accessed October 13, 2015. http://www.familyresearchinst.org/ category/articles/.

Segel, Binjamin W. *A Lie and a Libel: The History of the Protocols of the Elders of Zion.* Lincoln, NE: University of Nebraska Press, 1995.

Sheehan, Paul. "The Racial War of Black against White." Last modified July 24, 2013. http://solargeneral.org/the-race-war-of-black-against-white/.

Sheffield, Hazel. "ISIS has Built a Global Brand Using Celebrity and Social Media."

Belfast Telegraph Online, March 9, 2015. Accessed October 16, 2015. http://www.lexisnexis.com.rlib.pace.edu/hottopics/lnacademic/?.

Shenk, David. *Data Smog: Surviving the Information Glut*. San Francisco: Harperedge, 1999.

Shoemaker, Pamela. "Intercoder Reliability." November 20, 2003. Accessed June 10, 2009. http://web.syr.edu/~snowshoe/content_analysis/Intercoder_reliability.doc.

Shyles, Leonard. *Deciphering Cyberspace: Making the Most of Digital Communication Technology*. Thousand Oaks, CA: Sage Publications, 2003.

Simi, Pete and Robert Futrell. "Cyberculture and the Endurance of White Power Activism." *Journal of Political and Military Sociology*, 34, No.1(2006), pp.115~142.

SimilarWeb. "Breitbart.com." Accessed October 7, 2016. https://www.similarweb.com/website/breitbart.com#overview.

SimilarWeb. "Drudgereport.com." Accessed October 7, 2016. https://www.similarweb.com/website/drudgereport.com.

Simon Wiesenthal Center. "District Attorney Vance and Rabbi Abraham Cooper Announce the Simon Wiesenthal Center's Report on Digital Terrorism and Hate." Last modified May 1, 2014. http://www.wiesenthal.com/site/apps/nlnet/content.aspx?c=1sKWLbPJLnF&b=8776547&ct=13928897.

Snow, David A., E. Burke Rochford, Jr., Steven K. Worden and Robert D. Benford. "Frame Alignment Processes, Micromobilization, and Movement Participation." *American Sociological Review*, 51, No.4(1986), pp.464~481.

Snyder, Louis L. *Encyclopedia of the Third Reich*. New York, NY: Paragon House, 1989.

Speier, Hans and Margaret Otis. "German Radio Propaganda in France during the Battle of France." in Paul Lazarsfeld and Frank Stanton(eds.). *Radio Research, 1942-1943*. New York: Duell, Sloan, and Pearce, 1944.

"Statement of Principles: CofCC." Accessed October 14, 2015. http://conservative-headlines.com/introduction/statement-of-principles/.

Steele, Shari. "Taking a Byte Out of the First Amendment." *Human Rights: Journal of the Section of Individual Rights & Responsibilities*, 23, No.2(1996), pp.14~22.

Stempel, Carl. Thomas Hargrove and Guido Stempel III. "Media Use, Social Structure, and Belief in 9/11 Conspiracy Theories." *Journalism & Mass Communication Quarterly*, 84, No.2(2007), pp.353~372.

"Stormfront En Français." Last modified October 25, 2007. http://www.stormfront.org/forum/forumdisplay.php/stormfront-en-fran-ais-69.html.

"Stormfront Forums." Accessed September 15, 2015. https://www.stormfront.org/fo
rum/f8/.

Suler, John. "The Online Disinhibition Effect." *Cyber Psychology & Behavior*, 7, No.3
(2004), pp.321~326.

Swain, Carol and Russell Nieli. *Contemporary Voices of White Nationalism in America*.
Cambridge: Cambridge University Press, 2003.

"Syllabus Project." Gonzaga University. Accessed December 2, 2015. http://www.g
onzaga.edu/Academics/hate-studies/for-students-and-educators/class-syllabi.asp.

"Tactics for Recruiting Young People." Accessed September 19, 2015. http://www2.
sd35.bc.ca/saverill/OnlineKidz/Violent-Hate_Sites.html.

Tam, Donna. "Facebook by the Number: 1.06 Billion Monthly Active Users." Last
modified January 30, 2013. http://www.cnet.com/news/facebook-by-the-numbe
rs-1-06-billion-monthly-active-users/.

Tapscott, Donald. *Growing Up Digital: The Rise of the Net Generation*. New York:
McGraw-Hill, 1998.

Thomas, Jo. "Behind a Book that Inspired McVeigh." Last modified June 9, 2001. htt
p://www.nytimes.com/2001/06/09/us/behind-a-book-that-inspired-mcveigh.html.

Thomson, Keith. "White Supremacist Site MartinLutherKing.org Marks 12th Anniver-
sary." Last modified January 16, 2011. http://www.huffingtonpost.com/keith-tho
mson/white-supremacist-site-ma_b_809755.html.

Todd, Bridget. "Does Anything Go? The Rise and Fall of a Racist Corner of Reddit."
The Atlantic, July 16, 2013. Accessed October 4, 2015. http://www.theatlantic.co
m/technology/archive/2013/07/does-anything-go-the-rise-and-fall-of-a-racist-corn
er-of-reddit/277585/.

"Total Number of Websites." Accessed December 4, 2015. http://www.internetlivest
ats.com/total-number-of-websites/.

"Total Number of Websites." Accessed October 2, 2015. http://www.internetlivestat
s.com/total-number-of-websites/.

Trujillo, Mario. "FCC Says It can't Shutdown ISIS Websites." *The Hill*. Last modified
November 17, 2015. http://thehill.com/policy/technology/260438-fcc-says-it-cant
-shutdown-online-terrorist-activity.

UCLA Internet Project. "Internet Peaks as America's Most Important Source of Infor-
mation." Last modified February 11, 2003. http://www.anderson.ucla.edu/x3829.
xml.

United States Holocaust Memorial Museum. "Der Sturmer." USHMM Propaganda

온라인 세계의 극단주의: 광신, 인종차별, 분노

Collection: Gift of the Museum fur Deutsche Geschichte, Berlin.

United States Holocaust Memorial Museum. "In Memoriam." Last modified November 3, 2015. http://www.ushmm.org/information/press/in-memoriam/stephen-ty rone-johns-1969-2009.

van Dijck, José. "Facebook as a Tool for Producing Sociality and Connectivity." *Television & New Media*, 13, No.2(2012), pp.160~176.

van Dijk, Jan. *The Network Society: Social Aspects of New Media*, 2nd ed. Thousand Oaks, CA: Sage Publications, 2005.

Van Ostaeyen, Pieter. "The Flames of War—The Fighting has Just Begun." Last modified September 28, 2015. https://pietervanostaeyen.wordpress.com/2014/09/28/the-flames-of-war-the-fighting-has-just-begun/.

"VDARE Articles." Accessed October 2, 2015. http://www.vdare.com/articles.

VDARE Homepage. Accessed October 2, 2015. https://www.vdare.com/circle-of-s upport.

Warner, Benjamin. "Segmenting the Electorate: The Effects of Exposure to Political Extremism Online." *Communication Studies*, 61, No.4(2010), pp.430~444.

Washington Watcher. "Hispanic Americans Three Times More Likely to be on Welfare than White Americans." *VDARE.* Last modified September 4, 2015. http://www.vdare.com/articles/hispanic-immigrants-three-times-likely-to-be-on-welfar e-than-american-whites.

Weatherby, Georgie and Brian Scroggins. "A Content Analysis of Persuasion Techniques Used on White Supremacist Websites." *Journal of Hate Studies*, 4, No.9 (2006), p.9.

"Westboro Baptist Church." *Anti-Defamation League.* Accessed October 15, 2015. http://archive.adl.org/learn/ext_us/wbc/.

"What Is the Nation of Islam?" *Anti-Defamation League.* Last modified September 1, 2015. http://www.adl.org/anti-semitism/united-states/c/what-is-the-nation-of-isla m.html?referrer=https://www.google.com/#.WC41ZKIrLeQ.

Whillock, Rita. "The Use of Hate as a Stratagem for Achieving Political and Social Goals." in Rita Whillock and David Slayden(eds.). *Hate Speech.* Thousand Oaks, CA: Sage Publications, 1995.

"White People." Urban Dictionary. Last modified August 12, 2011. http://www.urba ndictionary.com/define.php?term=white+people.

"White Supremacists and Anti-Semites Plan to Recruit at July 4 Tea Parties." *Anti-Defamation League.* Accessed November 20, 2015. http://www.adl.org/main_Ex

tremism/White_Supremacists_July_4_Tea_Parties.htm.

"Wiesenthal Center, Denounces Ann Coulter for Remark that Jews Need to be Perfected." *Simon Wiesenthal Center.* Last modified October 11, 2007. http://www.wiesenthal.com/site/apps/nlnet/content2.aspx?c=lsKWLbPJLnF&b=4442245&ct=5851577#.VmXx-t-rTeQ.

Wilson Center. "Report: ISIS Has At Least 46,000 Twitter Followers." Last modified March 6, 2015. https://www.wilsoncenter.org/article/report-isis-has-least-46000-twitter-followers.

YouGov.com. "America Divided on Hate Speech Laws." Accessed August 21, 2015. https://today.yougov.com/news/2014/10/02/america-divided-hate-speech-laws/.

Zeskind, Leonard. *Blood and Politics: The History of the White Nationalist Movement from the Margins to the Mainstream.* New York: Farrar, Straus and Giroux, 2009.

온라인 세계의 극단주의: 광신, 인종차별, 분노

지은이

/

애덤 클라인

미국 페이스대학교 커뮤니케이션학 조교수다. 미디어와 정치의 급진적 목소리
에 대한 그의 연구는 ≪커뮤니케이션 이론(Communication Theory)≫과 ≪커뮤
니케이션 모노그래프(Communication Monographs)≫에 게재되었다. 또한 그는
뉴욕퍼블릭라디오(WNYC)의 〈테이크어웨이(The Takeaway)〉의 게스트이자 학
술 뉴스 사이트인 ≪컨버세이션(The Conversation)≫의 기고가다. 그의 글들은
≪뉴리퍼블릭(New Republic)≫, ≪비즈니스 인사이더(Business Insider)≫ 및
≪로 스토리(Raw Story)≫에 실렸다.

옮긴이

/

한정라

이화여자대학교에서 철학을 공부하고, 미국 미네소타대학교에서 사회과학 방법
론에 관심을 기울이며 철학 박사과정과 페미니즘 연구 과정을 수료했다. 『미묘한
전쟁』, 『마음과 몸의 문제』, 『자유의지』, 『근대과학 형성과 가내성』 등을 번역
했다.

한울아카데미 2455

온라인 세계의 극단주의
광신, 인종차별, 분노

지은이　애덤 클라인
옮긴이　한정라
펴낸이　김종수
펴낸곳　한울엠플러스(주)
편집책임　조수임
편집　　정은선

초판 1쇄 인쇄　2023년 6월 20일
초판 1쇄 발행　2023년 7월 10일

주소　　10881 경기도 파주시 광인사길 153 한울시소빌딩 3층
전화　　031-955-0655
팩스　　031-955-0656
홈페이지　www.hanulmplus.kr
등록번호　제406-2015-000143호

Printed in Korea.
ISBN 978-89-460-7455-2 93300

※ 책값은 겉표지에 표시되어 있습니다.